Dr. med. Götz Blome

# Verstehst du dein Kind?

Dr. med. Götz Blome

# Verstehst Du Dein Kind?

Die wichtigsten seelischen Probleme und was man dabei tun kann

Bibliografische Information der Deutschen Nationalbibliothek:
Die Deutsche Nationalbibliothek verzeichnet diese Publikation in der Deutschen Nationalbibliografie; detaillierte bibliografische Daten sind im Internet über dnb.dnb.de abrufbar.

Die Umsetzung der hier gemachten Vorschläge liegt in der alleinigen Verantwortung des/r Anwenders/in. Jegliche Haftung des Autors bzw. des Verlages für Gesundheits-, Personen-, Sach- und Vermögensschäden ist ausgeschlossen.

© 2017 Dr. Götz Blome

Alle Rechte der Verbreitung und Vervielfältigung, auch durch Film, Fernsehen, Funk, fotomechanische Wiedergabe, Tonträger jeder Art und Speicherung in Datensystemen, sowie auszugsweiser Nachdruck sind vorbehalten und müssen durch den Verlag genehmigt werden.

Herstellung und Verlag:
BOD – Books on demand, Norderstedt

ISBN 9783743190405

# Vorwort

Liebe Leserin, lieber Leser,

Ist Ihr Kind zu eifersüchtig, angeberisch, feige, unruhig oder unselbständig, hat es Probleme mit seinen Mitmenschen, Minderwertigkeitskomplexe oder Schuldgefühle, leidet es unter Angst, Willensschwäche oder Konzentrationsstörungen? Dieses Buch gibt Ihnen zu diesem und vielen weiteren problematischen Eigenarten und Verhaltensweisen im Kindesalter verständliche Erläuterungen und praktische Lösungsvorschläge.

Eine gute Beziehung zu anderen Menschen ist nur möglich, wenn wir zu liebevollem Verständnis und tolerantem Respekt fähig und bereit sind. Das gilt besonders für den Umgang mit Kindern. Man darf nie vergessen, dass sie – wie übrigens jeder Mensch - immer so gut und richtig handeln, wie es ihnen aufgrund ihres Charakters und ihrer Erfahrungen momentan möglich ist, und sie können es nie verstehen, wenn man sie deswegen ablehnt, kritisiert, verurteilt oder straft.

Es ist die Aufgabe der Eltern und Erwachsenen, ihnen dabei zu helfen, in dieser komplizierten Welt zurechtzukommen und einen akzeptierten Platz in der menschlichen Gesellschaft einzunehmen. Um ein Problem lösen zu können, muss man es analysieren und um einem Kind in einer schwierigen Lebenssituation helfen zu können, muss man es verstehen. Dieses Buch soll Ihnen dabei behilflich sein, wobei auch jeweils die gerade bei Kindern bewährte Bach-Blüten angegeben werden.

Dr. med. Götz Blome

## Problematische psychische Eigenarten

**Angst** .................................................................................................. 9
(Furcht, Empfindlichkeit, Gefahr, Verletzlichkeit, Mut, Sehstörung, Tabu, Papiertiger, Todesangst, Körperkontakt.)

**Aufdringlichkeit** ............................................................................. 17
(Distanz, Grenzen)

**Beeinflussbarkeit** .......................................................................... 22
(Gutgläubigkeit, Verführung, Offenheit, Erziehung, Vertrauen, Schutz.)

**Beleidigtsein** .................................................................................. 26
(Schmollen, Erpressung, Unrecht, Enttäuschung, Loslassen.)

**Depression** ..................................................................................... 29
(Lebensfreude, Missstimmung, Niedergeschlagenheit, Schwermut, Selbstunterdrückung.)

**Disziplin** ......................................................................................... 34
(Selbstbeherrschung, Selbstkontrolle, Sexualunterdrückung.)

**Ehrgeiz** ........................................................................................... 39
(Leistungsfreude, Stress, Selbstüberforderung.)

**Eifersucht** ...................................................................................... 41
(Egoistische und altruistische Liebe.)

**Feigheit** .......................................................................................... 47
(Übervorsicht, Konfliktscheu, „Kneifen", „Papiertiger".)

**Gefühlsprobleme** .......................................................................... 50
(Emotionen, Labilität, Ausnahmezustand, inneres Gleichgewicht, Wahrnehmungen, Gefühlsdruck, Psychose, Verrücktheit, innerer Konflikt, Triebunterdrückung, Hysterie, Stimmungen, Gefühlsausbrüche, Gefühlsnot, Aufgeregtheit, moralischer Druck)

**Gehorsam** ....................................................................................... 56
(Bescheidenheit, Gutmütigkeit, Unterordnung, Selbstlosigkeit, Nachgiebigkeit, Verzicht.)

**Geltungssucht** ............................................................................... 60
(Angeberei, Eitelkeit, Schmeicheleien, Minderwertigkeitsgefühl, Selbstdarstellung, Selbstwertprobleme. )

**Herrschsucht** ................................................................................. 66
(Tyrann, Dominanz, Machtkämpfe, Rechthaberei, Widerstand, Autorität, Grenzen.)

**Kontaktprobleme** .................................................................................. 70
(Schüchternheit, Verschlossenheit, Reserviertheit, Unzugänglichkeit, Einzelgängerei, Isolation, asoziale Einstellung, Menschenscheu, Überheblichkeit, Zurückhaltung, Gefühlskälte.)

**Konzentrationsstörungen** .................................................................. 74
(Unaufmerksamkeit, Hingabe, Lernprobleme, Interesse)

**Liebesbedürfnis** .................................................................................. 78
(Anhänglichkeit, Gefühlsabhängigkeit, Verwöhnung, Selbstmitleid, Stillen, Liebesentzug, Trennungsschock, Liebe, Egoismus, Altruismus)

**Minderwertigkeitsgefühl** .................................................................. 83
(Bescheidenheit, Wirbelsäulenprobleme, Pubertät, Selbstwertgefühl, Sexualkonkurrenz, Lob, Erfolgserlebnisse)

**Mitleid** ................................................................................................. 87
(Mitgefühl, Leid, Sisyphus, Trostpflaster)

**Pessimismus** ....................................................................................... 92
(Hoffnungslosigkeit, Hoffnung)

**Sauberkeit** .......................................................................................... 94
(Ordentlichkeit, Schmutz, Natürlichkeit, Zwangshaltung, Ekel, Sexualität, Unselbständigkeit, Perfektionismus)

**Scham** ................................................................................................. 99
(Sexualität, Tabu, Schmutzigkeit, körperliche Liebe, Keuschheit, Moral, Impotenz, Frigidität, Perversionen, Pubertät)

**Schuldgefühle** .................................................................................. 106
(Wachstum, Entwicklung, Grenzen, Verbote, Gebote, Strafe, autoritäre Erziehung, Wohlerzogenheit, Psychoterror, Liebesentzug, Gewissen, „Gott", Sünden, Vorwürfe, Verantwortung, Selbstverantwortung, Kritik)

**Trauer** ............................................................................................... 114
(Heimweh, Wunde, Verletzung, Verlust, Beziehungen, Existenzebenen, Erinnerung)

**Überempfindlichkeit** ....................................................................... 119
(Wehleidigkeit, Verletzlichkeit, Abhärtung)

**Überforderung** ................................................................................ 121
(Flucht in die Krankheit, Körpersprache, Leistung)

**Unaufmerksamkeit** ......................................................................... 125
(Lernschwäche, Erfahrung, Entwicklung, Wissen, Lernen, Spielen)

**Unehrlichkeit** .................................................................................. 130
(Lügen, Wahrheit, Vertrauen)

**Unfreundlichkeit** ........................................................................... 135
(Negative Emotionen, Charakter, Verhaltensstörung, Ablehnung, Aggression, Widerstand, Hass, christliches Prinzip)

**Unklarheit** ..................................................................................... 141
(Sinn, Selbstentfremdung, innere Stimme, Kunst, Träume, Wahrheit, Bewusstheit, Religiosität)

**Unruhe** .......................................................................................... 147
(Nervosität, Bewegungsdrang)

**Unselbständigkeit** ........................................................................ 149
(Selbstverantwortung, Ratschläge, Furcht vor Fehlern, Eigenständigkeit)

**Verbissenheit** ................................................................................ 153
(Unnachgiebigkeit, Wille, Grenzen, Loslassen, Machtkämpfe)

**Verletzung** .................................................................................... 158
(Trauma, Verdrängung, Trennungstrauma, Wunde, Erziehung, Loslassen, Heilung)

**Verträumtheit** ............................................................................... 165
(Unordentlichkeit, Interesselosigkeit, Introversion, Extraversion, Weltfremdheit, Chaos, innere Emigration)

**Verzweiflung** ................................................................................. 169
(Glauben, Krise, Loslassen, Ziel, Schicksalsschlag.)

**Willensschwäche** ......................................................................... 173
(Entmutigung, Veranlagung, Wachstum, Erfolgserlebnis, Probleme)

# Problematische psychische Eigenarten

## ANGST

(Stichworte: Furcht, Empfindlichkeit, Gefahr, Verletzlichkeit, Mut, Sehstörung, Tabu, Papiertiger, Todesangst, Körperkontakt, Nieren.)

*Ihr Kind ist sehr ängstlich. Es neigt dazu, allem, was es nicht kennt, übervorsichtig auszuweichen, oder zieht sich oft ohne erkennbaren Grund furchtsam zurück. Manchmal leidet es unter Ängsten, die es nicht begründen oder näher erklären kann, manchmal auch nur unter bangen Gefühlen. Offensichtlich hat Ihr Kind ein starkes Bedürfnis nach Geborgenheit und Schutz. Deshalb hält es sich am liebsten in seiner gewohnten, Vertrauen erweckenden Umgebung auf, schließt sich bevorzugt Stärkeren an oder verkriecht sich in einem schützenden Winkel; vielleicht kommt es auch manchmal nachts wie ein verängstigtes Tier ins elterliche Bett gekrochen. Fremde Menschen oder unbekannte Gegenden sind ihm grundsätzlich nicht geheuer, und man hat oft den Eindruck, dass es untergründig immer irgendetwas Schlimmes erwartet. Darauf weisen eventuell auch das eingezogene Genick, der furchtsam gesenkte Blick, die helle, aufgeregte Stimme, die verkrampften Bewegungen oder der unruhige Schlaf hin.*

Warum hat Ihr Kind so viel Angst, und wie kann man ihm helfen? Diese Fragen haben Sie sich sicher schon oft gestellt. Um sie beantworten zu können, sollten wir uns vor Augen führen, was Angst bedeutet und wie sie entsteht.

Angst bedeutet Enge. Enge tritt immer dann auf, wenn ein Missverhältnis zwischen einem bestimmten Inhalt und dem Raum besteht, der ihn aufnehmen soll. Wenn zum Beispiel zu viele Menschen in ein kleines Zimmer gepfercht werden, wird es eng. Die Enge, die dem Angstgefühl zugrunde liegt, entsteht dadurch, dass sich emotionale Energie in unserem Inneren staut und eine Art Überdruck erzeugt. Es ist die Energie, die unsere Psyche bei Gefahr zusätzlich zu mobilisieren pflegt, damit wir fliehen oder uns wehren können, und sie staut sich, wenn wir dies nicht tun, wenn wir sie also nicht in einer rettenden Aktion verbrauchen. Der innere Stau ist jener Gefühlsdruck, den wir bei jenen Bedrohungen empfinden, gegen die wir nicht sofort etwas unternehmen können. Wenn wir zum Beispiel sehen, dass ein Auto auf uns zurast, springen wir normalerweise schnell beiseite und verbrauchen damit die blitzschnell von unserem Organismus mobilisierte Energie; Angst tritt dabei nicht oder nur sekundenlang auf. Sind wir aber unfähig zu reagieren, so staut sich die Flucht- bzw. -Abwehr-Energie zum inneren Überdruck; daraus entsteht Enge und wir empfinden Angst oder Panik. Angst ist also die Folge einer Gefahr, die wir nicht abwehren oder vor der wir nicht fliehen können.

Wichtig ist hier, dass es zwei Arten von Gefahr gibt: einerseits die tatsächliche, unmittelbar bestehende und andererseits die eingebildete, die einer Vorstellung oder negativen Phantasie entspringt. Der wesentliche Unterschied zwischen ihnen besteht darin, dass wir auf eine tatsächliche Gefahr aktiv reagieren können, während dies bei einer erdachten nicht möglich ist, so dass sich dabei die von der Psyche mobilisierte Flucht-/Abwehr-Energie staut und das Angstgefühl hervorruft.

Diese Angst ist in unserer abgesicherten Zivilisation sehr häufig. Wir brauchen zwar nicht mehr ums tägliche Überleben zu kämpfen und zu fürchten, stellen uns dafür aber viele bedrohliche Situationen vor. Da diese nur Hirngespinste sind, gegen die wir nichts Konkretes unternehmen können, bekommen wir Angst und schmoren sozusagen im eigenen Saft. Oft erinnern wir uns auch an frühere Leidenserlebnisse, die wir nicht verarbeitet haben; sobald wir sie im Geiste lebendig werden lassen oder uns ähnliche vorstellen, taucht auch die Angst vor einer Wiederholung auf.

Menschen, die Schlimmes erlebt haben, sind daher meist schneller verängstigt als jene, die bisher wenig gelitten haben. Das kleine Kind zum Beispiel, das mit Urvertrauen und positiver Erwartung in die Welt kommt, hat zunächst relativ wenig Angst (vorausgesetzt, es hat nicht bereits im Mutterleib oder bei der Geburt Schlimmes erlebt). Es greift neugierig nach allen Gegenständen in seiner Umgebung, geht interessiert auf alles zu und schreckt kaum vor etwas zurück, bis es auf einmal merkt, dass man sich am Feuer verbrennen und dass ein Hund beißen kann, dass eine Zwiebel unangenehm schmeckt und dass es wehtut, wenn man sich den Finger einklemmt. Dadurch wird es vorsichtiger und passt in Zukunft besser auf. Zugleich bedeutet dies aber auch, dass es sich vor einer Wiederholung des unangenehmen Erlebnisses fürchtet.

Solange diese aus einer Leidenserfahrung entspringende Furcht nur bei tatsächlicher Gefahr auftritt und dann sogleich zu einer rettenden Aktion führt, schützt sie uns vor Unheil. Dagegen ist jene Angst, für die es keinen realen Anlass gibt oder die unnormal lange anhält, krankhaft. Sie entsteht dadurch, dass wir die Situation falsch – d.h. nicht realistisch - beurteilen und auch nicht angemessen darauf reagieren. Dieses Problem besteht anscheinend bei Ihrem Kind, da es sich oft zu stark und grundlos fürchtet.

Damit kommen wir zu einem weiteren, wichtigen Faktor bei der Entstehung von Angst: Da sie eine subjektive Emotion ist, hängt ihre Stärke weitgehend von subjektiven Faktoren, nämlich der Verfassung und Mentalität des betreffenden Menschen ab. Empfindsame Menschen bekommen schneller und stärker Angst als robuste, denn für sie ist die Welt gefährlicher. Der Flucht-/Abwehr-Impuls wird ja umso stärker, je bedrohlicher uns eine bestimmte Situation erscheint, was wiederum von unserer Phantasie, unserer Verletzlichkeit und unseren Reaktionsmöglichkeiten abhängt. Wir dürfen also die Angst eines Kindes nicht objektiv beurteilen, sondern müssen sie als Ausdruck seines subjektiven Zustandes ernst nehmen.

Wenn man die Angst als unangemessen starken oder blockierten Flucht-/Abwehr-Impuls versteht, erkennt man die Möglichkeiten, sie zu überwinden oder - noch besser - zu verhüten:

*Gefahren vermeiden; stärker und geistesgegenwärtiger werden; ungefährliche Situationen nicht als gefährlich betrachten und sich keine gefährlichen Situationen ausdenken; auf gefährliche Situationen sofort und richtig reagieren, Urvertrauen entwickeln.*

Bei Ihrem Kind könnte das im Einzelnen folgendermaßen aussehen:

*Gefahren vermeiden.* Das ist selbstverständlich. Eltern versuchen instinktiv, ihr Kind vor gefährlichen Situationen zu schützen. Dabei sollten sie aber ein gutes Augenmaß entwickeln, wann und ob überhaupt eine Gefahr besteht. Wenn Sie selbst ängstlich sind, werden Sie Ihr Kind wahrscheinlich zu sehr behüten. Dadurch kann es einerseits verunsichert werden und lernt andererseits nicht, sich selbst zu schützen. Es wäre gut, immer, wenn Sie Gefahr wittern, zu überprüfen, ob es wirklich so schlimm ist oder ob nur Ihre Übervorsicht dahinter steckt. Sind Sie aber ein mutiger, risikofreudiger Mensch, so bedenken Sie bitte, dass für Ihr Kind, wenn es von zarterer und verletzlicherer Natur ist, bestimmte Situationen, mit denen Sie problemlos zurechtkommen würden, gefährlich sein können. Guter Umgang mit Kindern setzt voraus, dass wir ernst nehmen, was sie uns - auf welche Weise auch immer - mitteilen. Bevor man ein Kind auffordert: „Stell dich nicht so an!" oder „Sei nicht so zimperlich!", muss man die Situation und auch die eigene Einstellung genau geprüft haben, und zumindest sollte man es in einem freundlichen, humorvollen Ton sagen, damit sich das Kind nicht gedemütigt oder unter Druck gesetzt fühlt.

*Stärker und geistesgegenwärtiger werden.* Viele Ängste entstehen aus einem Gefühl der Ohnmacht und Verletzlichkeit. Es ist deshalb sinnvoll, Kinder nicht vor jedem kleinen Problem und jeder „Mini-Gefahr" zu schützen, damit sie aus den kleinen Erfolgserlebnissen stärker und mutiger werden können; sie sollten im Kleinen üben, was sie später im Großen können müssen. Oft haben Kinder den Wunsch, „etwas zu erleben", das die Eltern ihnen aus Ängstlichkeit vorenthalten, denn instinktiv wollen sie lernen, mit der Welt zurechtzukommen. So sollte man ängstliche Kinder sogar ermutigen, aus Situationen, vor denen sie zurückscheuen, kleine Bewährungs- und Kraftproben zu machen (vorausgesetzt, sie sind objektiv ungefährlich). Es wird auch immer wieder Gelegenheiten geben, in denen Sie mit Ihrem Kind zusammen seinen Mut fördern könnten - zum Beispiel, indem Sie ihm zeigen, dass sich der Hund, vor dem es sich fürchtet, gern streicheln lässt, oder dass es im Wald gar keine Gespenster gibt, wie man ihm weisgemacht hat, oder indem Sie mit ihm zusammen auf den See hinausschwimmen, vor dem es sich fürchtet. Besonders effektiv wirkt in dieser Hinsicht körperliches Training und eventuell sogar das Erlernen eines Kampfsports, weil das Gefühl körperlicher Stärke und Überlegenheit mehr Sicherheit gibt.

Wichtig ist bei Ihrem Kind auch eine psychische Stärkung - nicht nur durch positive Erfahrungen, sondern vor allem durch die Förderung eines stabilen Selbstwertgefühls. Es ist ja klar: je stärker, besser, klüger, leistungsfähiger, wertvoller und überlegener wir uns *fühlen*, desto weniger fürchten wir uns vor Versagen, Strafe, Demütigung oder Misshandlung. Nutzen Sie jede Gelegenheit, Ihr Kind durch Anerkennung „aufzubauen". Natürlich sollte das Lob irgendwie berechtigt sein, damit Ihr Kind es ernst nehmen kann. Das ist aber normalerweise kein Problem, denn wenn man will, findet man immer einen Grund, es zu loben.

Nichts motiviert so sehr zum Erfolg wie ein Erfolgserlebnis, und wenn ein Kind erfahren hat, dass es mit einer bisher als bedrohlich empfundenen Situation in Wirklichkeit gut zurechtkommen kann, so wird dieses Erlebnis seinen Mut stärken. Mut ist nicht die Abwesenheit von Angst, sondern er bedeutet, dass man trotz seiner Angst nicht wegläuft, sondern sie kritisch betrachtet und sich der Gefahr stellt. Ihr Kind wird in seiner Grundstruktur wahrscheinlich immer empfindsam und damit verletzlich bleiben und es wird sich immer wieder bewusst mit seinen Ängsten auseinander setzen müssen, aber es könnte dadurch ein wirklich mutiger Mensch werden.

*Ungefährliche Situationen nicht als gefährlich betrachten.* Manchmal machen wir aus der Mücke einen Elefanten, vor dem wir uns dann fürchten. Wahrscheinlich neigt auch Ihr Kind dazu, kleine Probleme in seiner Phantasie künstlich aufzublähen und sich dann davor zu fürchten. Aus Empfindlichkeit bewertet es vorsichtshalber viele Situationen schlimmer, als sie tatsächlich sind. Es sollte immer wieder ermutigt werden, genau hinzusehen, wenn ihm etwas nicht geheuer erscheint. Nützlich wäre auch, mit ihm, wenn es seine Ängste wieder übertreibt, eine genaue Analyse der vermeintlichen Gefahr vorzunehmen, so dass es erstens besser lernt, sich Problemen zu stellen, und zweitens erkennt, dass es zu unbegründeten Ängsten neigt.

Übrigens beruhen viele Sehstörungen auf Ängsten. Bei einem Kind, dessen Sehvermögen sich plötzlich verschlechtert, kann man oft feststellen, dass es sich stark vor etwas fürchtet: *es wagt nicht mehr genau hinzusehen.* Oft geht es dabei um Probleme in der Schule oder mit bestimmten Menschen (Familie, andere Kinder) oder ein schreckliches Erlebnis. Statt ihm dann nur eine Brille zu „verpassen", wäre es sinnvoller - zumindest aber genauso wichtig -, seine Angst zu erkennen und abzubauen. Das Gleiche gilt für Atemstörungen (Bronchitis, Lungenentzündung oder Asthma), bei denen das Kind aus Angst nicht mehr tief durchzuatmen wagt. Deshalb sollte man auch hier bei der Behandlung vor allem an eine psychologische Problematik denken. (Übrigens gibt es viele Hinweise darauf, dass auch Lungenkrebs die Folge panischer Angst ist.) Auch Nierenprobleme sind oft die Ursache von Angst, so wie andererseits die Angst zu Nierenproblemen führt.

*Sich keine gefährlichen Situationen ausdenken.* Wir sagten schon, dass diejenigen Ängste, die auf erdachten Gefahren beruhen, besonders schwierig aufzulösen sind, weil man nichts Konkretes dagegen tun kann. (Aber es besteht die Möglichkeit, positive Gedanken dagegenzusetzen oder sich von seinem Irrtum zu überzeugen.) Wichtig ist es deshalb, einem Kind nie Angst zu machen. Auch wenn Sie meinen, Sie könnten es dadurch zu mehr Vorsicht erziehen, dass Sie ihm bestimmte Situationen gefährlicher schildern, als sie tatsächlich sind, so tun Sie ihm damit nichts Gutes, denn es verliert dabei einen Teil seines Urvertrauens und verlernt, die Dinge klar und nüchtern zu sehen. Letztlich wird es dadurch unfähiger, sich in Problemsituationen realistisch und geistesgegenwärtig zu verhalten.

Die meisten Ängste der Kinder beruhen darauf, dass man ihnen die Welt schlimmer schildert, als sie tatsächlich ist. Eigentlich sollte man gerade Kindern gegenüber Unwahrheiten jeder Art vermeiden, um ihren Wahrheitssinn nicht zu beschädigen. Geschichten vom „schwarzen Mann", von Gespenstern oder von einem „lieben" Gott, der immer strafbereit aufpasst, ob das Kind sündigt, und Horrormeldungen in den Medien, die ihm eine einseitige Perspektive der Welt vermitteln, sind genauso schädlich wie Gebote und Verbote, die mit moralischen Strafandrohungen abgesichert werden. Denn dadurch werden sie zu Tabus, die das Kind mit untergründiger Angst erfüllen.

Genau dies aber ist der Zweck eines Tabus. Es ist eine äußerst wirksame psychologische Maßnahme, die dazu dient, Menschen in bestimmten Grenzen zu halten oder ihnen bestimmte Lebensbereiche zu versperren (früher war zum Beispiel die Sexualität stark tabuisiert). Die Wirksamkeit des Tabus beruht darauf, dass man es mit einer Strafandrohung verknüpft; angeblich muss, wer es missachtet, mit der leidvollen Rache einer „göttlichen" und sonst wie unheimlichen Macht rechnen. So unterscheiden sich unsere ethischen, moralischen und religiösen Tabus im Prinzip nicht von denen des einfachen Urwald Menschen, der sich von bösen Geistern bedroht fühlt, die man nicht durch die verbotene Handlung provozieren darf.

*Auf gefährliche Situationen sofort und richtig reagieren.* Das heißt: bei tatsächlicher Gefahr fliehen oder kämpfen, bei erdachter Gefahr eine positive Gegenvorstellung entwickeln oder sich effektive Flucht- oder Abwehrmaßnahmen ausdenken. Das Rezept lautet: hinsehen und reagieren.

Die meisten Gefahren (gleichgültig, ob tatsächlich oder nur erdacht) entpuppen sich bei nüchterner und geistesgegenwärtiger Betrachtung als eher harmlose „Papiertiger". Wie oft haben wir uns schon im Voraus vor irgendetwas gefürchtet und dann, wenn es so weit war, erkannt, dass die Gefahr gar nicht wirklich bestand und wir uns eigentlich nur etwas vorgemacht hatten! Zudem finden wir, wenn wir genau hinsehen, in den meisten Fällen auch eine Lösung für das Problem. Ein erfahrener Urwaldpionier wird zum Beispiel kaum in Panik verfallen, wenn ihm ein Raubtier über den Weg läuft, weil er erstens gewohnt ist, solche Vorkommnisse kaltblütig zu analysieren, und weil er sich zweitens damit auskennt und richtig handeln kann. Auch Ihr Kind kann mit der Zeit durch genaues Beobachten und Ausprobieren mehr Geistesgegenwart und Sicherheit im Umgang mit den vielen Gefahren des Lebens erwerben. Das bedeutet nicht nur, dass es sich Situationen, vor denen es bisher zurückgeschreckt ist, besser stellen kann, sondern auch, dass es einen klaren Blick dafür bekommt, wann es sinnvoll ist, zu fliehen. Das könnten Sie außer mit Ihrem guten Beispiel dadurch unterstützen, dass Sie ihm zwar in echter Not, Verzweiflung und Gefahr zu Hilfe kommen, es im Übrigen aber seine Probleme allein lösen lassen. Hilfreich ist auch, mit ihm offen über seine Ängste zu reden, damit sie nicht ins Dunkel des Unterbewussten verdrängt werden; es sollte sich dabei aber nicht kritisiert oder verachtet fühlen.

*Urvertrauen erhalten und entwickeln.* Im Grunde steckt hinter unseren gedanklichen Ängsten immer ein partieller Verlust des Gefühls, in der Welt, im Leben, bei den Menschen und vielleicht auch bei „Gott" gut aufgehoben und willkommen zu sein. Bei einem Kind kann man besonders deutlich erkennen, wie mit jeder Enttäuschung dieses Vertrauens die Angst zunimmt. Besonders die empfindsamen Kinder sind davon betroffen. Ihre Empfindsamkeit wird durch schmerzliche Erfahrungen zur Empfindlichkeit und Verletzlichkeit, die wiederum übertriebene Furcht vor Verletzung hervorruft. Sie reagieren daher oft nicht nur unangemessen auf leichte Bedrohungen, sondern untersuchen auch, wie mit feinen Fühlern, ständig ihre Umgebung und die Zukunft auf mögliche Gefahren und stellen unbewusst immer wieder die Frage: „Meinst du es gut mit mir, Leben?" und: „Bist du mir freundlich gesonnen, Welt?" und schließlich auch: „Liebt ihr mich, ihr Menschen, und werdet ihr mich gut behandeln?" Erlebt ein Kind schon früh Ablehnung, Schmerz und Leid (wozu auch ein eventuelles Geburtstrauma gehört), so verliert es sein natürliches Vertrauen und sagt sich gewissermaßen: „Diese Welt, dieses Leben, diese Menschen sind nicht gut, sie können mir wehtun; man kann ihnen nicht trauen, man muss sich vorsehen, sie sind gefährlich."

Oft drückt sich im Weinen, im Schreien oder auch in der plötzlich auftretenden Krankheit eines Kleinkindes instinktive Todesangst aus. Da es, um überleben zu können, total auf die Zuwendung und Fürsorge der Bezugsperson angewiesen ist, muss es ihm zum Beispiel potentiell lebensgefährlich erscheinen, wenn es trotz deutlich geäußertem Wunsch nicht gestillt beziehungsweise gefüttert wird oder wenn es von der Mutter plötzlich allein gelassen wird.

Daher ist es vor allem in den ersten Lebensjahren von eminenter Bedeutung, dem Kind in jeder Hinsicht positiv entgegenzukommen, wobei der Körperkontakt eine große Rolle spielt. Ein Kind, das Angst hat, wird sich dann am schnellsten beruhigen, wenn es die beschützende Bezugsperson *fühlen* kann. Sein wichtigstes Wahrnehmungsorgan ist ja der Körper. Sie werden Ihr Kind, wenn es leidet und verängstigt ist, in die Arme nehmen, es streicheln, es wiegen oder in Ihr Bett nehmen und sensibel darauf achten, es vor Leiden zu behüten. So behält es sein Vertrauen. Mit der Vorbereitung auf das harte Leben aber kann man warten, bis sich von allein die Notwendigkeit dazu ergibt, das heißt, bis das Kind beginnt, die außerfamiliäre Welt zu erkunden und seinen Platz in der sozialen Gemeinschaft zu suchen. Sie sollte auch nur in dem Umfang stattfinden, der tatsächlich erforderlich ist und vom Kind angenommen wird. Dasselbe gilt für die Grenzen, die man ihm setzen muss; viel hängt dabei von der Art ab, wie man es tut: liebevoll oder streng, verständnisvoll oder diktatorisch. Übrigens sind viele Grenzen, die Eltern ihren Kindern setzen, unnötig und nur Ausdruck ihrer eigenen Furcht (zum Beispiel vor der Familie, den Nachbarn, der Gesellschaft).

(Die Lösung der hier besprochenen Problematik kann mit den Bach-Blüten-Essenzen *Mimulus, Aspen, Rock Rose* und *Red Chestnut* sowie *Floriplex Nr.19* gefördert werden. Nähere Informationen hierzu finden Sie in meinem Buch „Heile dein Kind mit Bach-Blüten".)

# AUFDRINGLICHKEIT
(Distanz, Grenzen)

*Wenn Ihr Kind von jemandem etwas haben will, lässt es so schnell nicht locker. Ob es ihm um Anerkennung oder Lob, Aufmerksamkeit oder Liebe, um Hilfe oder ein Geschenk geht oder ob es möchte, dass Sie Ihr Verhalten oder Ihre Meinung ändern: immer verfolgt es seine Ziele mit ausgesprochenem Nachdruck und wird umso aufdringlicher, je weniger man ihm entgegenkommt.*

Eine solch fordernde Veranlagung trägt viel Gestaltungskraft in sich und könnte Ihrem Kind zu großen Erfolgen im Leben verhelfen, wenn es lernte, effektiver damit umzugehen. Die Intensität seines Wollens und Meinens verleitet es aber immer wieder dazu, andere unter Druck zu setzen, ihnen allzu nah „auf die Pelle zu rücken" und gegebenenfalls auch die Schwächen anderer - Schuldgefühle, Nachgiebigkeit oder Ängste - auszunutzen, um sein Ziel zu erreichen. So wird Ihr Kind beispielsweise wahrscheinlich oft versuchen, durch aufdringliches Gehabe oder Geschwätz Aufmerksamkeit, Anerkennung oder Zuwendung zu erzwingen, oder andere mit seinen ständig wiederholten Meinungen, Vorstellungen und Wünschen bedrängen, wobei es auch in unangenehme Bettelei oder erpresserische Schmollerei verfallen kann.

Die Aufdringlichkeit, die - vielleicht nur bei bestimmten Gelegenheiten - an Ihrem Kind auffällt, hat, wie schon das Wort sagt, etwas mit Dringlichkeit zu tun. Wer aufdringlich ist, möchte etwas ganz dringend haben oder erreichen, und dies bedeutet wiederum, dass er/sie dazu neigt, jemanden zu etwas zu drängen beziehungsweise in die persönliche Sphäre eines anderen Menschen einzudringen. Hierin liegt das Problem Ihres Kindes, denn es lässt eine der wichtigsten Vorbedingungen guter zwischenmenschlicher Beziehungen außer Acht: *die richtige Distanz*. Diese bedeutet, dass wir im Kontakt zu einem anderen Menschen immer nur so weit - oder besser: so nah - herangehen dürfen, wie es dessen und unserer persönlichen Eigenart entspricht.

Eine nahe menschliche Beziehung setzt Sympathie voraus, sie bedeutet, dass zwei Menschen in irgendeiner Hinsicht übereinstimmen und zusammenpassen. Diese Gemeinsamkeit kann sich, je nach Veranlagung, auf geistige, gefühlsmäßige, erotische, weltanschauliche, soziale oder praktisch-berufliche Bereiche erstrecken, und natürlich ist eine Beziehung umso besser, je umfangreicher die gegenseitigen Sympathien sind. In jenen Bereichen aber, in denen Menschen verschieden veranlagt sind beziehungsweise nicht zusammenpassen, ist keine Übereinstimmung, sondern nur gegenseitige Toleranz und Achtung möglich. Man kann sich dann nicht wirklich nahe kommen, man muss eine gewisse Distanz halten. Tolerante, verständnisvolle Menschen haben ein gutes Gespür für diese Distanz, sie wissen genau, wie nahe sie einem anderen Menschen kommen können beziehungsweise treten dürfen.

Aufdringlichen Menschen fehlt dieser Instinkt, weil sie zu sehr auf sich selbst bezogen sind, nicht genügend auf ihr Gegenüber eingehen und nicht dessen Eigenarten und Wünsche berücksichtigen. Daher merken sie in ihrem Eifer oder ihrer Überzeugung oft nicht, wann sie die richtige Distanz unterschreiten, einen anderen Menschen überfahren oder überfordern.

Ihr Kind scheint zu ihnen zu gehören. Ihm ist offensichtlich bisher nicht genügend bewusst geworden, dass es mit seiner hartnäckigen Aufdringlichkeit zu weit geht. Daher versteht es oft auch nicht die Abwehr, die man ihm deswegen entgegenbringt, und ist dann frustriert oder fühlt sich abgewertet, wird aggressiv oder verzweifelt.

Mehrere Gründe kommen für sein Verhalten in Frage. Einer von ihnen könnte darin bestehen, dass es darunter leidet, dass man ihm nicht genügend Aufmerksamkeit oder Respekt entgegenbringt. Die Hartnäckigkeit, mit der es einen bestimmten Wunsch verfolgt oder auf seine Umgebung einwirkt, könnte einerseits zeigen, wie ernst es ihm damit ist, und andererseits, dass man es in dieser Hinsicht ernster nehmen muss. So könnte angeberisches und aufdringliches Benehmen darauf hinweisen, dass es mehr Anerkennung braucht; die Gewohnheit, bei jeder Gelegenheit Liebesbeweise zu verlangen, könnte einem Bedürfnis nach mehr Zuwendung entspringen, oder ein übertriebener Drang, andere zu tyrannisieren oder zu beherrschen, könnte die Antwort auf Unterdrückungen und Demütigungen sein.

Eines der wichtigsten und sichersten Kriterien für einen guten Umgang mit Kindern ist ihr Wohlbefinden und ihr Gedeihen. Wie wir aus unserer eigenen Sicht seine Situation oder sein Bedürfnis beurteilen, darf keine wesentliche Rolle spielen; entscheidend ist, was uns das Kind verbal oder durch Verhalten und Körpersprache mitteilt. So sollten wir ihm entgegenkommen, wenn es sehr nachdrücklich nach etwas verlangt oder wenn ihm eine Verweigerung seelisch oder gesundheitlich eindeutig schlecht bekommt. Eine niedergetretene

Pflanze muss man aufrichten, nicht noch mehr Druck auf sie ausüben. Selbst, wenn man meint, dass die Wünsche oder Bedürfnisse des Kindes Ausdruck eines neurotischen Fehlverhaltens sind, wäre es richtig, im Krisenzustand darauf einzugehen und mit dem Heilungsversuch zu warten, bis sich die Lage wieder entspannt hat.

Ein weiterer Grund für die Auf- und Eindringlichkeit Ihres Kindes könnte das schlechte Beispiel sein, das ihm eine Bezugsperson gibt, die sich ebenfalls immer sehr nachdrücklich für ihre Interessen einzusetzen, Aufmerksamkeit zu erregen oder anderen ihre Vorstellungen aufzudrängen pflegt. Sicher wäre es richtig, wenn Sie sich selbst in dieser Hinsicht kritisch betrachten würden. Kinder neigen ja dazu, ihre Vorbilder nachzuahmen. Vielleicht haben Sie oder eine andere Bezugsperson aber auch seiner Aufdringlichkeit bisher zu wenig Widerstand entgegengesetzt und ihm nicht klar genug seine Grenzen gezeigt, weil Sie seine Art irgendwie normal finden oder weil Sie dazu einfach nicht stark genug sind.

Zwar sollte man kleine Kinder (ungefähr in den ersten drei Lebensjahren) *so wenig wie überhaupt möglich* einschränken, damit sie genügend Basisvertrauen in die Welt und die Menschen entwickeln können, doch mit zunehmendem Alter müssen sie auch lernen, dass alles seine Grenze hat. Auf der Basis eines soliden und unerschütterlichen Urvertrauens ist das kein Problem. Es kommt nur darauf an, dass alle derartigen Erziehungsmaßnahmen niemals mit einem Liebesentzug einhergehen. Ein Kind lässt sich willig führen, solange es Vertrauen hat und sich geliebt weiß. Die Beschränkungen seiner Freizügigkeit müssen in erster Linie *seinem Wohl* - nicht der Bequemlichkeit der Eltern oder dem Vorteil der Gruppe - dienen und den Sinn haben, ihm die Integration in die soziale Gemeinschaft zu ermöglichen. Anders gesagt: Es soll die Spielregeln, an denen unser soziales Leben ausgerichtet ist, kennen-, anzunehmen und einzuhalten lernen. Dazu ist es wichtig, ihm verständlich zu machen, dass seine Mitmenschen vielleicht andere Gefühle und Wünsche haben als es selbst und dass es diese berücksichtigen muss. Auf keinen Fall darf dies aber mit einer moralischen Wertung verknüpft sein, man darf ihm nicht den Eindruck vermitteln, dass es selbst in seiner Art falsch oder schlechter als andere sei. Tadel und abwertende Beurteilungen können erhebliche Schäden in seinem Selbstwertgefühl hinterlassen. Es geht nur darum, dass es lernt, sich *vernünftig* und zum eigenen Wohl in die Gesellschaft einzuordnen, nicht aber ein grundsätzlich anderer Mensch zu werden.

Jene Kinder, die sehr egozentrisch veranlagt sind, tun sich damit oft schwer, weil sie meist mehr darauf eingestellt sind, etwas für sich selbst zu fordern, als auf die Wünsche anderer zu achten. Weil sie außerdem von sich auf andere zu schließen pflegen, kommen sie nicht auf den Gedanken, dass man ihre Eigenart als unangenehm empfinden könnte. So wäre es gut für Ihr Kind, wenn Sie ihm - einfühlsam - beibringen würden, seiner Überzeugung, seiner Willensstärke, seinem Eifer, seiner Begeisterung und seiner Hartnäckigkeit nur so weit freien Lauf zu lassen, wie seine Umwelt dies ertragen kann - und zwar nicht aus dem Gefühl heraus, falsch zu sein, sondern aus dem Wunsch, akzeptiert zu werden. Diese Fähigkeit wird für sein ganzes Leben entscheidend sein.

Einem kleinen und noch relativ unbewussten Kind kann man *falls erforderlich* seine Grenzen durch eindeutiges Verhalten und einfache, klare Aussagen zeigen, wobei allerdings niemals der Eindruck eines Liebesentzugs entstehen darf. Es sollte dabei möglichst eine spielerische Note erhalten bleiben. Zum Beispiel könnten Sie zu ihm bei entsprechender Gelegenheit sagen: „So, jetzt noch *einmal,* und dann ist Schluss" - damit würden Sie ihm Gelegenheit geben, beim nächsten Mal selbständig aufzuhören.

Einem älteren Kind, mit dem man bereits „vernünftig" reden kann, könnte man verständlich machen, dass andere Menschen auch Wünsche und Abneigungen haben, die sie genauso gerne berücksichtigt haben möchten wie es selbst. Es wäre gut, wenn Sie Ihr Kind grundsätzlich in seiner Art bestätigen und ihm zugleich signalisieren, dass andere Menschen, weil sie anders sind, mit seinem auf- oder eindringlichen Verhalten Probleme bekommen können und dass es, wenn es von ihnen akzeptiert werden will, auch auf ihre Reaktionen achten muss. Dazu bietet sich immer dann eine gute Gelegenheit, wenn es wieder einmal wegen einer Zurückweisung verwirrt oder verunsichert ist.

Auf jeden Fall ist es besser, ihm eine positive Motivation für die erforderliche Zurückhaltung anzubieten, zum Beispiel, dass es jemandem damit eine Freude macht, als es durch Strafandrohung oder moralische Diskriminierung dazu zu zwingen. Es ist ein Unterschied, ob man zu ihm sagt: „Du bist ein böses oder schlechtes Kind, weil du in der Mittagszeit immer so laut bist" oder ob man ihm erklärt, dass die Großmutter alt, krank und schonungsbedürftig ist, und es dazu anregt, ihr eine Freude zu machen, indem es sich vorübergehend etwas bremst. Nur nach diesem Prinzip des Entgegenkommens und der Toleranz - nicht aber mit moralischem Zwang und Strafe - ist gutes soziales Zusammenleben möglich.

(Die Lösung der hier besprochenen Problematik kann mit den Bach-Blüten-Essenzen *Vervain* und evtl. *Oak, Heather* oder *Chicory* sowie *Floriplex Nr.18* gefördert werden. Nähere Informationen hierzu finden Sie in meinem Buch „Heile dein Kind mit Bach-Blüten".)

# BEEINFLUSSBARKEIT
(Gutgläubigkeit, Verführung, Offenheit, Erziehung, Vertrauen, Schutz)

*Ihr Kind ist zu stark beeinflussbar. Ausgesprochen gutgläubig und bereitwillig übernimmt es meist kritiklos fremde Meinungen, akzeptiert widerstandslos Belehrungen, ahmt das Verhalten anderer nach oder lässt sich zu Taten verführen, die es von sich aus nicht begehen würde.*

Man könnte diesen Zustand als psychische Abwehrschwäche bezeichnen, denn offensichtlich kann sich Ihr Kind nicht genügend gegen (negative) Einflüsse abgrenzen, die seine Persönlichkeit und sein Verhalten verfälschen und es in Situationen bringen, die ihm eigentlich nicht entsprechen. So kennen Sie wahrscheinlich bei ihm die Bereitschaft, alles zu glauben, was man ihm erzählt, sich durch Freunde oder Freundinnen zu dummen Streichen verleiten zu lassen, sich der Meinung persönlichkeitsstarker Menschen anzuschließen oder ihnen ohne Widerspruch zu folgen. Vielleicht haben Sie auch schon den Verdacht gehabt, es könne in der Schule einem eventuellen Gruppenzwang nicht widerstehen und sich zu Drogenkonsum oder kriminellen Handlungen verführen lassen. Man wird bei ihm an die Legende vom Rattenfänger von Hameln erinnert, dem die Kinder, vom Klang seiner Flöte verzaubert, willenlos folgten. Ihr Kind wäre wahrscheinlich eines von ihnen gewesen. Es gehört zu jenen Kindern, die leicht durch ihr Milieu geschädigt werden - zum Beispiel durch charakterlich verdorbene Altersgenossen oder psychisch labile Bezugspersonen, Familienangehörige und Lehrer/innen.

Natürlich ist ein Kind mit einer solchen Mentalität bei jenen Eltern und Erzieher(inne)n, die gerne Einfluss ausüben, und den Altersgenossen, die bei ihren Streichen Gefolgsleute brauchen, wegen seiner Offenheit, Bereitwilligkeit und Gutgläubigkeit sehr beliebt. Vielleicht schätzen auch Sie diese Eigenschaften an ihm. Doch selbst dann würden Sie, wenn Sie sich überlegten, welche Probleme Ihrem Kind daraus in seinem späteren Leben erwachsen können, sicherlich erkennen, dass sich daran etwas ändern sollte. Es müsste etwas „sperriger", kritischer und selbstbewusster werden, um sich widersetzen zu können, wenn etwas mit ihm gemacht wird, das ihm nicht liegt, oder wenn es zu Handlungen verleitet wird, hinter denen es nicht wirklich steht. Dazu müsste es in seiner Eigenständigkeit gestärkt und vor jenen Menschen und Situationen geschützt werden, die es negativ beeinflussen.

Die lebendige und vertrauensvolle Offenheit ist eine typische Eigenschaft des gesunden kleinen Kindes. Sie hilft ihm, die Welt kennen zu lernen, ermöglicht ihm, allem Neuen mit Interesse zu begegnen und gute menschliche Beziehungen aufzunehmen. Mit zunehmender Bewusstheit muss sie aber teilweise von einer kritischeren und bewussteren Haltung, in die seine persönlichen Erfahrungen einfließen, abgelöst werden, damit es entscheiden kann, was ihm gut tut oder schadet, und damit es später seinen eigenen Weg finden kann.

Bei Ihrem Kind sind Kritikfähigkeit und Selbstbewusstheit offensichtlich nicht ausreichend ausgebildet, seine Persönlichkeit ist zu wenig entwickelt. Die Gründe hierfür dürften einerseits sein sehr offener, entgegenkommender und interessierter Charakter und andererseits Menschen sein, die diese Veranlagung ausgenutzt und verzerrt haben - oder die zumindest nicht richtig damit umgegangen sind. Seine Offenheit lädt ja jeden, der gerne andere beeinflusst und führt, regelrecht dazu ein, es zu „erziehen", zu verführen oder sogar zu missbrauchen.

Gute Erziehung gründet sich auf den Respekt gegenüber dem Kind: Wir müssen das, was es über sich mitteilt und durch sein Verhalten ausdrückt, ernst nehmen und uns davor hüten, ihm unser eigenes Weltbild, unsere Vorstellungen und Werte aufzudrängen. Viele Eltern meinen, ihre Kinder müssten so werden wie sie selbst; dabei vergessen sie, wie wenig sie sich aufgrund ihrer eigenen Fehler und Unzulänglichkeiten zum Vorbild eignen, und bedenken auch nicht, dass man eigentlich nie genau wissen kann, welche Lebensweise für einen anderen Menschen - auch für das eigene Kind - richtig ist. Im Grunde kann man nur seine Anlagen, seine Individualität und seine Selbständigkeit fördern, so dass es fähig wird, sich seinen Weg selbst zu suchen.

Ihr Kind braucht eine besonders behutsame und frei lassende Erziehung. Unterstützen Sie alle seine Interessen und Begabungen, versuchen Sie, es zu verstehen, seine Körpersprache zu deuten, sein Verhalten zu entschlüsseln. Gehen Sie auf es ein, geben Sie ihm, wann immer es möglich ist, Gelegenheit, selbst zu bestimmen, was mit ihm geschieht, unterstützen Sie alle seine Initiativen. Drängen Sie es nicht in eine Richtung, die nur Ihnen persönlich richtig erscheint, nehmen Sie Ihre Vorstellungen von einem vorbildlichen Kind zurück, verschaffen Sie ihm Entfaltungsraum. Und - vor allem - fördern Sie seine künstlerischen Anlagen und Tendenzen, denn in ihnen liegt das größte Potential seiner Persönlichkeit. Ihr Kind gleicht einem Pflanzenspross, der noch nicht identifiziert werden kann. Pflegen Sie ihn gut und lassen Sie sich von den Blüten und Früchten, die er eines Tages hervorbringt, überraschen.

Gleichzeitig wäre es wichtig, dass Sie Ihr Kind, solange es anfällig ist, gegen schädliche Einflüsse von außen schützen. Unter Umständen kann es sogar erforderlich sein, dass Sie ihm erlauben, sich auch gegen Sie zu wehren, falls es sich von Ihnen zu sehr in seiner Eigenständigkeit behindert fühlt.

Die arglose Offenheit des Kindes ist normalerweise mit einem unbedingten Vertrauen in seine Bezugspersonen gepaart. Es hält grundsätzlich alles, was von den Eltern kommt, für richtig und gut, und ist darauf eingestellt, sich ganz ihrer Führung zu überlassen. Diese Bereitschaft bleibt mehr oder weniger lebenslang erhalten, falls die Eltern das Vertrauen des Kindes besitzen, denn sie sind diesem in ihrer Lebenserfahrung ja immer eine Generation voraus. Daraus ergibt sich für die Eltern eine große Verantwortung für alle Einflüsse, die sie auf ihr Kind ausüben. Vor allem die Psyche des ganz kleinen Kindes ist leicht beeindruckbar. Jeder erste Eindruck, jedes erste Erlebnis, dem ein Kind ausgesetzt ist, hat eine grundsätzliche Bedeutung für sein ganzes Leben. So können manchmal bestimmte Bemerkungen oder Handlungen der Bezugspersonen (die sich dessen gar nicht bewusst sind) die gesamte Biographie des Kindes negativ beeinflussen. Aus einem nebenher gegebenen Hinweis (z.B. „Das ist aber unanständig!") kann das Kind bei entsprechender Veranlagung eine lebenslange Moral oder aus einem guten Beispiel (z.B. „So ist es richtig!") eine grundsätzliche Lebenshaltung machen, wie auch eine abfällige Beurteilung durch die Eltern (z.B. „Pfui!") bei ihm grundlose Abneigungen erzeugen oder eine unbedachte Kritik (z.B. „So eine Schweinerei!") bei ihm eine tief gehende Selbstablehnung auslösen kann. Dabei spielt allerdings nicht nur der Einfluss an sich, sondern auch die Veranlagung des Kindes eine Rolle: Während ein draufgängerisches Kind bei einem bestimmten Erlebnis vielleicht Spaß empfindet oder sich herausgefordert fühlt, kann ein empfindliches dadurch verängstigt werden oder Schuldgefühle entwickeln.

Die Gewissheit, in seiner Eigenart akzeptiert zu werden, also *richtig und berechtigt* zu sein, ist für jeden Menschen wichtig. Versuchen Sie Ihrem Kind immer wieder zu zeigen, dass es so sein und sich so verhalten darf, wie es ihm gefällt, und dass es das Recht hat, sich gegen Übergriffe von außen zu wehren. (Natürlich gibt es hierbei

Grenzen, die aber so weit wie möglich gezogen werden sollten.) Keine Sorge - es wird dabei nicht asozial oder krankhaft egoistisch. Im Gegenteil, je mehr ein Kind sich in seiner Eigenart akzeptiert fühlt, desto größer ist seine Fähigkeit und Bereitschaft, auf andere zuzugehen, weil es dann nicht dauernd das Gefühl hat, sich verteidigen zu müssen.

Neben der Förderung seiner Eigenart braucht Ihr Kind, wie erwähnt, auch Schutz gegen negative Einflüsse, jedenfalls so lange, bis es sich selbst abgrenzen kann. Hier ist vor allem an kranke oder psychisch belastete Familienmitglieder zu denken. Wenn es irgendwie geht, sollte Ihr Kind von deren Leiden, die es doch nicht nachvollziehen kann, frei gehalten werden. Geben Sie ihm zu verstehen, dass es das Recht hat, sich trotzdem seines Lebens zu erfreuen, und dass es kein schlechter Mensch ist, wenn es keinen mitleidigen, gedrückten Eindruck erweckt. Das schließt die Möglichkeit nicht aus, dass es sich freiwillig aufgrund einer engen Beziehung dem leidenden Angehörigen mitfühlend anschließt, denn dabei bliebe es sich ja selbst treu.

Der Schutz gegen störende Fremdeinflüsse ist vor allem in jenen Lebensphasen wichtig, in denen innerliche Umbrüche stattfinden (*„Sensible Phasen"*): wenn das Kind bewusst beginnt, seinen Platz in der Familienhierarchie zu suchen, wenn es in den Kindergarten und die Schule eintritt und wenn es in die Pubertät kommt. In diesen Phasen, in denen sich sein Selbstverständnis und seine menschlichen Beziehungen verändern und weiterentwickeln, ist es labil und leicht beeinflussbar.

(Die Lösung der hier besprochenen Problematik kann mit den Bach-Blüten-Essenzen *Walnut* und evtl. *Centaury* oder *Cerato sowie Floriplex Nr.11* gefördert werden. Nähere Informationen hierzu in meinem Buch „Heile dein Kind mit Bach-Blüten".)

## BELEIDIGT-SEIN
(Schmollen, Erpressung, Unrecht, Enttäuschung, Loslassen)

*Wenn Ihr Kind nicht bekommt, was es will, wenn es in seinen Erwartungen enttäuscht wird oder sich ungerecht behandelt fühlt, reagiert es stark beleidigt, schmollt oder grollt. Es demonstriert damit, dass man ihm seiner Meinung nach ein Leid angetan hat, und wird zum wandelnden Vorwurf. Jedes Familienmitglied kennt das schon bei ihm: den Schmollmund mit der vorgeschobenen Unterlippe, die ärgerlich zusammengezogenen Augenbrauen, die hochgezogenen Schultern, vielleicht auch jämmerliches Geschrei, stille Abwendung oder einen erbarmungswürdigen Eindruck.*

Mit diesem Verhalten haben Kinder oft Erfolg, weil sie dabei doppelten Druck auf ihre Bezugspersonen ausüben: einerseits, indem sie diesen die Zuwendung entziehen (nicht mehr „lieb" sind), und andererseits, indem sie Not signalisieren.

Dass man andere Menschen zu etwas zwingen oder sich an ihnen rächen kann, indem man sie demonstrativ ablehnt, haben wir alle schon früh gelernt. Für ein kleines Kind ist solcher Entzug von Zuwendung besonders schrecklich, weil es in seiner Hilflosigkeit ganz von der Liebe und Fürsorge seiner Bezugspersonen abhängt. Wir Erwachsenen sind zwar unabhängiger, aber auch für uns ist es schmerzlich oder bedrohlich, zurückgewiesen oder gemieden zu werden. So leidet nicht nur das Kind, wenn es von seinen Eltern abgelehnt wird, sondern auch die Eltern, wenn ihr Kind sich beleidigt von ihnen abwendet. Noch mehr aber berührt es sie, dass es mit seinem Beleidigtsein auch Not signalisiert (wer „beleidigt" ist, dem wurde ja ein Leid angetan), und weil aus einem kleinen Kind immer auch das bedürftige, hilflose Wesen spricht, gehen sie meist auf seine Forderung ein.

Das ist grundsätzlich richtig, denn die wichtigste Funktion der Eltern besteht im Geben. Sie sind von Natur aus dazu bestimmt, dem Wohlergehen ihres Kindes zu dienen. Es gibt aber Situationen, in denen ein Kind die Not nur vortäuscht, um eine Laune zu befriedigen oder einen kleinen Machtkampf auszutragen. Geht man auf solche erpresserischen Schmollereien, die sich auch auf Nebensächlichkeiten beziehen können, ein, so bestätigt man das Kind in seiner Taktik und es wird sich ihrer in Zukunft bei jeder geeigneten Gelegenheit bedienen. Deshalb sollten Eltern immer genau hinsehen, ob ihr Kind, wenn es beleidigt ist, tatsächlich leidet und verletzt ist, oder ob es nur so tut, um sie zu erpressen. Sie kennen Ihr Kind wahrscheinlich gut genug, um dies beurteilen zu können.

Eine seelische Verletzung erkennt man meist daran, dass das Kind in seiner ganzen Ausstrahlung und Lebendigkeit reduziert und irgendwie „beschädigt" ist. Auch ein Weinen, das aus der Tiefe seines Wesens kommt, weist - im Gegensatz zum demonstrativen, empörten Heulen - darauf hin. Dann braucht es natürlich sogleich viel Trost und Zuwendung. Ihm in dieser Verfassung zu zeigen, dass es auch Grenzen gibt, die es akzeptieren muss, wäre nicht gut; dafür sind jene Situationen geeignet, in denen das Kind, ohne wirklich getroffen zu sein, durch „Beleidigt-Spielen" etwas ertrotzen will. Wenn man nicht klar beurteilen kann, ob das Kind wirklich verletzt ist oder nur so tut als ob, ist es sicher richtig, ihm vorsichtshalber tröstend entgegenzukommen. Oft zeigt dann seine Reaktion, was dahinter steckt.

Natürlich muss auch ein Kind, das die „beleidigte Leberwurst" spielt, ernst genommen werden. Allerdings wird ihm nicht dadurch geholfen, dass man der Erpressung nachgibt. Besser wäre, ihm in einer freundlichen Art zu zeigen, dass man nicht darauf einzugehen gedenkt, und es klar, aber nicht verurteilend auf sein Verhalten anzusprechen. Wenn Sie ihm verständlich machen können, wieso sein Wunsch nicht erfüllt werden kann, fällt es ihm leichter, eine versöhnliche Haltung einzunehmen. Da es dabei auch erkennt, dass Sie auf seinen Erpressungsversuch nicht einzugehen gedenken, wird es wegen Nutzlosigkeit damit aufhören. Das wäre auch gut für sein späteres Leben, denn die Gewohnheit, bei jedem unerfüllten Wunsch empört, beleidigt oder verbittert zu reagieren, macht es unfähig, mit den vielen Einschränkungen und Verneinungen, die es noch erleben wird, zurechtzukommen.

Am besten wäre es natürlich, den Kindern erst gar nicht diese dumme Unart vorzumachen, die unserem menschlichen Umgang eine so unschöne, unehrliche Note gibt. Doch auch wir Erwachsenen reagieren leider zu oft sauer, wenn unsere Erwartungen nicht erfüllt werden. Wir sind dann beleidigt und meinen, uns sei ein Leid angetan worden. Oberflächlich gesehen trifft dies zwar zu, genau betrachtet aber entsteht unser Leiden nicht dadurch, dass wir etwas nicht bekommen, sondern dass wir *diese Tatsache nicht akzeptieren* wollen. Wir bräuchten uns nur damit abzufinden und unsere enttäuschte Haltung aufzugeben - und schon ginge es uns wieder gut.

Im Grunde beruht diese Fehlhaltung auf einem falsch verstandenen Gerechtigkeitsbegriff. Wir meinen zum Beispiel, wir hätten ein Recht auf das, was uns genommen oder vorenthalten wurde, wir seien also ungerecht behandelt worden. Deshalb halten wir uns für berechtigt, dann empört, verbittert oder enttäuscht zu sein. Wenn wir aber geistig reifer werden, können wir erkennen, dass unsere Haltung nichts anderes ist als Selbstgerechtigkeit - dass unser *Wahn, im Recht zu sein,* uns in einen Konflikt mit der Lebenswirklichkeit getrieben hat, die ja in diesem Falle anders aussieht. Wir lehnen sie ab, und indem wir enttäuscht oder beleidigt sind, Vorwürfe machen oder uns beklagen, versuchen wir (wie wir das schon als kleine Kindern gelernt haben), unsere Wünsche doch noch zu ertrotzen. *Eigentlich aber haben wir weder das Recht, beleidigt zu sein, noch das Recht, seelisch zu leiden.* Das klingt zugegebenermaßen etwas extrem, ist aber der Schlüssel zur Auflösung und Verhinderung aller seelischen Leiden. Könnten wir nämlich, statt immer selbstgerecht auf unseren Wünschen zu beharren und an unseren Vorstellungen festzuhalten, im richtigen Moment loslassen und die Realität (unser Schicksal!) akzeptieren, so besäßen wir jenen Lebenshumor, der alles leicht macht. Heißt es nicht: „Humor ist, wenn man trotzdem lacht"? So besteht die höchste Lebenskunst darin, immer nur zu wollen, was man auch bekommen kann, und nichts zu wünschen, was unmöglich ist. Bedeutet eine Enttäuschung nicht, dass wir von einer Täuschung befreit wurden, und wäre es nicht sinnvoller, darüber froh zu sein und sich nur *den* Dingen und Umständen zuzuwenden, die wahr sind und tatsächlich bestehen?

Dabei hilft uns vor allem die Liebe, weil sie uns fähig macht, zu verstehen, zu geben, entgegenzukommen und, wenn nötig, auf vermeintliche Rechte zu verzichten. In einer Familie, in der die Ansprüche und Wünsche aller Mitglieder in liebevollen, fairen und vernünftigen Kompromissen berücksichtigt werden und jedes Mitglied immer so viel bekommt, wie möglich ist, kann ein Kind dies lernen.

(Die Lösung der hier besprochenen Problematik kann mit der Bach-Blüten-Essenz *Willow + evtl. Chicory und Heather oder Floriplex Nr.15* gefördert werden. Nähere Informationen hierzu finden Sie in meinem Buch „Heile dein Kind mit Bach-Blüten".)

# DEPRESSION
(Lebensfreude, Missstimmung, Niedergeschlagenheit, Schwermut, Selbstunterdrückung)

*Ihr Kind macht oft einen niedergeschlagenen oder bedrückten Eindruck. Richtige Fröhlichkeit, Ausgelassenheit und Geselligkeit erlebt man eher selten bei ihm. Es neigt dazu, sich still zurückzuziehen, und sein ernst-betrübtes und blasses Gesicht, seine leise Stimme, die langsamen, etwas müden Bewegungen, der mangelnde Appetit oder vielleicht sogar gelegentliche Seufzer zeigen, dass ihm Lebensfreude fehlt.*

Das ist ein alarmierendes Zeichen, denn ein Kind ist normalerweise auf Freude, Spaß und Lust eingestellt. Im Grunde bedeutet dieser Zustand die Vorstufe einer Depression und es gilt zu verhindern, dass diese sich im Laufe der Zeit voll entwickelt. Man müsste also - einfach gesprochen - Ihrem Kind wieder zu mehr Lebensfreude verhelfen.

Das ist allerdings leichter gesagt als getan, weil hier meist viele komplizierte psychologische Faktoren eine Rolle spielen. Wenn Ihr Kind nur deshalb so betrübt wäre, weil ihm ein Wunsch nicht erfüllt wird, bräuchte man ihm nur entsprechend entgegenzukommen, um seine Stimmung zu verbessern. Sein Zustand weist aber darauf hin, dass das Problem tiefer und vielschichtiger ist. Anscheinend hat Ihr Kind nicht nur zu wenig Gelegenheit zur Freude, sondern traut sich auch nicht, sich zu freuen, wenn es möglich wäre. Um hieran etwas ändern zu können, müssen wir uns klar werden, wie Lebensfreude entsteht und wodurch sie verhindert wird.

Wenn ein Kind alles bekommt, was es braucht, fühlt es sich wohl und gedeiht. Es wächst, und sein Organismus funktioniert einwandfrei, es entwickelt sich zu dem Menschen, der in ihm angelegt ist, und es empfindet Lebensfreude. Dies ist der Normalzustand. Leidet es aber unter irgendeinem Mangel oder wird ihm ein Bedürfnis nicht befriedigt, so wehrt es sich instinktiv dagegen und versucht doch noch zu bekommen, was es braucht. Dabei wird es unruhig, drängend oder sogar aggressiv und beginnt nach einiger Zeit zu weinen oder zu schreien, um auf sich aufmerksam zu machen oder seinen Willen durchzusetzen. Hat es damit Erfolg, so geht es ihm wieder gut, andernfalls wird es unzufrieden, missgelaunt oder bedrückt, nörgelt oder jammert herum, gedeiht nicht mehr richtig oder wird gesundheitlich labil. Unter ungünstigen Umständen (das heißt, wenn der Mangel oder Missstand zunimmt) steigert sich diese unzufriedene Stimmung zu Niedergeschlagenheit oder Schwermut und die gesundheitliche Labilität zur echten Krankheit. Wenn die körperliche Störung sehr in den Vordergrund tritt, kann die begleitende Missstimmung übersehen werden. In der Medizin spricht man dann von „larvierter Depression", um darauf hinzuweisen, dass die eigentliche Krankheit ein depressiver Zustand ist.

Kinder fallen zwar wegen ihrer natürlichen Vitalität kaum in die typische Depression, aber deren Vorstufe ist gar nicht so selten (auch Ihr Kind scheint sich auf ihr zu befinden). Man muss gut aufpassen, dass sie nicht in die Resignation übergeht, in der das Kind unbewusst die Hoffnung auf Besserung aufgibt und sich - zum Beispiel mit Hilfe einer schweren Krankheit oder eines Unfalls - aus der Welt zurückzieht.

Die Ursache dieser Störungen besteht also darin, dass dem Kind etwas Wichtiges fehlt. Der Mangel kann körperlich-materieller oder geistig-seelischer Natur sein. Je schwerer er ist, desto negativer fällt die Reaktion aus und desto weniger kann sich das Kind seines Lebens erfreuen. Man müsste ihm also das geben, was es braucht, oder, anders gesagt, jene Umstände ändern, die seiner Lebensfreude im Wege stehen. Im Wesentlichen sind dies *körperliche Krankheiten, bedrückende Lebensumstände* und vor allem eine anerzogene *Selbstunterdrückung.*

Um eine *körperliche Krankheit* auszuschließen, haben Sie Ihr Kind sicher schon ärztlich untersuchen lassen - zum Beispiel auf ein chronisches Leiden oder eine Blutkrankheit. Vor allem können Störungen der Leber (durch Stress und Ärger oder Umwelt- und Nahrungsgifte) depressiv machen; daher stammt der Begriff Melancholie („schwarze Galle"). Die üblichen Labormethoden sind für ihren Nachweis oft zu grob, so dass man eventuell eine Feinuntersuchung mit *bioelektronischen Methoden* vornehmen sollte. Mit *Homöopathie* und *Bach-Blüten-Therapie* kann man in solchen Fällen nicht nur die Leberfunktion, sondern gleichzeitig die Stimmungslage verbessern.

Ihr Kind leidet unter einem Mangel an Lebensfreude; wahrscheinlich gibt es in seinem Leben zu wenig Anlässe, sich zu freuen. Es gilt also, auf *bedrückende Lebensumstände* zu achten. Dass diese auf die Stimmung schlagen können, wissen wir hinlänglich aus eigener Erfahrung. Ein Kind befindet sich in dieser Hinsicht in einer besonders problematischen Lage, weil es den Einflüssen aus seiner Umwelt relativ hilflos ausgeliefert ist.

So können ihm schwierige Familienverhältnisse mit Streit und Sorgen oder Unterdrückung durch egoistische Geschwister und intolerante, strenge Eltern die Freude am Leben verderben. Normalerweise wird es dann auszuweichen versuchen und sich lieber da aufhalten - zum Beispiel bei Freunden oder Großeltern -, wo es angenehmer ist. Das sollten Eltern ihm ohne Widerstreben erlauben, auch wenn sie deshalb etwas traurig oder eifersüchtig werden - noch besser wäre es allerdings, seine Lebensumstände so zu ändern, dass es gerne bleibt.

Ein Kind sollte also nicht in die Sorgen und Nöte seiner Bezugspersonen hineingezogen werden, da es sich gegen deren Gefühlszustände kaum abschotten kann und mit den Problemen der Erwachsenenwelt nicht sinnvoll umgehen kann Wichtig ist in diesem Zusammenhang auch, die Kinder vom bedrückenden Einfluss leidender Angehöriger frei zu halten; eigentlich müssen sie auch dann noch fröhlich spielen *dürfen,* wenn Mutter oder Vater schwer erkrankt sind. Es ist nichts damit gewonnen, die Kinder damit zu belasten (> *Kap. Mitleid / Beeinflussbarkeit)* - im Gegenteil: das Leiden vervielfacht sich.

Besonders bedrückend sind Moralansprüche, Gebote und Verbote >*Kap. Schuldgefühle),* die das Kind nicht erfüllen kann, was man ganz einfach daran erkennt, dass es sie oft nicht einhält. Auch schreckliche Erlebnisse, die es nicht verarbeiten konnte *(> Kap. Verletzung),* und Ängste können deprimierend wirken. Am schlimmsten aber ist ein Mangel an Liebe, denn von der Zuwendung der Eltern hängt sein Überleben und Gedeihen ab. Vielleicht müssten Sie sich Ihrem Kind noch mehr zuwenden, noch mehr für es da sein. Ein Zeichen dafür wäre zum Beispiel, dass es sich sehr an Sie anklammert, dass es ständig Beweise Ihrer Liebe sucht oder weint, sobald Sie weggehen. Zum Teil kann ein Liebesdefizit auch durch ein Tier, das dem Kind allein gehört, ausgeglichen werden. Tragisch können sich Trennungen der Eltern auswirken, die dazu führen, dass ein Elternteil, an dem das Kind sehr hängt, weggeht oder dass es sein gewohntes Zuhause verliert *(> Kap. Trauer).*

Eigentlich gehört in diese Aufzählung alles, was die Lebensfreude eines Kindes irgendwie verhindern oder zerstören kann. Um dies zu erkennen, gilt es, nicht nur seine Äußerungen und Klagen ernst zu nehmen, sondern auch aufmerksam auf die Zeichen zu achten, die es - mehr oder weniger unbewusst - gibt. Wenn es zum Beispiel nicht mehr gerne in den Kindergarten oder die Schule geht, wenn es sich immer vor bestimmten Aufgaben drückt oder morgens nicht aufstehen will, könnte das ein Zeichen für eine deprimierende Überlastung sein.

Grundsätzlich kann man davon ausgehen, dass alle Verhaltensweisen eines Kindes seinem Überleben oder seiner optimalen Selbstverwirklichung dienen. Es handelt ja nicht bewusst, sondern steht unter dem Einfluss seines Selbsterhaltungstriebs. Selbst schwere Verhaltensstörungen haben diesen Zweck und stellen unter den jeweiligen Umständen immer noch den bestmöglichen (wenn auch nicht den bestdenkbaren) Weg zur Selbsterhaltung dar. Statt das Kind deswegen unter Druck zu setzen, ist es effektiver und sinnvoller, die Gründe zu beseitigen, die es zu seinem krankhaften Verhalten zwingen. Sie bestehen fast immer darin, dass ihm etwas Wichtiges vorenthalten oder dass es zu etwas gezwungen wird, das ihm von Natur aus nicht liegt.

Eigentlich sollte einem Kind alles, was es tut oder tun muss, Spaß machen, und man sollte sich immer fragen, ob man ihm nicht doch mehr entgegenkommen kann, wenn man sieht, dass es leidet. Man braucht ein *kleines* Kind nicht vorsätzlich mit dem „Ernst des Lebens" zu konfrontieren - der kommt noch rechtzeitig und von allein. Wichtiger ist es, ihm ausreichend Gelegenheit zur Freude zu bieten und ihm genügend Freiraum und Möglichkeiten zur Entwicklung seiner eigenen Persönlichkeit zu verschaffen. Mit einer positiven Lebenseinstellung und einem harmonischen, in sich ruhenden Charakter kann es die vielen Probleme, die das Leben ihm unweigerlich bringen wird, zufrieden stellend lösen, weil es weiß, was es braucht.

Normalerweise kommt ein gesundes Kind auch mit ungünstigen Umständen zurecht; es lässt sich dadurch nicht die ganze Stimmung verderben, sondern atmet erleichtert auf, sobald die Sonne wieder scheint, oder es sucht sich spezielle Möglichkeiten, in denen es seinen Wunsch nach Freude befriedigen kann. Mit anderen Worten: es kann sich trotz allen Widrigkeiten immer noch und immer wieder freuen. Jene Kinder aber, die sich durch bestimmte Lebensumstände zu sehr niederdrücken lassen oder die dauernd bedrückt sind, haben diese Fähigkeit teilweise oder weitgehend verloren. Sie sind in ihrem Innersten geschädigt. Schuld daran ist meist die übliche *Erziehung zur Selbstunterdrückung,* die das Kind dazu zwingt, sein Bedürfnis nach Freude selbst zu unterdrücken.

Stellen Sie sich vor, dass ein Kind an irgendetwas Freude oder Spaß hat. Die Eltern aber verbieten es ihm, weil sie kein Verständnis für diesen Spaß haben und weil er ihnen unbequem ist. Da das (noch natürlich fühlende) Kind einfach nicht einsehen kann, *wieso man etwas, was Freude macht, nicht tun darf,* übertritt es das Verbot. Dafür wird es bestraft. Dennoch kann es sich auch beim nächsten Mal nicht bremsen und wird wieder bestraft. Dies wiederholt sich einige Male, bis es sich in einem sich steigernden, inneren Konflikt zwischen dem Wunsch nach Lebensfreude (der seinem Bedürfnis nach Selbstverwirklichung entspringt) und der Furcht vor der schmerzlichen Strafe befindet. Schließlich wagt das Kind nicht mehr zu tun, worauf es Lust hat. Äußerlich gesehen ist es nun erzogen und anständig, innerlich aber hat es ein Stück Freude verloren und, was noch schlimmer ist, auch ein Teil seiner Fähigkeit, sich der Freude hinzugeben, ist reduziert. Denn jetzt hat es - wie von der Erziehung beabsichtigt - selbst die Rolle der verbietenden Instanz übernommen und sagt zu sich: „Das darfst du nicht!" Was bedeutet das? Es unterdrückt selbst seinen Wunsch nach Lebensfreude, es befindet sich also in der Depression (Depression heißt ja Niederdrückung), und dies umso mehr, je stärker sein ursprüngliches Bedürfnis nach Lebensfreude war. Die Erfahrung, dass Freude bestraft wird, ist so unbegreiflich und schmerzlich, dass es vorsichtshalber alles (oder jedenfalls vieles), was Freude machen könnte, mehr oder weniger abblockt oder flieht.

Wenn man unvoreingenommen und tolerant hinsieht und vor allem das Wohl des Kindes im Auge behält, kann man erkennen, dass das meiste von dem, was man für „unmöglich" hält, eigentlich nicht so schlimm ist und dass man den Kindern vieles nur deshalb nicht erlaubt, weil man sich selbst davor fürchtet.

Um Ihrem Kind zu helfen, müsste man also nicht nur seine unerfreulichen Lebensumstände ändern und ihm geben, was es braucht, sondern ihm auch wieder Mut zur Freude machen. Es muss wieder „auf den Geschmack kommen", muss wieder lernen sich zu freuen und die Dinge nicht schwerer zu nehmen, als unbedingt erforderlich. Versuchen *Sie jede Tendenz zur Freude* bei ihm zu unterstützen, erlauben Sie ihm (soweit vertretbar) *alles, was ihm Spaß macht,* was auch immer das sein mag, damit Ihr Kind wieder Vertrauen fasst und sich zu freuen wagt.

(Die Lösung der hier besprochenen Problematik kann mit der Bach-Blüten-Essenz *Mustard* und evtl. mit *Gentian oder Floriplex Nr.12* gefördert werden. Nähere Informationen hierzu finden Sie in meinem Buch „Heile dein Kind mit Bach-Blüten".)

# DISZIPLIN
(Selbstbeherrschung, Selbstkontrolle, Sexualunterdrückung)

*Ihr Kind ist zu diszipliniert. Man erlebt es nur selten richtig unbeschwert oder ausgelassen, denn es versucht meist, sich zu beherrschen, irgendwelchen moralischen Idealen zu entsprechen oder Regeln einzuhalten, die es sich selbst gegeben hat. Ihm fehlen jene fröhliche Spontaneität, verspielte Risikobereitschaft und indiskrete Neugier, die so typisch für ein gesundes Kind sind.*

Manche Eltern werden nicht erkennen, dass diese Beschreibung auf ihr Kind zutrifft, weil diese Symptome im täglichen Leben nicht immer so deutlich sind und es ja das Ziel der üblichen Erziehung ist, dem Kind Disziplin und Selbstbeherrschung beizubringen. Sie sehen nur mit Befriedigung, wie „erwachsen" und tugendhaft ihr Kind schon ist, weil sie nicht zu befürchten brauchen, dass es „Dummheiten" macht.

Der kritische Unterton in den vorhergehenden Zeilen richtet sich nicht grundsätzlich gegen Selbstbeherrschung und Disziplin, denn sie sind unentbehrlich für uns mit Bewusstheit begabte Menschen, die wir nicht wie die unbewussten Tiere ganz aus unserem Instinkt heraus leben können. Mit ihrer Hilfe können wir Ordnung unter den vielen, widersprüchlichen Elementen unserer Psyche schaffen und die auseinander strebenden Tendenzen unseres Wollens zu einer gemeinsamen Richtung bündeln. Es gibt immer wieder Situationen in unserem Leben, in denen wir alle Kräfte konzentrieren und uns jede Ablenkung, Bequemlichkeit oder oberflächliche Lustbefriedigung versagen müssen, um überleben oder ein wichtiges Ziel erreichen zu können.

Vielmehr geht es hier, wie überall in unserem Leben, um das richtige Maß. Jede Tugend wird, wenn sie im Übermaß oder zur Unzeit praktiziert wird, schnell zum Laster. Von der sinnvollen, lebensfördernden Selbstbeherrschung zur gewohnheitsmäßigen, krank machenden Selbstunterdrückung ist es oft nur ein kleiner Schritt, wenn Pflicht und Selbstüberwindung in der Erziehung zu sehr betont werden. Wenn Sie Ihr Kind genau beobachten, sehen Sie, dass es *auch dann, wenn es dürfte,* kaum in der Lage wäre, „aus dem Vollen" zu leben, seine Wünsche und Bedürfnisse ungehemmt zu befriedigen. Irgendwo ist da in ihm immer ein „Hilfsbremser", immer steckt es in irgendeinem Korsett oder setzt sich selbst mit einer Vorgabe unter Druck. Ist eine solche Haltung bei einem erwachsenen Menschen schon problematisch, so hat sie bei einem Kind noch viel bedenklichere Folgen, weil in der Kindheit die Grundlagen für das ganze weitere Leben geschaffen werden. Wenn man die Lebensweise solch disziplinierter Kinder beobachtet, sieht man fast schon den späteren freudlosen Pflichtmenschen oder zwanghaften Asketen.

Die biblische Aufforderung an erwachsene Menschen, wieder wie Kinder zu werden, bezieht sich auch auf die Fähigkeit, das Leben paradiesisch - nicht vom Apfel wertender und beschränkender Erkenntnisse vergiftet - zu erleben. Und sagen wir nicht mit verständnisvoller Nachsicht: „Jugend kennt keine Tugend", wenn ein Kind übermütig aus den Normen ausbricht, weil wir wissen, wie wichtig dies für seine psychische Entwicklung ist? Indem es die Vorschriften und Grenzen ignoriert, aus denen unsere Erwachsenenwelt besteht, indem ihm keines jener Tabus heilig ist, die uns mit Furcht erfüllen, und indem es sich ungehemmt und unschuldig den in ihm wirkenden Lebenskräften hingibt, die Lust, Freude und Selbstverwirklichung bedeuten, entwickelt es seine eigene Persönlichkeit und ein positives Lebensgefühl.

Wie kann ein Kind in diese übersteigerte Selbstdisziplinierung und Selbstbeherrschung geraten? Zwei Faktoren spielen dabei mit: eine spezielle Veranlagung und Druck von außen. Ihr Kind muss schon von Natur aus eine Tendenz zur Selbstkontrolle in sich tragen. Es hat keinen jener impulsiven, emotionalen Charaktere, denen man etwas mehr Verstandeskontrolle wünschen würde, sondern neigt eher dazu, seine Gefühle, Wünsche und Bedürfnisse unter die Kontrolle der ordnenden Vernunft zu stellen. Offensichtlich hat jemand bei Ihrem Kind diese angeborene Tendenz zu sehr betont, statt, um das innere Gleichgewicht zu erhalten, sein natürliches, spontanes Gefühlsleben zu fördern.

Da es primär die Eltern sind, von denen ein Kind beeinflusst wird, taucht jetzt die Frage auf, ob Sie selbst vielleicht auch dazu neigen, sich zu kontrollieren und sich wenig zu gönnen. Dann würde Ihr Kind, wenn diese Veranlagung auch bei ihm besteht, es Ihnen einfach nachmachen, würde also gewissermaßen Ihren psychischen Zustand spiegeln und ebenfalls einen übertrieben selbstkontrollierenden Charakter entwickeln. Wahrscheinlich werden Sie es aber (wie auch später seine Erzieher/innen) gewaltsam zu dem Menschen geformt haben, der es gegenwärtig ist. Das Wort „gewaltsam" benutze ich hier provokativ, um darauf aufmerksam zu machen, dass psychischer

Druck (wie Kritik oder Ablehnung) auch eine Art Gewalt darstellen, weil sie ja das Kind zu etwas zwingen sollen. Aus Angst davor wird es versuchen, Ihre Erwartungen zu erfüllen und sich so zu verhalten, dass Sie es annehmen und loben. Dabei hängt es wieder von seinem Charakter ab, ob es den von außen ausgeübten Zwang positiv moralisiert und die geforderte Selbstunterdrückung zur Tugend erklärt (nach dem Motto: „Weil ich dies tue - oder jenes unterlasse -, bin ich ein guter Mensch") oder aber sich ständig selbst vergewaltigt.

Hinter unnatürlicher Selbstdisziplin steckt meist auch eine Angst vor den eigenen Gefühlen und Trieben, die das Kind - übrigens auch der spätere Erwachsene - als problematisch empfindet, weil es oft genug erlebt hat, dass man dafür bestraft wird. Wenn ein Kind zum Beispiel immer wieder zurechtgewiesen wird, weil es so laut lacht oder sexuelle Spielchen betreibt, entwickelt sich bei ihm eine negative Haltung zum Lachen und zum Sex. In Zukunft bemüht es sich, diese zu unterdrücken. Heißt es nicht auch immer wieder: „Beherrsch' dich doch!" oder „Reiß dich zusammen!", wenn ein Kind weint, unruhig ist, etwas dringend wünscht oder sich vor etwas ekelt? Ja, warum soll es sich denn beherrschen? Wenn dies in seinem eigenen Interesse läge, hätte es keine großen Probleme damit, weil es den positiven Effekt spüren würde. Tatsächlich aber soll es damit der Annehmlichkeit oder dem Vorteil jener dienen, die diese Forderung stellen.

Es ist erschreckend, wie sehr unser ganzes Leben durch Selbstunterdrückung bestimmt wird. Zum Beispiel trauen wir uns kaum, mitten in einer Arbeit aufzuhören, wenn sie uns keinen Spaß mehr macht, wir wagen es nicht, im Zweifelsfalle unsere Pflichten oder Vorsätze der Lebensfreude zu opfern, unterdrücken unseren dringenden Harndrang, statt uns sofort in die nächsten Büsche zu schlagen, beherrschen uns, wenn wir leiden, statt spontan zu weinen. Tut das gut? Zweifellos bringt das gewisse Vorteile, aber letztlich zahlen wir dafür einen hohen Preis, weil das, was eigentlich ausgedrückt und ausgelebt werden müsste, uns nun innerlich bedrückt.

Natürlich schädigt eine Haltung, die es unmöglich macht, sich seines Lebens zu erfreuen, auch die Gesundheit. Es ist nicht nur einleuchtend, sondern auch wissenschaftlich erwiesen, dass Menschen, die es sich gut gehen lassen, länger leben als jene, die sich zu wenig gönnen. Denn zwanghafte Selbstkontrolle erzeugt neben nervlichen Störungen einen inneren Krampf, der bis in die fernsten Organbereiche reicht. Im erwachsenen Körper können daraus Durchblutungsstörungen, rheumatische Beschwerden oder Degenerationen werden, im jugendlichen Organismus bringt die unnatürliche Selbstbeherrschung Funktions-und Entwicklungsstörungen mit sich.

Vor allem ist davon - erzieherisch durchaus gewollt - die Sexualität betroffen, die viele Kinder auch heute noch als sündig, schmutzig oder gefährlich zu betrachten und wie ein wildes Tier „einzusperren" lernen. Dass sie dadurch die natürliche Freude daran verlieren, ist fast unvermeidlich. Wie soll auch ein heranwachsender Mensch, der sich dauernd sexuell unterdrückt, ein natürliches Verhältnis zur körperlichen Liebe entwickeln, wie soll er zur geschlechtlichen Hingabe und Ekstase fähig werden? Und wenn man daran denkt, dass die Sexualität nicht nur ein elementares Erlebnis und ein unverzichtbarer Bestandteil der gesunden Psyche ist, sondern auch eine der wesentlichen Voraussetzungen einer guten Partnerbeziehung, ahnt man die Schäden, die dem Kind damit zugefügt werden >Scham).

Aber - das darf man nicht übersehen - Selbstbeherrschung kann auch, wie die Disziplin in einer Armee, eine gewisse Kraft erzeugen, weil sie Energien bündelt, die sonst in verschiedene Nebenaktivitäten fließen würden. Diese Kraft ist es, die dem Asketen Macht über andere Menschen gibt und diesen so viel Furcht einflößt, dass sie ihn für heilig halten. Ein entsprechend veranlagtes Kind merkt schnell, dass man es für seine Selbstdisziplin lobt und bewundert und dass es dadurch manche Vorteile bekommt.

Um aber keine Missverständnisse aufkommen zu lassen: Dies soll kein Plädoyer für zügellose Emotionalität und ungehemmte Triebbefriedigung sein, die ja auch zerstörerisch wirken, sondern für ein ausgeglichenes Verhältnis zwischen Gefühl und Verstand, für die Fähigkeit, sich *im richtigen Augenblick* konsequent zu beherrschen oder sich ganz hinzugeben.

Meist ist die Situation ohnehin nicht so dramatisch, wie hier geschildert. Dennoch, wenn Ihr Kind sich durch „erwachsenes" Verhalten oder starke Gefühlskontrolle auszeichnet, sollten Sie rechtzeitig gegensteuern. Da, wie erwähnt, hinter dieser Haltung eine spezielle Veranlagung steckt, bei der Ihre Anweisungen und Verbote auf besonders fruchtbaren Boden fallen und Folgen haben können, die Sie vielleicht gar nicht beabsichtigen, wäre es wichtig, dass Sie damit sehr vorsichtig sind. Auch entsprechende nebenher gemachte Bemerkungen, mit denen Sie zum Beispiel Triebe und spontane Reaktionen verurteilen oder Menschen kritisieren, die es sich „unanständig" gut gehen lassen, können von Ihrem Kind zu ernst genommen werden und den Reflex zur Selbstunterdrückung auslösen. Sie wissen doch: Wenn mehrere Menschen dasselbe hören oder sehen, versteht jeder etwas anderes, nämlich das, was seiner persönlichen Art, die Welt zu sehen, entspricht.

Am besten wäre es, wenn Sie Ihrem Kind so wenig Anweisungen wie möglich geben, da es sowieso schon dauernd darauf eingestellt ist, sich zur Ordnung zu rufen und seine Wünsche zu unterdrücken. Versuchen Sie stattdessen diese Tendenz etwas zu neutralisieren, indem Sie ihm ganz bewusst und so oft wie möglich Natürlichkeit, Lockerheit und ungehemmte Spontaneität vorleben und ihm zeigen, dass das Leben auch ohne dauernde Kontrolle funktioniert und dadurch sogar noch schöner wird.

(Die Lösung der hier besprochenen Problematik kann mit der Bach-Blüten-Essenz *Rock Water und evtl. Floriplex Nr.2* gefördert werden. Nähere Informationen hierzu finden Sie in meinem Buch „Heile dein Kind mit Bach-Blüten".)

# EHRGEIZ
(Leistungsfreude, Stress, Selbstüberforderung.)

*Ihr Kind ist sehr leistungsfreudig und ehrgeizig. Es schreckt nicht - wie viele andere Kinder - vor Belastungen, schweren Aufgaben oder Verantwortung zurück, sondern scheint im Gegenteil umso mehr Interesse daran zu haben, je schwieriger diese sind. Dabei neigt es aber dazu, sich zu übernehmen, gerät oft in Stress und an den Rand seiner Kräfte.*

Einsatzfreude und Ehrgeiz sind in der heutigen Zeit wichtige Voraussetzungen für beruflichen Erfolg. In dieser Hinsicht braucht man sich wohl keine Sorgen um die Zukunft Ihres Kindes zu machen. Man sieht in ihm gegenwärtig schon den künftigen erfolgsbewussten Erwachsenen, der sich durch Leistungsfähigkeit, Verantwortungsbereitschaft und Persönlichkeitsstärke auszeichnet, meist aber, ohne zu zögern, bis an die Grenze seiner Möglichkeiten geht und das Letzte aus sich herausholt. So zeichnet es sich in der Schule durch überdurchschnittliche Leistungsbereitschaft aus (weshalb es als vielleicht „Streber" gilt), nimmt sich oft mehr vor, als es schließlich leisten kann, setzt sich im Sport höchste Ziele oder lässt sich manchmal zu Kraftproben provozieren, die es an den Rand des Zusammenbruchs führen.

Offensichtlich hat Ihr Kind eine Veranlagung, die auf Leistung und Erfolg ausgelegt ist. Daran wäre nichts auszusetzen, wenn es dabei das richtige Maß einhalten könnte. Sein labiler Gesundheitszustand, die Nervosität, die Schlafprobleme, die Unfähigkeit, loszulassen und einmal nichts zu tun, zeigen aber, dass ihm dies nicht richtig gelingt. Man sollte zu verhindern versuchen, dass es noch mehr den Kontakt zu sich selbst verliert. Denn das ist sein Problem. Vom Erfolgszwang beflügelt merkt es nicht mehr, dass es sich körperlich, psychisch und sozial selbst schadet.

Da dieses Verhalten zwar Ausdruck seiner Veranlagung, gleichzeitig aber auch die Folge eines Einflusses aus seiner Umgebung ist, wäre es gut, wenn Sie einmal hierauf achten würden. Vielleicht machen Sie es genauso und spornen es durch Ihr Beispiel - vielleicht auch durch Lob oder Tadel - zur Nachahmung an.

Vielleicht steckt hinter seinem ehrgeizigen Leistungswillen aber auch ein Minderwertigkeitsgefühl gegenüber anderen Familienangehörigen: „Jetzt will ich es ihnen aber zeigen!" Oder der Gedanke der Pflichterfüllung wurde bei seiner Erziehung zu sehr betont, so dass es sich aus einem untergründigen Schuldgefühl heraus so sehr um Erfolg bemüht. (Viele weltberühmte Leistungen und Erfolge sind eigentlich nur Versuche, Minderwertigkeits- und Schuldkomplexe zu kompensieren.) Man könnte sich zwar auf den Standpunkt stellen, dass es erzieherisch nützlich ist, Kinder auf diese Weise zur Leistung zu motivieren. Wenn man sich aber einmal klar macht, dass der eigentliche Wert einer Handlung nicht - oder jedenfalls nur untergeordnet - in ihren äußeren Auswirkungen, sondern vor allem in dem Geist besteht, in dem sie vorgenommen wurde, so weiß man, dass diese Art, Leistungen zu erbringen, keinen wirklichen Segen bringen kann. Tatsächlich ist auch bei Ihrem Kind deutlich erkennbar, dass es aus einem Zwang heraus handelt und deshalb weder beliebig aufhören noch seinen Krafteinsatz sinnvoll steuern kann. Die Folgen sind ebenfalls negativ, weil es nicht nur seine körperliche Gesundheit untergräbt, sondern weil es auch zu wenig Freude am Leben hat.

Menschen, die sich nur so viel vornehmen, wie sie auch erreichen können, sind immer erfolgreich. Vielleicht können Sie Ihrem Kind die Augen hierfür öffnen, vor allem, wenn es eine besondere Begabung hat. Dann besteht ja die Gefahr, falls Sie selbst auch ehrgeizig sind, dass es zum „Wunderkind" hochgezüchtet wird. Wenn es wirklich das Zeug dazu hat, wird es seine Karriere aus eigenem Antrieb und eigener Kraft machen. Natürlich sollte es dabei unterstützt werden, aber noch wichtiger ist es, ihm das Gefühl für persönliche Bescheidenheit zu vermitteln und es auch auf Misserfolge vorzubereiten. Diese würden es sonst besonders hart treffen. Eigentlich ist nur jener Erfolg wertvoll, für den man nicht seine Lebensfreude geopfert oder seine Seele verkauft hat. Was würde Ihrem Kind eine glänzende Karriere nützen, wenn es deren Sklave wäre, wenn es außen reich und innen arm würde? Ein guter Sportler kämpft immer so, dass es ihm Spaß macht; so hat er, auch wenn er nicht siegt, auf jeden Fall etwas gewonnen. Diese Einstellung sollten Sie Ihrem Kind zu vermitteln versuchen.

(Die Lösung der hier besprochenen Problematik kann mit der Bach-Blüten-Essenz *Elm* und evtl. *Oak oder Floriplex Nr.18* gefördert werden. Nähere Informationen hierzu finden Sie in meinem Buch „Heile dein Kind mit Bach-Blüten".)

# EIFERSUCHT
(Egoistische und altruistische Liebe)

*Ihr Kind neigt zu starker Eifersucht. Von Natur aus sehr anspruchsvoll und liebesbedürftig, reagiert es ausgesprochen empfindlich auf jede Einbuße von Zuwendung und Vorrechten. Wenn Sie ihm zum Beispiel nicht Ihr volles Interesse schenken, wenn Sie ihm ein anderes Kind oder Ihren Ehepartner/in vorziehen oder wenn es eine privilegierte Position verliert, kann es in einen sehr negativen Gemütszustand geraten: entweder wütend, neidisch und rachsüchtig oder unglücklich, krank und verzweifelt. Meist bedarf es dann vieler, demonstrativer Liebesbeweise, damit es sich wieder beruhigt.*

Im Leben eines eifersüchtigen Kindes spielen sich fast täglich kleinere oder größere Dramen ab, denn es befindet sich wie alle, die etwas besitzen oder festhalten wollen, in einer dauernden, untergründigen Alarm- und Verteidigungshaltung. (*Alles, was wir besitzen, besitzt auch uns.*) So kann es sehr unruhig, unleidig oder aus heiterem Himmel krank werden, wenn sich die Bezugsperson (meist die Mutter) bevorzugt um ein anderes Geschwister kümmert; es kann massive Störmanöver durchführen, wenn die Eltern zärtlich zueinander sind; es kann schmollen und grollen, wenn ein Freund oder eine Freundin ihm „untreu" wird, kann aggressiv werden, wenn jemand sich mit seinem Hund beschäftigt, kann raffiniert gegen seine „Konkurrenten" intrigieren, kann zu stottern beginnen, wenn es seine bevorzugte Position gefährdet glaubt, kann ins Bett nässen, wenn es die Zuwendung seiner Bezugsperson verliert, kann gemein zu jenen Geschwistern sein, die es für privilegiert hält, kann sie verfolgen, verleumden, quälen oder ihnen sogar nach dem Leben trachten.

Problemträchtig ist auch die kindliche Beziehung zum andersgeschlechtlichen Elternteil, also der Tochter zum Vater und des Sohnes zur Mutter. Da dieser „Eltern-Partner" der erste potentielle Sexualpartner im Leben des Kindes ist, möchte es in seiner Gunst an der Spitze stehen und betrachtet eventuell den anderen, gleichgeschlechtlichen Elternteil als unliebsame Konkurrenz, die ärgerliche Vorrechte genießt. Diese Eifersucht des Kindes auf den konkurrierenden Elternteil spielt im Familienleben eine größere Rolle, als man gemeinhin glaubt. Unglücklicherweise wird sie manchmal noch angestachelt von Eltern, die sich selbstgefällig darüber freuen.

Zuwendung und Liebe gehören zu unseren wichtigsten Lebensgrundlagen. Daher fühlen wir uns existenziell bedroht, wenn unsere Position „im Herzen" eines anderen Menschen (oder Lebewesens) gefährdet ist oder verloren geht, wenn wir also meinen, wir würden nicht mehr oder nicht genug geliebt. Unsere Psyche mobilisiert dann zusätzliche (meist aggressive) Energie, damit wir die gefährdete Beziehung sichern oder wiederbeleben können: die Eifersucht. Sie treibt uns zu besserer Selbstdarstellung, intensiverer Kontaktaufnahme, überzeugenderem Verhalten und/oder hilft uns, die „Konkurrenz" zu überbieten, zu verjagen oder zu vernichten. Sie ist also eine natürliche Abwehrreaktion und biologisch sinnvolle Überlebensstrategie.

Wie stark die Eifersucht ausfällt, hängt auch von unserer Veranlagung ab, denn je ausgeprägter unser Bedürfnis nach Besitz oder Beziehung ist, desto intensiver und aggressiver wehren wir uns instinktiv gegen Verlust oder Distanz. Weiterhin spielt es eine wichtige Rolle, ob sie berechtigt und sinnvoll ist, das heißt, ob jener Mensch, dessen Zuwendung oder Liebe wir möchten, grundsätzlich bereit ist, sie uns zu geben; dann rennen wir sozusagen offene Türen ein, und die Eifersucht hat eher einen spielerischen Charakter. Dagegen erzeugt sie viel Leid, wenn „das Objekt unseres Begehrens" nichts von uns wissen will, wenn sie auf einer Einbildung beruht oder wenn sie Ausdruck eines krankhaft übertriebenen Liebesbedürfnisses ist, das sich aus einem frühkindlichen Liebesmangel entwickelt hat. Solche nicht zu befriedigende - und daher krankhafte - Eifersucht wirkt oft zerstörerisch.

Vielen Menschen gilt die Eifersucht auch als Beweis für Liebe, denn sie zeigt ja, wie sehr man das „Liebesobjekt" begehrt oder braucht. Diese Ansicht ist zutreffend, wenn man nur an die fordernde, egoistische Liebe denkt, trifft aber nicht auf die selbstlose, altruistische Liebe zu, die keine Eifersucht kennt, weil sie geben und erfreuen, nicht aber besitzen und benutzen will.

Beide Formen der Liebe - die selbstsüchtig fordernde und die selbstlos gebende - haben ihre Berechtigung, denn sie entsprechen zwei wesentlichen Eigenarten des Menschen: Er ist einerseits Bestandteil der materiell-irdischen Welt, in der er in einen allgemeinen Überlebenskampf einbezogen ist, und er gehört andererseits jener geistigen Dimension an, die wir, weil sie jenseits unseres Begriffsvermögens liegt, als transzendent oder überirdisch bezeichnen.

Die eifersüchtige Liebe entspricht der irdischen, naturhaften Welt, in der wir wegen der begrenzten Lebensgrundlagen immer darauf achten müssen, dass wir genügend von dem bekommen, was wir brauchen.

Die eifersuchtsfreie, selbstlose Liebe dagegen gehört zur geistigen Dimension, in der es, weil der Geist unendlich ist, keinen Mangel gibt: An einem Gedanken können alle Menschen uneingeschränkt teilhaben, an einem Stück Brot aber nur wenige. Der Überfluss, der in dieser Dimension herrscht, macht es überflüssig, jemandem um des eigenen Überlebens willen etwas wegzunehmen oder zu befürchten, dass einem selbst etwas genommen wird. Vielmehr werden wir für andere zur überfließenden, selbstlos gebenden Quelle. Dabei deutet die Bezeichnung „selbstlos" an, dass unser „normales" Selbst, mit dessen Hilfe wir uns in der Welt behaupten, gewissermaßen ausgeschaltet ist, weil wir den eigenen Vorteil unberücksichtigt lassen und hergeben, statt zu fordern. So erfreut sich der selbstbezogen liebende Mensch an der eigenen Freude, der selbstlos liebende dagegen an der Freude des geliebten Wesens.

Das kleine, hilflose Kind ist vor allem darauf eingestellt, Liebe entgegenzunehmen. Von ihr hängt sein Überleben ab. Daher hinterlässt stärkerer Liebesmangel, den es in der ersten Lebensphase erleiden muss, eine Wunde in seiner Seele. Diese heilt auch in seinem späteren Leben selten richtig aus und ruft immer wieder das quälende Gefühl hervor, zu kurz zu kommen oder schlecht behandelt zu werden. Das Kind wird von einer dauernden Furcht vor Liebesverlust und einer Sucht nach Liebe beherrscht, die sich unter anderem in starker Begehrlichkeit und übertriebener Eifersucht äußern kann.

Man muss also vermuten, dass Ihr Kind irgendwann einmal (vielleicht auch gegenwärtig noch) in seinem Liebesbedürfnis zu kurz gekommen ist. Das Problematische daran ist, dass man die erforderliche „Liebesmenge" nicht objektiv messen oder festlegen kann, sondern dass sie ganz subjektiv ist. Während dem einen Kind die „normale" Zuwendung genügt, braucht ein anderes ein Vielfaches davon. Dies hängt weitgehend von der Veranlagung ab (es gibt ja zum Beispiel auch „heißblütige" und „kaltblütige" Menschen) und eventuell von negativen vorgeburtlichen Erlebnissen.

Wie auch immer, die Eifersucht eines Kindes weist auf einen Mangel oder eine Verlustangst hin. Da sie sehr unangenehm sein kann - vor allem, wenn sie nicht nachvollziehbar ist -, neigen manche Eltern dazu, sie zu unterdrücken oder das Kind dafür sogar zu bestrafen. Das ist sinnlos, weil sie, falls man damit Erfolg hätte und das Kind sie nicht mehr zeigen würde, doch weiterhin vorhanden wäre und in versteckter Weise noch negativer wirken würde.

Aus der Welt schaffen kann man die Eifersucht nicht, da sie ja eine im Grunde natürliche Reaktion ist. Wir sollten sie in unser Leben einplanen und jene Situationen vermeiden, in denen sie auftreten *muss*. Wenn sie aber eingetreten ist, können wir nur versuchen, sie auf ein erträgliches Maß zu reduzieren.

Dazu müsste man dem Kind *zunächst* maßvoll das geben, was es will und braucht: mehr Liebe, mehr Privilegien oder mehr Besitz. Vielleicht gelingt es, wenn man früh damit beginnt und reichlich gibt, dem Kind doch noch genügend Vertrauen in die Liebe der Menschen zu vermitteln. Meist wird dies nicht vollkommen gelingen und ein Rest Misstrauen wird irgendwo schwelen und schon bei kleinen Anlässen - zum Beispiel als Eifersucht - aufflackern.

Deshalb wäre es auch wichtig, dem Kind sehr behutsam und nicht ablehnend zu signalisieren, dass sein eifersüchtiges Verhalten das Gegenteil von dem bewirkt, was es will, dass es sich damit also eher unbeliebt macht als mehr geliebt zu werden. Auf keinen Fall sollten Sie ihm zu erkennen geben, dass Ihnen seine Eifersucht doch irgendwie (als Zeichen der Liebe) gefällt, weil das Kind dadurch bestätigt wird. Besser ist es, ihm zu zeigen, dass es ohne demonstrative und überzogene Eifersucht mehr Liebe bekommt. Es geht für die Eltern darum, zu geben, ohne sich erpressen zu lassen - oft eine schwierige Gratwanderung.

Am besten ist es, dem Kind genügend Zuwendung und Liebe zu geben. Dazu gehört evtl. eine ganz persönliche „Spezialbeziehung", die ihm ein Gefühl exklusiver Bevorzugung vermittelt. Das ist, wenn Sie mehrere Kinder haben, keine einfache Aufgabe, weil ja *alle* an der ersten Stelle stehen wollen. Bewährt hat sich, mit *jedem* Kind von Zeit zu Zeit bestimmte Sonderaktionen in Form einer gemeinsamen Arbeit, eines Spazierganges oder einer Unternehmung zu machen und jedem Kind ab und zu Zeiten besonders intensiver, individueller, exklusiver Zuwendung zu schenken, bei denen niemand stören darf. Man kann ein Kind, wenn es etwas älter ist, auch direkt auf die Gründe seiner Eifersucht ansprechen, nach seinen Wünschen fragen, zusammen mit ihm die oft vorhandenen Missverständnisse klären und feststellen, ob es wirklich zu kurz kommt. So lässt sich dieses Problem bis zu einem gewissen Grade entschärfen.

Starke Eifersüchte können auftreten, wenn ein Kind sein „Revier" mit einem nachgeborenen Geschwister teilen muss. Instinktiv neigt es dazu, dieses als gefährlichen Eindringling zu betrachten, der ihm Zuwendung und Lebensraum streitig macht. Deshalb sollte sich die

Mutter, wenn ein weiteres Kind kommt, vor allem um jenes Kind kümmern, das seine privilegierte Stellung verliert. Das erstgeborene Kind kann das neu hinzugekommene Brüderchen oder Schwesterchen großzügig und liebevoll annehmen, wenn es sich nicht benachteiligt fühlt; sobald es aber einen Mangel verspürt, wird es sich instinktiv wehren. Man muss verstehen, dass das Recht des Erstgeborenen keine soziale Institution ist, sondern ein Naturrecht, das es sich nicht ohne Gegenwehr nehmen lässt. Falls es hierzu aber gezwungen wird, entstehen oft lebenslange psychische Störungen wie Minderwertigkeitskomplexe, Hass oder unbegreifliche Depressionen.

Für Eltern, die in einer schlechten Ehe leben müssen, ist die Versuchung groß, sich dafür am Kind schadlos zu halten, es eng an sich zu binden und eventuell zum Ersatzpartner heranzuziehen. Solche Kinder neigen wegen ihrer gefühlsmäßigen Abhängigkeit oft zu starker Eifersucht. Falls Sie Ihr Kind durch Ihre Liebe sehr an sich gebunden haben, werden Sie diese Reaktion kennen, die auftritt, sobald Ihre Zuwendung einmal nachlässt. Möglicherweise freuen Sie sich darüber - aber Vorsicht: eines Tages kann daraus großes Leid entstehen, wenn nämlich Ihr Kind sich nach einem eigenen Partner umsieht und sich mit Gewalt von Ihnen befreit. Wahrscheinlich wird es Ihnen dann schwer fallen, es loszulassen, und Sie werden - bewusst oder unbewusst - seine Partnersuche zu blockieren versuchen. Vielleicht machen Sie ihm ein schlechtes Gewissen, wenn es sich einen gleichaltrigen Liebespartner sucht, oder haben am Freund Ihrer Tochter oder der Freundin Ihres Sohnes immer etwas auszusetzen. Dabei wäre gerade die Pubertät eine besonders gute Gelegenheit, Ihr Kind endlich freizulassen, weil sein Naturtrieb es von Ihnen weg- und einem adäquaten Liebespartner zuführen will. Falls Ihnen das Wohl Ihres Kindes am Herzen liegt, sollten Sie es spätestens jetzt freigeben.

Von Ihnen als Bezugsperson wird es weitgehend abhängen, ob Ihr Kind ein natürliches und vertrauensvolles Verhältnis zu den Menschen, die es liebt, entwickelt. Geben Sie ihm in den ersten Lebensjahren so viel Liebe, *wie es verlangt;* dann entsteht eine gefühlsmäßige Sicherheit, die Eifersucht weitgehend ausschließt. Binden Sie es aber auch nicht zu sehr an sich, *drängen Sie ihm keine Liebe auf, die es nicht selbst verlangt.* Damit es später zurechtkommt, muss es - auf der Grundlage eines tragenden Urvertrauens - eine gewisse Unabhängigkeit von anderen Menschen entwickeln. Es soll ja nicht nur fähig werden, Liebe auch außerhalb seines „Nestes" zu finden, sondern auch bewusst oder instinktiv das gesunde Gleichgewicht zwischen Geben und Nehmen, zwischen selbstsüchtiger und selbstloser Liebe finden.

(Die Lösung der hier besprochenen Problematik kann mit den Bach-Blüten-Essenzen *Chicory, Holly* oder *Heather* gefördert werden. Nähere Informationen hierzu finden Sie in meinem Buch „Heile dein Kind mit Bach-Blüten".)

# FEIGHEIT
(Übervorsicht, Konfliktscheu, „Kneifen", „Papiertiger")

*Ihr Kind geht grundsätzlich allen Unannehmlichkeiten aus dem Wege, ist übervorsichtig, meidet Konflikte, schreckt vor Schwierigkeiten zurück und lässt sich nie auf Streitereien ein.*

Auf den ersten Blick ist man geneigt, dieses Verhalten für normale Ängstlichkeit zu halten (>*Kap. Angst),* tatsächlich aber ist es etwas anderes. Denn bei genauer Beobachtung fällt auf, dass Ihr Kind auch dann übervorsichtig ausweicht, wenn keine echte Gefahr droht, dass es vor unbedeutenden Problemen zurückschreckt, als seien es unüberwindliche Hürden, und dass es auch dann aufgibt, wenn es erfolgreich sein könnte. Diese übertriebene und unbegründete Ängstlichkeit nennen wir Feigheit. Ein feiger Mensch vermutet Gefahren, wo keine sind, und „kneift", ohne dass es nötig wäre.

Grundsätzlich haben wir, wenn wir bedroht werden oder in Gefahr geraten, zwei Möglichkeiten: Wir können entweder standhalten und kämpfen oder nachgeben und fliehen. Beide Verhaltensweisen sind, je nach den gegebenen Umständen, biologisch richtig, denn beide dienen dem Überleben. Daher finden wir es auch normal, eine echte Gefahr zu fürchten und sich ihr durch Flucht zu entziehen, während wir es irgendwie als beschämend oder krankhaft empfinden, wenn sich jemand ohne Grund fürchtet oder vor „Papiertigern" flieht.

Typisch an der Feigheit ist, dass nicht nur der Zuschauer davon irgendwie peinlich berührt ist, sondern dass auch der feige Mensch selbst mit sich unzufrieden ist. Denn irgendwo weiß er, dass er sich der Situation eigentlich hätte stellen können und sollen. Da jede Anstrengung, jeder Kampf, jedes Risiko in Wirklichkeit die Suche nach den eigenen Grenzen und der persönlichen Wahrheit bedeutet, ist Feigheit eine Art Selbstverrat. Diesen aber akzeptiert unsere stets nach der Wahrheit strebende Seele nicht. Deshalb erzeugt sie, wenn wir gekniffen haben, eine Frustration, um uns unsere Schwäche bewusster zu machen und uns zu mutigerem Verhalten zu motivieren.

Die Grenze zwischen Angst und Feigheit ist fließend, und nicht immer ist die Feigheit so ausgeprägt, dass sie ins Auge springt. Oft wird sie getarnt, indem irgendwelche einleuchtenden Gründe für das Ausweichen vorgeschoben werden, oder sie macht sich nur bei bestimmten Gelegenheiten bemerkbar. Zum Beispiel wagen manche Kinder es auch unter harmlosen Bedingungen nicht, fremde Menschen anzusprechen, die Wahrheit zu sagen, zur eigenen Meinung zu stehen, sich auf kleine, ungefährliche Kraftproben einzulassen, sich gegen Benachteiligungen zu wehren oder ein kleines Risiko einzugehen. Natürlich hat dieses Verhalten seinen guten Grund. Er liegt in der Empfindsamkeit des Kindes, die immer auch Verletzlichkeit bedeutet, und in unangenehmen Erlebnissen, die es zu ernst genommen hat.

Bevor man sein Kind als feige betrachtet, sollte man sich vergewissern, dass man ihm damit nicht Unrecht tut. Denn wenn Eltern selbst risikofreudig und stark sind, könnten sie, von sich auf ihr Kind schließend, nicht sehen, dass es *für seine Verhältnisse,* entsprechend seinen persönlichen Verteidigungs- oder Durchsetzungsmöglichkeiten, durchaus mutig ist. Ohnehin dürfte man ein Kind nie als feige bezeichnen, weil dies nicht nur eine Kränkung und Verletzung seines Selbstwertgefühls bedeuten, sondern auch sein Vertrauen untergraben würde.

Vielleicht merken Sie aber, dass sich Ihr Kind selbst nicht wohl fühlt, wenn es kneift. Das würde dann bedeuten, dass es - mehr oder weniger bewusst - versucht, seine Schwäche zu überwinden; dabei könnten Sie ihm behilflich sein. Um seine Feigheit zu überwinden, muss das Kind sich ihrer bewusst werden. Daher wäre es wichtig, mit ihm offen und ohne jede Bewertung darüber zu reden und es zu kleinen Mutübungen zu ermuntern. Sicher wird Ihnen Ihr Kind entsprechende Problemsituationen schildern können und dann könnten Sie mit ihm zusammen eine konkrete Verhaltensstrategie entwickeln. Anfangs könnten Sie es vielleicht sogar im Hintergrund bei seinen Mutproben begleiten und bei jedem Erfolg reichlich Lob spenden. Es sollte sich zunächst angewöhnen, etwas zu riskieren, wenn mit Sicherheit keine ernsten Folgen zu erwarten sind, und eventuelle kleine Schwierigkeiten als eine Art sportliches Training zu betrachten. Nichts motiviert so sehr zu selbstbewusstem Verhalten wie der Erfolg.

Ein Kind, das zur Feigheit neigt, ist von Natur aus sehr empfindlich. Daher wäre es verfehlt, wenn man aus ihm einen mutigen Helden machen wollte. Es soll im Prinzip so bleiben, wie es ist, und sich nur angewöhnen, immer zu prüfen, ob es nicht im Begriff ist, vor einem „Papiertiger" davonzulaufen, und es sollte sich seiner tatsächlichen Kraft in kleinen Mutproben bewusst werden. Dabei wird jedes Mal seine Feigheit etwas abnehmen, bis es eines Tages fähig ist, stets seine Möglichkeiten auszunutzen und nur dann zu fliehen, wenn die Umstände es tatsächlich rechtfertigen.

(Die Lösung der hier besprochenen Problematik kann mit den Bach-Blüten-Essenzen *Agrimony* und *Mimulus oder Floriplex Nr.19 und evtl. Nr.11* gefördert werden. Nähere Informationen hierzu finden Sie in meinem Buch „Heile dein Kind mit Bach-Blüten".)

## GEFÜHLSPROBLEME
(Emotionen, Labilität, Ausnahmezustand, inneres Gleichgewicht, Wahrnehmungen, Gefühlsdruck, Psychose, Verrücktheit, innerer Konflikt, Triebunterdrückung, Hysterie, wechselnde Stimmungen, Gefühls-ausbrüche, Gefühlsnot, Aufgeregtheit, moralischer Druck)

*Ihr Kind ist sehr emotional und labil. Alle Gefühlsreaktionen laufen bei ihm unberechenbarer und dramatischer ab als bei anderen Kindern. Ob positive oder negative Gefühle, Freude oder Wut, Liebe oder Ungeduld, Angst oder Trauer, Sorge oder Mitleid - meist verliert es dabei sein inneres Gleichgewicht, ist stark erschüttert oder extrem beleidigt, heult übertrieben oder ist völlig geknickt. Natürlich passiert dies nicht jedes Mal mit dieser Intensität, insgesamt aber kann man sagen, dass das Gefühlsleben Ihres Kindes für es selbst und seine Angehörigen ein Problem darstellt. Sie müssen oft gute Nerven, viel Geduld und Verständnis aufbringen, bis die Wunden seiner Seele wieder geheilt und die Wogen seiner Gefühle geglättet sind.*

Bei einem kleinen Kind ist man bis zu einem gewissen Grade bereit, ein solches Verhalten hinzunehmen. Man kann aber schon heute absehen, welche Schwierigkeiten sich daraus mit zunehmendem Alter ergeben werden - nicht nur für seine sozialen Beziehungen, sondern auch für Ihr Kind selbst, das ja auch unter seinen emotionalen Ausnahmezuständen zu leiden hat.

Daher haben Sie sich wahrscheinlich schon gefragt, ob man ihm nicht zu etwas mehr Ausgeglichenheit verhelfen könnte. Das ist sicher möglich. Allerdings ist dabei zu berücksichtigen, dass man niemanden in seiner psychischen Grundstruktur ändern kann. Hinter jeder Verhaltensweise steckt eine bestimmte Veranlagung, die sich, je nach den sie beeinflussenden Lebensumständen, entweder harmonisch oder neurotisch verzerrt ausdrückt. Lediglich diese „Verzerrungen" lassen sich korrigieren, so dass der betreffende Mensch wieder „er selbst" wird - mit seiner persönlichen, in sich stimmigen Eigenart, die aber nicht unbedingt den Erwartungen seiner ganz anders veranlagten Mitmenschen entsprechen muss.

Ihr Kind ist ein vitaler Gefühlsmensch. Daher erlebt es alles sehr eindringlich, reagiert nie halbherzig, ist schnell begeistert, warmherzig, lebensfroh. So könnte es jedenfalls sein, wenn es innerlich etwas mehr im Gleichgewicht wäre. Seine überschießenden Emotionen und überempfindlichen Reaktionen sind aber wie Strudel und Stromschnellen eines Wildbachs, dessen Wasser durch Felsen, Abbrüche und Hindernisse vom geraden Lauf abgelenkt, aufgestaut und durcheinander gewirbelt wird. Könnte man das anströmende Wasser etwas verringern und das Flussbett von den schlimmsten Hindernissen befreien, dann würde er etwas geruhsamer und geordneter dahinfließen. Das heißt, wenn es gelingen würde, Lebensumstände zu schaffen, in denen die Emotionen Ihres Kindes nicht immer so stark angeregt und verstärkt würden und unter denen es seine Gefühle freier ausleben dürfte, dann könnte es ausgeglichener werden.

Erst fühlen, dann denken, dann handeln - so entsteht harmonisches Verhalten. Zuerst sind da die Gefühle, Eingebungen und Wahrnehmungen. Sie wollen uns auf etwas aufmerksam machen und zu einer sinnvollen Reaktion bewegen. Damit dies möglich wird, müssen wir sie richtig deuten, das heißt: analysieren, mit früheren Erfahrungen vergleichen und blitzschnell beurteilen. Erst dann können wir sinnvoll, d.h. gut für unser Überleben und unsere Selbstverwirklichung, handeln.

An sich ist jede Wahrnehmung, ob sie nun in einem Sinneseindruck, einem Gefühl oder einer Eingebung besteht, wertfrei und indifferent: Wir nehmen einfach etwas zur Kenntnis, was bis dahin außerhalb unseres Bewusstseins lag. Wenn wir zum Beispiel jemanden lächeln sehen, besagt das noch nicht viel; es kann etwas Gutes oder etwas Schlechtes bedeuten. Sobald wir diese Wahrnehmung aber unter Berücksichtigung unserer Erfahrungen deuten, *verwandelt sie sich in eine Emotion* (z.B. Freude oder Hass, Eifersucht oder Angst), die uns zum Handeln bewegt. Zum Beispiel kann das Lächeln eines geliebten Menschen, je nachdem, wie wir es interpretieren, unterschiedliche Emotionen hervorrufen: Freude, wenn wir es positiv auf uns beziehen, Wut, wenn wir es in Verbindung mit einer/m Nebenbuhler/in bringen. Solche Emotionen werden, wenn sie stark sind, im emotionalen Gedächtnis zusammen mit der auslösenden Wahrnehmung als „Assoziation" gespeichert, so dass immer, wenn wir in Zukunft ein solches Lächeln sehen, auch die dazu gehörende Emotion (Freude oder Hass) auftaucht.

Emotion heißt *(Gemüts-)Bewegung*. Eine Emotion will und soll uns also bewegen, uns aus der Ruhe bringen, uns vorwärts bringen, uns zum Handeln - zur Abwehr oder zur Flucht - treiben. Gelingt ihr das, so wird die in ihr liegende „emotionale Energie" umgesetzt und verbraucht, so dass wir wieder zur Ruhe kommen. Hat zum Beispiel die eifersüchtige Wut uns dazu getrieben, den/die Nebenbuhler/in in die

Flucht zu schlagen, so klingt sie ab und wir entspannen uns wieder. Haben wir uns aber zurückgehalten, weil wir durch Moral blockiert, durch Angst gehemmt oder durch andere Menschen gehindert wurden, so staut sich die nicht ausgelebte Wut in uns, bringt uns durcheinander, macht uns ungenießbar, entlädt sich auf einen unschuldigen Dritten oder steigert sich zum zerstörerischen Kurzschluss. Hätten wir sie sogleich ausgelebt, als sie entstand, wäre außer etwas Geschrei wahrscheinlich nicht viel passiert. Wir hätten uns sozusagen abreagiert.

Sie kennen doch jene Menschen, die ihre Stimmungen nicht zurückhalten, sondern sie immer sofort ablassen. Nachdem sie geschimpft, geweint, geschrieen oder sich sonst wie ausgelebt haben, werden sie wieder normal. Bei jenen aber, die alles herunterschlucken, entsteht mit der Zeit ein gefährlicher innerer Überdruck, der ihnen die Ruhe raubt und sich bei irgendeiner Kleinigkeit in völlig unangemessener Stärke entladen kann.

Zwei Faktoren spielen also bei den Emotionen eine wichtige Rolle: erstens ihre Stärke und zweitens unser Umgang mit ihnen. Je intensiver eine Emotion einerseits ist und je stärker sie andererseits unterdrückt wird, desto störender oder explosiver wird sie. Wie intensiv sie ausfällt, hängt nicht nur vom auslösenden Ereignis ab (ob es also um etwas Wichtiges geht), sondern auch von der psychischen Struktur des betreffenden Menschen (ob er also eher leidenschaftlich oder nüchtern veranlagt ist). Und wie weit sie unterdrückt wird, das ist, abgesehen von der persönlichen Kraft des betreffenden Menschen, eine Frage seiner anerzogenen Selbstbeherrschung oder der äußeren Umstände, die vielleicht ein Abreagieren unmöglich machen. Diese beiden Faktoren scheinen bei Ihrem Kind insofern eine Rolle zu spielen, als es einerseits sehr gefühlsintensiv veranlagt ist, also von Natur aus zu starken Emotionen neigt, und sich andererseits nicht genügend auslebt, sich also zu sehr beherrscht. Ob es dies deshalb tut, weil es schon stark zur Selbstunterdrückung erzogen ist oder weil es zu viel Angst vor seiner Umgebung - den Eltern, der Familie, den Erzieher/innen - hat, müsste man herauszufinden versuchen.

Herrscht in Ihrer Familie ein nüchterner, emotionsloser Geist, achtet man sehr auf gutes Benehmen, verlangt man von den Kindern, dass sie sich wie Erwachsene benehmen, oder ist man prüde und antisexuell eingestellt? Das wären zum Beispiel typische Umstände, die ein Kind in seinem natürlichen Gefühlsleben zu sehr beschränken könnten. Und hier wäre zunächst der Hebel anzusetzen, wenn man ihm helfen wollte. Ihr Kind müsste wahrscheinlich mehr von dem Druck, sich anständig, moralisch oder wohlerzogen zu benehmen, entlastet werden, man müsste ihm erlauben, seine lebhafte oder leidenschaftliche Natur mehr auszuleben.

Sicher haben Sie längst festgestellt, dass das Problem Ihres Kindes nicht leicht zu lösen ist. Eines aber steht auf jeden Fall fest: Druck und Gewalt machen alles nur noch schlimmer. Diese sind wahrscheinlich weitgehend daran schuld, dass die natürliche Emotionalität Ihres Kindes sich so übersteigert hat. Könnte es nämlich seine Gefühle immer gleich ausleben, so träten diese Ausnahmezustände nicht auf.

Kinder, die ihre Gefühle unterdrücken müssen, gleichen oft einem Dampfkessel, bei dem man die Ventile geschlossen hat. So staut sich der Dampf, nämlich der Gefühlsdruck, in ihnen und erzeugt ein inneres Chaos. Manchmal sprengt er eruptiv das Sicherheitsventil oder zerreißt sogar den ganzen Kessel - dies entspricht den Situationen, in denen ein Kind in eine Psychose gerät oder sich aus Gefühlsnot umbringt. Es kann seine Emotionen nicht mehr normal verarbeiten und beherrschen, sondern wird verrückt, das heißt es rückt aus dem Bereich des Normalen heraus. Ein Beispiel hierfür ist auch die jugendliche Schizophrenie, die in der Pubertät auftritt, also jener Zeit, in der die Sexualität mit ihrem ganzen Emotionsdruck erwacht.

Aus Ihrem Kind ein milde, verhalten oder nüchtern reagierendes Kind zu machen ist unmöglich, und schon der Versuch wäre eine echte Misshandlung. Sie werden es auch deshalb kaum versuchen, weil Sie aus eigenem Erleben wissen, wie sehr es uns trifft, wenn man uns zu erkennen gibt, dass wir so, wie wir sind, „falsch" oder „missraten" sind. Ein Kind, das sich dieser übermächtigen Erwachsenenwelt wehrlos ausgeliefert sieht, wird dadurch noch viel stärker in seinem Selbstwertgefühl beschädigt. Achten Sie deshalb gegebenenfalls auch darauf, dass Erzieher/innen oder eventuell auch die eigenen Großeltern nicht in dieser Weise an Ihrem Kind herummanipulieren können, verteidigen Sie es, geben Sie ihm zu verstehen, dass jedenfalls Sie, seine wichtigste Bezugsperson, es „richtig" finden. Mit Ihnen zusammen kann es dann noch am ehesten der verständnislosen Welt trotzen.

Jedes Kind versucht „in aller Unschuld", ein Maximum an Freude und Lust zu bekommen, denn davon hängt sein Wohlergehen und Gedeihen ab. Es folgt einfach seinen natürlichen Trieben und Instinkten. Je ungehinderter es aus seinem Gefühl leben darf, desto besser kann es sein inneres Gleichgewicht und seinen persönlichen Lebensstil finden, der allerdings nicht immer mit den Vorstellungen seiner Eltern übereinstimmt. Die meisten kindlichen Gefühlsprobleme sind also die Folge eines inneren Konfliktes. Man zwingt das Kind ja zu einem Verhalten, das ihm von Natur aus nicht liegt. Es muss jene Emotionen und Triebe unterdrücken, die als störend gelten oder nicht erlaubt sind, die aber einen wichtigen Teil seines Gefühlslebens darstellen. Dadurch gerät es in einen Widerspruch zu sich selbst und wird unausgeglichen oder überemotional, was man im Volksmund auch „hysterisch" nennt.

Solange Ihr Kind klein ist, muss es seine Stimmungen ungehindert ausleben können. Lassen Sie ihm daher so viel Spielraum wie möglich, setzen Sie es möglichst nicht unter Druck, beschränken Sie es nur, wenn es sich selbst schadet oder mit der sozialen Gemeinschaft ernste Probleme bekommt. Kommen Sie ihm verständnis- und liebevoll entgegen, wenn es in Gefühlsnot ist, lassen Sie ihm seine Gefühlsausbrüche und Launen - sie sind gesunderhaltende Notventile für den inneren Überdruck. Wenn es aber schon älter ist, könnten Sie es darüber hinaus anleiten, sich selbst zu beobachten und sich anzugewöhnen, vor jeder impulsiven Handlung grundsätzlich erst eine Denkpause einzulegen und bei wichtigen Gefühlsentscheidungen (vor allem im Liebesleben) immer erst einen Tag vergehen zu lassen. Die meisten Emotionen lösen sich nach einiger Zeit wieder auf. Sie sind wie Strohfeuer, die bald erlöschen, wenn sie keine Nahrung bekommen. Werden sie aber unterdrückt, so bleiben sie lebendig, stauen sich auf und tauchen in anderer, meist aber zerstörerischer Form wieder auf: als wilde Gefühlseruptionen, hysterische Anfälle, Psychosen oder in Form von Unfällen oder Krankheiten.

Ein aufgeregtes oder aufgewühltes Kind beruhigt sich umso schneller, je mehr man es gewähren lässt. Natürlich ist es - auch in Hinblick auf seine Zukunft - wünschenswert, dass Ihr Kind lernt, seine Reaktionen etwas zu regulieren und sich nicht immer ganz so überemotional zu benehmen. Das ist bis zu einem gewissen Grad möglich; vielleicht hat es sich nämlich aus Widerstand gegen seine Umwelt angewöhnt, etwas übertrieben zu reagieren.

Besonders verhängnisvoll ist es, wenn Kinder unter einen ihnen unverständlichen moralischen Druck gesetzt werden, denn sie sind nicht moralisch veranlagt, sondern versuchen, möglichst gut durchzukommen und Freude zu erleben. Wenn man Beschränkungen auferlegt oder Verzicht abverlangt, müssen diese wirklich begründet und für das Kind irgendwie verständlich sein. Schwere Störungen kann zum Beispiel die Tabuisierung der Sexualität erzeugen. Hüten Sie sich auch davor, wenn es älter wird, ihm abstrakte religiöse Ideale aufzudrängen, denn es kann damit nichts anfangen (selbst erwachsene Menschen müssen dabei oft einen geistigen *Salto mortale* ausführen) und wird sie höchstens gezwungenermaßen übernehmen. Nur was es verstehen oder real nachvollziehen kann, nützt ihm etwas, andernfalls wird dadurch etwas in ihm verbogen.

Ganz wichtig ist für ein gefühlslabiles Kind die Möglichkeit, sich ständig kreativ auszuleben. Dafür ist neben viel körperlicher Aktivität und Sport eine künstlerische Beschäftigung geeignet, weil diese ihm die Möglichkeit gibt, seine irrationalen Gefühlsimpulse in rationales, geordnetes Leben umzusetzen und sich selbst kennen zu lernen. Der künstlerische Ausdruck - Tanzen, Malen, Musizieren, Schreiben, Bildhauerarbeit, Basteln - kann ihm zu einer gewissen Klarheit verhelfen, denn was es innerlich nur vage ahnen kann, wird dabei auf einmal sicht- und greifbar. Vielleicht findet Ihr Kind tatsächlich später in einem künstlerischen Beruf ein Ventil für seine starke Emotionalität, möglicherweise kann es sogar eine Karriere darauf aufbauen, denn der Künstler darf ja ein bisschen „verrückt" sein.

Es wäre also gut, Ihr Kind einerseits vor emotional belastenden Situationen zu beschützen und ihm andererseits genügend Freiraum für seine Stimmungen zu geben. Und vielleicht können Sie - mit diskreter Hand - sein späteres Leben in ruhige Bahnen lenken, in denen es vor zu starken emotionalen Belastungen geschützt ist, zum Beispiel in einen ruhigen Beruf und eine harmonische Ehe.

(Die Lösung der hier besprochenen Problematik kann mit der Bach-Blüten-Essenz *Cherry Plum* gefördert werden. Nähere Informationen hierzu finden Sie in meinem Buch „Heile dein Kind mit Bach-Blüten".)

## GEHORSAM
(Bescheidenheit, Gutmütigkeit, Unterordnung, Selbstlosigkeit, Nachgiebigkeit, Verzicht)

*Ihr Kind ist sehr bescheiden, nachgiebig und gehorsam. Es lässt sich viel gefallen, tut, was man von ihm verlangt, stellt keine besonderen Ansprüche und protestiert kaum, wenn man ihm etwas verweigert oder es übergeht. Zum Beispiel lässt es sich ohne große Gegenwehr von einem anderen Kind sein Spielzeug wegnehmen, traut sich nicht, nach Dingen zu greifen, die es gerne hätte, hält sich im Hintergrund und redet nur, wenn es gefragt wird, oder bekommt einen ängstlichen Gesichtsausdruck, wenn man streng mit ihm spricht. Mit anderen Worten: Ihr Kind ist zu gutmütig, brav und verzichtbereit.*

Kennen Sie jene Menschen, die niemandem etwas streitig machen und immer bereit sind, auf andere einzugehen, die anspruchslos und freundlich, wie zarte Blumen in einem stillen Winkel, blühen und dabei eine zufriedene, gute Stimmung verbreiten? In ihrer Gegenwart empfindet man oft eine frohe, nicht verpflichtende Dankbarkeit - jener ähnlich, die sich einstellt, wenn man einen Vogel besonders schön singen hört oder wenn an einem warmen Sommerabend der Tag still ausklingt.

Ihr Kind hat zwar etwas von diesen Menschen, denn es ist von Natur aus gutmütig und altruistisch, entgegenkommend und nachgiebig, doch ihm fehlt etwas Wichtiges daran: die natürliche Ungezwungenheit. Denn seine Bescheidenheit entspringt nicht (oder jedenfalls nur teilweise) einem natürlichen, menschenfreundlichen Impuls und seine Bereitschaft zur Unterordnung nicht einer instinktiven Einsicht, sondern sie sind hauptsächlich Ausdruck einer Selbstbehauptungsschwäche. Ihr Kind hat einfach nicht genügend persönliche Kraft, sich zu wehren oder sich durchzusetzen, es kann nicht „Nein!" oder „Das will ich!" sagen. Daher hat man auch, wenn es sich bescheiden mit dem zufrieden gibt, was man ihm zuteilt, und gehorsam tut, was man von ihm verlangt, ein irgendwie ungutes Gefühl: man spürt dahinter eine niedergedrückte, verletzte Seele.

Die angeborene freundliche Bescheidenheit Ihres Kindes ist irgendwie krankhaft entartet, so dass es unfähig geworden ist, auch an sich selbst zu denken und zu zeigen, was es will oder braucht. Wenn sich daran nichts ändert, wird es vielleicht eines Tages von sich sagen: „Ich kann einfach nicht nein sagen" und damit - auch vor sich selbst -

den Anschein zu erwecken versuchen, ein besonders guter und entgegenkommender Mensch zu sein. In Wirklichkeit aber bedeutet diese Aussage: „Eigentlich würde ich gerne nein sagen, ich schaffe es nur nicht!" Diese Haltung hat wenig mit innerer Überlegenheit zu tun, sondern ist lediglich eine aus der Not geborene Überlebenstaktik.

Wenn man ein Kind unter sehr starken Druck setzt, kann man unterschiedliche Reaktionen beobachten: Hat es einen kämpferischen Charakter, so leistet es Widerstand und wird übertrieben aggressiv, ist es aber zart und defensiv veranlagt, bleibt ihm nichts anderes übrig, als nachzugeben und sich anzupassen. Seine natürliche Nachgiebigkeit und Anspruchslosigkeit schlagen dann - wie anscheinend auch bei Ihrem Kind - in allzu bereitwillige, unnötige Unterwerfung, Anpassung und Verzichtbereitschaft um. Deshalb fällt es schwer, seine „angenehme" Art wirklich angenehm zu finden.

In der Umgebung solch übertrieben gehorsamer, angepasster Kinder gibt es meist eine egoistisch fordernde, unterdrückende oder strenge Bezugsperson: eine starke, dominante Persönlichkeit, die keinen Widerspruch duldet und immer erwartet, dass ihr Wille erfüllt wird. Sie findet es selbstverständlich, dass sich ihr Kind unterwirft, und merkt in ihrer Selbstherrlichkeit gar nicht, dass es dabei verkümmert, obwohl die gebeugte, unterwürfige Haltung, die leise, ängstliche Stimme, der unsichere Gesichtsausdruck, die gehemmten Bewegungen, die mangelnde Selbständigkeit oder die insgesamt etwas unterentwickelte Erscheinung deutliche Zeichen dafür sind.

Solche Verhältnisse bleiben oft lebenslang bestehen, weil das Kind keine Chance bekommt sich zu befreien. Beispiele wären der sechzigjährige „Junior-Chef", der sich unterwürfig vom achtzig-jährigen „Senior" herumkommandieren lässt; die Mutter erwachsener Kinder, die immer noch von ihrer eigenen, hochbetagten Mutter tyrannisiert wird; das „Aschenputtel"; der dienstbeflissene Angestellte, der sich widerspruchslos ausnutzen lässt; oder auch der verängstigte Patient, der es nicht wagt, dem mächtigen Professor, der ihn operieren will, zu widersprechen.

Neben der bedauernswerten Tatsache, dass diese Menschen selbst unter ihrer Schwäche zu leiden haben, ergibt sich daraus noch ein weiterer unerfreulicher Effekt: Ihr Verhalten fördert den Egoismus anderer. Deshalb wird Ihr Kind wahrscheinlich auch von Familienangehörigen oder Freunden oft übergangen, ausgenutzt oder erpresst.

Was kann man hier tun? Grundsätzlich ändern kann man ein solches Kind nicht, es wird immer seine entgegenkommende und selbstlose Art behalten. Man sollte dies auch gar nicht versuchen, denn seine Veranlagung verschafft ihm ja auch viele Sympathien und hilft ihm, das Leben auf eine friedliche, defensive Weise zu bestehen. Es geht vielmehr darum, seine altruistischen Tendenzen etwas ab- und seine egoistischen etwas aufzubauen. Mit der Zeit wird es erkennen, dass es eigentlich gar nicht so nachgiebig sein und so schnell verzichten will, wie es ihm zur Gewohnheit geworden ist, und bewusst daran arbeiten können. Jetzt aber, solange es noch klein und relativ unbewusst ist, liegt es bei den Eltern und Erzieher(inne)n, diese Fehlentwicklung zu korrigieren und ihm zu einem stärkeren Bewusstsein seiner Rechte und zu mehr Sicherheit im Umgang mit fordernden Menschen zu verhelfen. Im Prinzip geht es darum, jede Tendenz zum eigenen Willen und zum Widerspruch zu fördern, auch wenn Sie sich selbst vielleicht dafür zurücknehmen und Ihr Kind mehr als gleichberechtigten Partner akzeptieren müssen.

Falls Sie also zum fordernden, eher autoritären Menschentyp gehören sollten, wäre es wichtig, dass Sie aufhören, Ihr Kind herumzukommandieren oder auszunutzen. Wenn Sie ihm demonstrativ mehr Respekt entgegenbringen, kann es sich daran gewöhnen, Rechte zu haben, und wenn Sie es so oft wie möglich ermutigen, Ansprüche zu stellen oder „Nein!" zu sagen, wenn ihm danach ist, kann es sich wieder aufrichten. Wahrscheinlich wird sich dies auch in einer aufrechteren Körperhaltung zu erkennen geben.

Ihr Kind sollte einfach etwas „frecher" und selbstbewusster werden dürfen, auch wenn das Ihnen zunächst gegen den Strich geht. Natürlich wird dies nur gelingen, wenn Sie ihm gleichzeitig liebevoll entgegenkommen, damit es sich auch zu nehmen traut, was Sie ihm jetzt auf einmal anbieten. Manche Kinder sind so verschüchtert und unterdrückt, dass sie nicht mehr imstande sind, neu gewonnene Freiheiten zu nützen - sie gleichen jenen Hunden, die nach jahrelanger Gefangenschaft an der Leine auch dann nicht mehr weglaufen, wenn man sie freigibt. So könnte Ihr Kind seine Veranlagung harmonisch entwickeln. Es könnte entgegenkommend bleiben, ohne sich rücksichtslos ausnutzen zu lassen, könnte bescheiden sein, ohne sich selbst aufzugeben, könnte anderen Menschen dienen, ohne dabei seine Menschenwürde zu verlieren, könnte auf alles verzichten, ohne wirklich etwas zu entbehren.

Nur aus Freiwilligkeit und innerer Unabhängigkeit können Bescheidenheit, Gehorsam und Verzicht ihren wahren Wert entfalten:

sich mit dem zufrieden geben, was man hat oder bekommt, weil man nur wenig braucht; tun, was einem aufgetragen wird, weil man weiß, dass es gut ist; einen Anspruch aufgeben, weil man ihn als unberechtigt oder überflüssig erkannt hat. In diesem Sinne stimmen die Worte „Weniger ist mehr" und „Geben ist seliger denn Nehmen", und dabei verlagert sich unser Wachstum von außen nach innen, entsteht Freude statt Vergnügen, Stärke statt Kraft, Freiheit statt Macht.

(Die Lösung der hier besprochenen Problematik kann mit der Bach-Blüten-Essenz *Centaury* gefördert werden. Nähere Informationen hierzu finden Sie in meinem Buch „Heile dein Kind mit Bach-Blüten".)

## GELTUNGSSUCHT
(Angeberei, Eitelkeit, Schmeicheleien, Minderwertigkeitsgefühl, Selbstdarstellung, Selbstwertprobleme)

*Ihr Kind ist sehr geltungsbedürftig. Es möchte immer beachtet werden oder im Mittelpunkt stehen. Wo es kann, macht es - entweder eitel und prahlerisch oder geschickt und taktvoll - auf sich aufmerksam. Wenn zum Beispiel Gäste im Haus sind, benimmt es sich auffällig, um Aufmerksamkeit zu erregen, oder setzt sich raffiniert in ein gutes Licht, um gelobt zu werden. Es ist ihm ausgesprochen wichtig, immer gut dazustehen, und daher ist es sehr empfänglich für Schmeicheleien. Geschicktes „fishing for compliments" ist seine Spezialität.*

Gegen den Wunsch, angemessen beachtet und richtig beurteilt zu werden, ist nichts einzuwenden. Selbst die Bibel fordert dazu auf, sein Licht nicht unter den Scheffel zu stellen. Zuzulassen, dass man anders beurteilt wird, als man tatsächlich ist, bedeutet ja letztlich eine Unwahrheit, gleichgültig, ob es sich dabei um Hochstapelei oder um falsche Bescheidenheit handelt.

Wahrheitsliebe ist aber nicht das Motiv Ihres Kindes für seine ständige Selbstdarstellung, sondern ein übertriebenes Geltungsbedürfnis. Ihr Kind kann es einfach nicht lassen, sich in Gesellschaft anderer irgendwie in den Vordergrund zu spielen und sich in irgendeiner Form bewundern zu lassen. Dabei ahnt man kaum, dass es damit eigentlich ein geheimes Minderwertigkeitsgefühl zu überspielen beziehungsweise zu betäuben versucht. Seine direkten oder versteckten Angebereien, seine flotten Sprüche oder sein betont lässiges Auftreten, sein immer neuestes Spielzeug und seine modische Kleidung, sein geziertes und wichtigtuerisches Auftreten oder die Clownerien, mit denen es Aufmerksamkeit auf sich zieht, ja sogar eventuelle außergewöhnliche Leistungen dienen ihm hauptsächlich dazu, seine nagenden Selbstzweifel zu widerlegen. Wie manche Menschen ihre Depression durch Überaktivität bekämpfen, so vertreibt Ihr Kind wahrscheinlich sein Unzulänglichkeitsgefühl durch die narzisstische Demonstration seiner Fähigkeiten und Vorzüge.

Bis zu einem gewissen Grade ist dies übrigens normal und oft als vorübergehende Phase in der Selbstfindung des Kindes zu bewerten. Deshalb sollte man großzügig darüber hinwegsehen oder freundlich darauf eingehen, solange dadurch keine schwerwiegenden Probleme verursacht werden.

Die Menschen, die zur Umgebung des Kindes gehören, haben ja zum Teil auch die Funktion eines Spiegels, in dem es seinen „objektiven" Wert erkennen kann. Das ist bei uns Erwachsenen nicht anders, wir registrieren ebenfalls immer genau, wie wir bei den anderen ankommen. Ein großer Teil unseres Tuns hat den Zweck, einen guten Eindruck zu machen, denn wir wissen, dass davon unser Wohlergehen in der sozialen Gemeinschaft abhängt. Dies ist nicht nur eine Erfahrung, die wir schon in unserer Kindheit gemacht haben, sondern auch Ausdruck jenes Naturprinzips, das dem Stärkeren die besseren Überlebenschancen gibt. Beachtet, anerkannt oder bewundert zu werden bedeutet zugleich, nicht übersehen, nicht übergangen und bevorzugt zu werden, also mehr zu bekommen. Die Parallele zwischen der Welt der Menschen und der freien Natur ist deutlich: hier wie dort gibt es das Imponiergehabe, das Sich-aufblasen, das Sich-zur-Schau-Stellen und das Sich-mit-fremden-Federn-Schmücken.

Solche Selbstdarstellung ist ein normaler Bestandteil unseres Lebens. Solange wir damit nur unser eigenes Existenzrecht vertreten, hat niemand etwas dagegen. In dem Augenblick aber, in dem wir dadurch jemanden anderen „in den Schatten stellen" oder uns über ihn erheben, rufen wir seine Ablehnung oder Feindschaft hervor, weil wir damit *seine* Chancen schmälern. Selbst das Kind wird davon nicht ausgenommen, und wenn es sich zu sehr aufspielt, wird es abgelehnt oder niedergedrückt. Da es die darin liegende Gefahr genau spürt, bewegt es sich dabei normalerweise in erträglichen Grenzen.

Manchen Kindern - Ihres scheint dazuzugehören - fällt es aber schwer, das richtige Maß in der Selbstdarstellung zu finden, da sie mit ihrem auffallenden Verhalten ein Minderwertigkeits- und Unterlegenheitsgefühl auszugleichen versuchen. Sie brauchen gewissermaßen immer ein bisschen mehr Bestätigung von außen, weil sie innen fehlt.

Manch große, sozial wertvolle Tat ist nur dem Wunsch entsprungen, das eigene Kleinheitsgefühl zu widerlegen. Das gleiche unangenehme Gefühl, das man angesichts der eitlen Aufgeblasenheit bestimmter prominenter Persönlichkeiten empfindet, erweckt auch ein angeberisches, narzisstisches Kind. Statt aber auf die Ablehnung zu achten, die man ihm deswegen entgegenbringt, und sich etwas zurückzunehmen, macht es oft den Fehler, sich noch mehr zu produzieren. Es erklärt sich das Sympathiedefizit nämlich mit einer ungenügenden Selbstdarstellung und meint, es müsse nur seine Vorzüge besser zur Geltung bringen, um akzeptiert zu werden. Weil es dadurch wiederum ungewollt das Problem verstärkt, kann es in einen leidvollen Teufelskreis geraten, in dem es mit der Zeit überempfindlich gegen jede Art von Nichtbeachtung oder Herabsetzung wird. So kann es schließlich sogar schwer krank werden, wenn es sich abgelehnt oder verspottet fühlt.

Ihr Kind müsste also einerseits lernen, die Reaktionen seiner Umwelt sensibler zu erfassen und besser zu verstehen, und andererseits ein stabileres, von äußerer Bestätigung unabhängiges Selbstwertgefühl entwickeln.

Minderwertigkeitsgefühle treten bei Kindern erst mit jenem Alter auf, in dem sie sich als Mitglieder der sozialen Gemeinschaft zu sehen beginnen, in dem sie also begreifen, dass es Konkurrenz, Vergleich und Bewertung gibt. Das kleine Kind kann dies natürlich nicht in seiner psychologischen Bedeutung begreifen, aber es bemerkt sehr wohl, wenn ein Geschwister oder ein anderes Kind ihm - in Form von Lob, Zuwendung, Belohnung oder Privilegien - vorgezogen und es selbst also zurückgeschoben wird. Manche (introvertierte, schwache) Kinder nehmen dies hin und gewöhnen sich an die Rolle des Unterlegenen. Ihr Kind aber wehrt sich anscheinend dagegen, schlechter als andere dazustehen, weil es einen starken angeborenen Drang nach Anerkennung und Bewunderung hat. Es will ernst genommen werden und sucht im Verhalten, im Gesicht, in den Worten seiner Mitmenschen unablässig nach der Bestätigung seines Wertes. Wenn es nicht beachtet, gelobt oder bewundert wird, fühlt es sich unwohl - manchmal sogar irgendwie bedroht - und versucht mit seinen Mitteln etwas dagegen zu unternehmen. Das ist in seiner gegenwärtigen Entwicklungsphase diese kleinliche und peinliche Komplimentenhascherei, die Angeberei oder das eitle Gespreize. Zugleich bekämpft es so seine Selbstwertprobleme einfach dadurch, dass es sie überspielt oder durch eine geschönte Selbstdarstellung von ihnen ablenkt. Der Volksmund sagt: „Wer angibt, hat's nötig!" Halten wir nicht das, was uns zu entgleiten droht, besonders fest und beschwören wir nicht am lautesten jene „Wahrheiten", an denen wir selbst zweifeln?

Das unbewusste Ideal Ihres Kindes ist eine selbstsichere, imponierende und bewunderte Persönlichkeit. (Deshalb wird es aus Neid oder Unsicherheit meist unruhig oder gereizt, wenn es einem solchen Menschen begegnet.) Warum gelingt es *ihm* nicht, so zu werden? Einem erwachsenen Menschen würde man antworten: „Weil du im Äußeren suchst, was du im Inneren werden musst", womit sich für ihn allerdings auch noch nichts geändert hätte. Er müsste den mühevollen Weg aus dem Gewohnheitsverhalten heraus und in Richtung Selbsterkenntnis gehen.

Ihr Kind kann seine Probleme nur bedingt verstehen, es kann nur entsprechend seiner Eigenart auf seine Umwelt reagieren. So käme es jetzt zunächst darauf an, ihm Lebensbedingungen zu schaffen, die ihm ein besseres Selbstwertgefühl und ein angenehmeres Verhalten ermöglichen.

Vielleicht muss es zur Zeit in einem Milieu leben, in dem es gedemütigt oder herabgesetzt wird (wogegen es ja besonders empfindlich ist), zum Beispiel durch sozial höher gestellte oder sonst wie überlegene Kinder, durch Geschwister, die immer alles besser machen, oder durch Eltern, die ständig an ihm herumnörgeln. Unter solchen Bedingungen könnte es kein sicheres Gefühl für seinen eigenen Wert entwickeln, es wäre ständig nur damit beschäftigt, sich zu wehren und zu behaupten. Der Umgang mit überlegenen Kindern könnte bei entsprechender Veranlagung zwar insofern einen gewissen positiven Effekt haben, als er Ihr Kind vielleicht zu höheren Leistungen antreiben würde. Wenn diese allerdings mit einem Verlust des inneren Friedens bezahlt werden müssten, wäre der Preis zu hoch und es wäre besser, Ihr Kind in ein Milieu zu bringen (zum Beispiel durch Schulwechsel), in dem es Anerkennung fände und unter seinesgleichen wäre.

Wichtig wäre in diesem Zusammenhang auch, ihm immer wieder die Relativität aller Werte bewusst zu machen und es von den üblichen sozialen Wertklischees frei zu halten. Im täglichen Leben bieten sich dafür viele Gelegenheiten, bei denen Ihr Kind sehen könnte, dass andere Menschen auch nur „Menschen wie du und ich" sind. Es muss unbedingt einen Blick für jene Qualitäten bekommen, die es konkret besitzt, und aufhören, anders („besser") sein zu wollen als es ist. Echtes Selbstwertgefühl entsteht aus dem unabhängigen Wissen um den eigenen Wert, nicht aus dem Vergleich mit anderen, und es hat seine Grundlage in der Erfahrung bedingungsloser Liebe seitens der Bezugsperson. Möglicherweise wird es erforderlich sein, dass Sie sich selbst einmal mit dieser Problematik näher befassen, denn Kinder pflegen weitgehend die Vorurteile und Irrtümer ihrer Eltern zu übernehmen.

Oft ist es auch erforderlich, dass die Eltern selbst mehr in den Hintergrund treten und ihrem Kind damit mehr Entwicklungsraum lassen; zum Beispiel die immer schöne Mutter, neben der die Tochter verblasst, oder der intelligente Vater, der alles besser kann.

Vielleicht haben Sie Ihrem Kind seine Selbstzweifel dadurch eingeimpft, dass Sie andere Kinder als besser und fähiger hingestellt und ihm damit seinen „schlechteren" Wert bescheinigt haben. Besonders traumatisch kann es sich auswirken, wenn man einem Kind sein Geschwister als Vorbild gibt, weil es damit nicht nur die Konkurrenz ständig vor der Nase hat, sondern daraus auch schließen muss, dass es weniger geliebt wird. Das schwarze Schaf in der Familie, der Tunichtgut, das *enfant terrible* ist damit fast schon vorprogrammiert, weil einem vitalen Kind, das den besten Platz im Herzen der Eltern und in der sozialen Wertordnung bereits durch ein Geschwister besetzt sieht, nur noch der Weg in die Opposition offen bleibt. Daher sollten Sie gegebenenfalls darauf achten, dass Ihr Kind genügend Möglichkeiten hat, eigenes Profil zu entwickeln, und dass Herabsetzungen oder Demütigungen nicht mehr vorkommen. Viel wird dabei von Ihrem guten Beispiel abhängen.

Irgendwann, möglichst bald, sollte Ihr Kind sich anders sehen lernen und ein Gefühl für seinen trotz aller Schwächen immer vorhandenen menschlichen Wert entwickeln. Dazu wäre es wichtig, ihm nicht nur an anderen Menschen die guten Seiten zu zeigen, sondern ihm selbst auch viel Bestätigung und (berechtigtes) Lob zukommen zu lassen und ihm seine guten Eigenschaften bewusst zu machen. Es ist rührend zu sehen, wie Kinder manchmal auf ein lobendes Wort hin aufblühen, leistungsfähig werden und wieder Freude am Leben bekommen. Ihr Selbstwertgefühl entwickelt sich ja in der Beziehung zu ihrer Umgebung. Das wissen wir alle: Lob baut auf, Tadel drückt nieder.

Das untergründige Minderwertigkeitsgefühl Ihres Kindes kann auch die Folge eines erschütternden Erlebnisses sein, zum Beispiel einer Demütigung, einer Blamage oder einer Verachtung. Solche Ereignisse finden manchmal sehr diskret statt. Möglicherweise haben Sie es gar nicht bemerkt, wie tief Sie irgendwann mit einer gedankenlosen, abwertenden Bemerkung Ihr Kind getroffen haben. (> *Kap. Minderwertigkeitsgefühl*).

Meist besteht bei geltungssüchtigen Kindern ein angeborener, innerer Konflikt zwischen einem Bedürfnis nach Anerkennung und Prominenz und einem Hang zu Bescheidenheit und Selbstkritik. Ein solcher Mensch möchte einerseits groß herauskommen und wagt dies andererseits nicht. Wenn man so konträr veranlagt ist, muss man lernen, einen bewussten Kompromiss mit sich zu schließen, in dem weder die eine noch die andere Komponente überwiegt, sondern beide abwechselnd oder, in abgeschwächter Form, gleichzeitig gelebt werden. Dabei hat man aber immer das Gefühl, sich entweder in der einen oder in der anderen Richtung nicht voll ausleben zu können. Solche inneren Widersprüche sind relativ häufig und meistens der Grund für schwierige Charaktere.

Bei Ihrem Kind ist dies vielleicht nicht so extrem, aber man sieht doch, wie unausgewogen und frustriert es dadurch wird, dass es einen starken Wertanspruch hat, den es selbst anzweifelt. Es braucht Ihre Hilfe, damit es Frieden mit sich schließen und sich selbst achten kann. Welche Gründe auch immer für sein Verhalten bestehen: zweierlei ist wichtig. Man sollte es immer ernst nehmen, auch in seinem wichtigtuerischen oder anerkennungsbedürftigen Verhalten, es nie auslachen, es nicht tadeln, es bei jeder berechtigten Gelegenheit loben, es aufbauen und ihm seine guten Seiten bewusst machen; zugleich aber muss man ihm die ablehnende Reaktion seiner Umwelt auf seine Aufdringlichkeit oder Angeberei klar machen und ihm Möglichkeiten zu angenehmerem Verhalten zu zeigen. Diese bestehen vor allem darin, auch andere genügend zur Geltung kommen zu lassen und die eigene Selbstdarstellung nicht zu übertreiben.

(Die Lösung der hier besprochenen Problematik kann mit der Bach-Blüten-Essenz *Heather* oder *Floriplex Nr. 11* gefördert werden. Nähere Informationen hierzu finden Sie in meinem Buch „Heile dein Kind mit Bach-Blüten".)

# HERRSCHSUCHT
(Tyrann, Dominanz, Machtkämpfe, Rechthaberei, Widerstand, Autorität, Grenzen)

*Ihr Kind neigt dazu, andere zu beherrschen oder zu unterdrücken. Es will - sei es in offener und direkter, sei es in indirekter und verschleierter Form - immer seinen eigenen Willen durchsetzen oder bestimmen, was in seiner Umgebung geschieht. Im Kreise seiner Freundinnen und Freunde gibt es gerne den Ton an und tyrannisiert sie bei Widerspruch in irgendeiner Form; auch sonst macht es anderen gerne Vorschriften oder gibt zumindest gouvernantenhafte Belehrungen von sich. Bei Beschlüssen und Plänen, die nicht von ihm selbst stammen, stellt es sich oft quer, und inzwischen wissen alle, die mit ihm zu tun haben, dass es sich nicht gerne unterordnet. Dieses Verhalten ist ein festes Persönlichkeitsmerkmal Ihres Kindes und obwohl es sich vielleicht nicht bei jeder Gelegenheit so deutlich äußert, tritt es doch fast immer zutage, sobald Ihr Kind sich sicher oder anderen überlegen fühlt.*

Wenn man genau hinsieht, kann man meist schon beim kleinen Kind die Persönlichkeit des späteren erwachsenen Menschen erkennen. Bei Ihrem Kind ist dies ein dominanter Charakter, der sich gegenwärtig vor allem in einem starken Machtbedürfnis äußert. Vielleicht haben Sie schon beobachtet, dass es Ihrem Kind, wenn es etwas von seinen Freund(inn)en oder auch von Ihnen verlangt, oft weniger um das Geforderte als vielmehr um die Durchsetzung seines Willens, also um Gehorsam und Unterwerfung geht. Wahrscheinlich lässt es sich gelegentlich auch mit Ihnen auf Machtkämpfe ein - einfach, um zu sehen, wer stärker ist - und verbucht Ihr eventuelles Nachgeben als persönlichen Sieg.

Das ist schade, denn diese zur Dominanz neigende Veranlagung könnte, wenn sie harmonisch ausgebildet wäre, Ihr Kind später in eine herausragende oder sozial wertvolle Stellung führen. Momentan aber ist sie dabei, in Intoleranz, Herrschsucht und Rechthaberei auszuarten, mit der Ihr Kind zwar immer wieder etwas durchsetzen kann, sich letztlich aber unbeliebt macht. Man sollte etwas gegen diese Entwicklung unternehmen. Ihr Kind braucht neben seiner Stärke und Willensklarheit mehr Toleranz, menschlichen Respekt und Selbstkritik, um anderen Menschen genügend persönlichen Freiraum lassen und sich bei Bedarf auch einmal unterordnen zu können. Hierfür müsste man einerseits versuchen, jene Einflüsse auszuschalten, die

die angeborene dominante Veranlagung Ihres Kindes so unangenehm verstärkt haben, und andererseits die positiven Gegenkräfte fördern, also Toleranz, Nachgiebigkeit und Entgegenkommen.

Um verstehen zu können, weshalb ein Kind einen bestimmten, auffälligen Charakter entwickelt, müssen wir zwei Komponenten beachten: die Anlage, die an sich richtig und gut ist, und die Einflüsse, durch die sie ins Negative verzerrt wird; meist ist dies das soziale Umfeld, vor allem also die Bezugspersonen und Erzieher/innen. Die Anlage, um die es hier geht, besteht in Willensstärke, Anspruch und Dominanz. Ein Kind, das sie besitzt, kann eine starke Persönlichkeit werden, die wegen ihrer Fähigkeit, Menschen zu führen oder anzuleiten, allseits geschätzt wird - vorausgesetzt, es entwickelt dazu auch noch die Bereitschaft, anderen Menschen tolerant, rücksichts- und respektvoll zu begegnen.

Dazu ist es weitgehend auf seine Bezugspersonen angewiesen. Normalerweise zeigen ihm die Eltern liebe- und respektvoll, aber auch klar und unmissverständlich seine Grenzen und seine Aufgabe in der Welt, indem sie ihm ein gutes Beispiel geben und es darauf hinweisen, wann es die Persönlichkeitsrechte anderer missachtet. Solange das Kind klein ist, geht es zunächst nur um die unmittelbare Erfahrung, dass es bestimmte Grenzen einhalten muss, um von der Gemeinschaft akzeptiert zu werden; später kommen noch Toleranz, Verantwortung und Selbstbeherrschung hinzu.

Dies wäre der Idealfall, der leider eher selten ist. Sehr oft bleibt bei diesen dominanten Charakteren die wichtige Selbstkontrolle unterentwickelt, während sich die fordernde, herrschsüchtige Komponente unverhältnismäßig ausdehnt. Dafür gibt es hauptsächlich zwei Gründe, die etwas mit der Art der Bezugspersonen zu tun haben. Je nachdem, ob diese zu nachgiebig oder zu dominant sind, haben sie nämlich eine bestimmte Wirkung auf den Charakter des willensstarken, anspruchsvollen Kindes: Ist die Bezugsperson schwächer und nachgiebiger als das Kind, so kann sie ihm nicht genügend Widerstand entgegensetzen, und es gewöhnt sich daran, rücksichtslos seinen Willen durchzusetzen. (Man staunt manchmal, mit welcher Kraft solche Kinder ihre Eltern tyrannisieren und herumkommandieren.) Ist die Bezugsperson aber selbst sehr dominierend, so verlangt sie vom Kind Gehorsam und neigt dazu, es zu unterdrücken. Das Kind empfindet dies als Unrecht und leistet Widerstand. Seine dominante Anlage verstärkt sich dabei krankhaft, so dass es künftig in übertriebener Weise versucht sich durchzusetzen und andere zu beherrschen, wo und wann immer das geht. Gelegentlich äußert sich sein Widerstand auch darin, dass es sich vor Wut auf dem Boden wälzt (>*Wutanfälle),* dass es beißt, schlägt oder etwas zerstört.

Im ersten Fall bekommt das Kind zu wenige, im zweiten Fall zu viele Grenzen gesetzt. Jedes Mal entwickelt sich dabei seine Fähigkeit und Gewohnheit, andere zu beherrschen und den eigenen Willen durchzusetzen, übertrieben stark und erzeugt den beschriebenen unangenehmen Charakter. Typisch ist hierbei der Mangel an Selbstkontrolle, Toleranz und Rücksichtnahme, zu deren Entwicklung es nicht angeregt wurde. Solche Kinder sind einfach darauf eingestellt, den Ton anzugeben, und sie empfinden jeden Widerstand als Herausforderung. (Natürlich gibt es solche Entwicklungen nicht, wenn die Eltern wachsam, bewusst und tolerant mit ihrem Kind umgehen.)

Beruht die Herrschsucht Ihres Kindes auf Ihrer zu großen Nachgiebigkeit? Dann wäre es gut, sehr bewusst zu beginnen, ihm mehr Grenzen zu setzen. (Sehr kleine Kinder - bis ungefähr zum 3. Lebensjahr - sollte man allerdings so wenig wie möglich einschränken, weil sie zunächst die Welt als erfreulich erfahren und ein positives Lebensgefühl entwickeln sollen. Eigentlich besteht erst mit der Aufnahme bewusster sozialer Kontakte die Notwendigkeit dazu, ihnen beizubringen, dass sie auf andere Rücksicht nehmen müssen.) Dieser Lernprozess sollte allerdings nur in kleinen Schritten geschehen und niemals dann, wenn es um Dinge oder Wünsche geht, die dem Kind sehr am Herzen liegen und deren Verweigerung es sehr treffen würde. Ganz wichtig ist dabei, den Eindruck eines Liebesentzuges zu vermeiden und ihm auch den Grund für die Weigerung zu nennen, damit es versteht, worum es geht, und sich in Zukunft darauf einstellen kann. Normalerweise genügen kleine, aber konsequente Zeichen. Es kommt vor allem darauf an, dass das Kind die elterliche Autorität anzuerkennen lernt und sich daran gewöhnt, dass es Grenzen gibt, die es respektieren muss. So könnten Sie Ihrem Kind öfter als bisher ein klares und unmissverständliches „Nein!" entgegensetzen, das notfalls auch einmal mit einer kleinen, symbolischen Handgreiflichkeit unterstrichen werden könnte, wenn es Sie wieder einmal durch seine dauernde Drängelei zu sehr tyrannisiert oder seinen Kopf durchzusetzen versucht.

Falls Ihr Kind aber deshalb so herrschsüchtig geworden ist, weil es von Ihnen zu oft unterdrückt wird, sollten Sie ihm mehr Respekt entgegenbringen und ihm, soweit es die Umstände erlauben, seinen Willen lassen. Dann könnte es sich wieder entspannen und bräuchte sein Dominanzbedürfnis nicht so neurotisch übertrieben an anderen auszuleben. Gelegentlich wäre es auch gut, wenn *Sie* sich einmal *seinen* Wünschen beugen würden, um sein Selbstwertgefühl zu stärken. Im Prinzip braucht man nur auf seine Reaktion zu achten, um zu wissen, wann es richtig wäre, nachgeben und ihm seinen Willen zu lassen - d.h. wenn es sehr empört, beleidigt oder geknickt ist. Im Zweifelsfalle ist jedenfalls liebevolles Entgegenkommen besser als Strenge und Härte.

Es ist nicht leicht, bei einem Kind, das dazu neigt, den Ton anzugeben und sich störrisch allen Anordnungen zu widersetzen, die Bereitschaft zu toleranter Selbstkontrolle und angemessener Unterordnung zu wecken. Man muss das richtige Verhältnis finden zwischen den Grenzen, die man ihm setzt, und der Freiheit, die man ihm lässt. Ob dies gelingt, hängt weitgehend von der Glaubwürdigkeit der Bezugspersonen, von ihrem guten Beispiel und natürlich ihrem liebevollen Entgegenkommen ab. Viele geduldige und ernsthafte Gespräche werden im Laufe der Zeit erforderlich sein, um bei Ihrem Kind nicht nur mehr Verständnis für die Rechte der Mitmenschen zu wecken, sondern ihm auch klar zu machen, dass es in seinem eigenen Interesse liegt, sein Verhalten zu ändern. (Es erlebt ja immer wieder, dass es wegen seiner Rechthaberei und Herrschsucht abgelehnt wird.) Dazu wären auch Erzählungen oder Schilderungen von vorbildlichen Menschen geeignet, mit denen es sich identifizieren und denen es nacheifern kann. Wenn es Ihnen gelingt, ihm ein sicheres Gefühl für seinen Wert und seine Stärke zu vermitteln, indem Sie alles vermeiden, was von ihm als Herabsetzung oder Niederlage empfunden wird, kann es großzügiger, toleranter und sogar etwas bescheidener werden.

(Die Lösung der hier besprochenen Problematik kann mit der Bach-Blüten-Essenz *Vine oder Floriplex Nr.1* gefördert werden. Nähere Informationen hierzu finden Sie in meinem Buch „Heile dein Kind mit Bach-Blüten".)

## KONTAKTPROBLEME
(Schüchternheit, Verschlossenheit, Reserviertheit, Unzugänglichkeit, Einzelgängerei, Isolation, asoziale Einstellung, Menschenscheu, Überheblichkeit, Zurückhaltung, Gefühlskälte)

*Offensichtlich fällt es Ihrem Kind schwer, Kontakt mit anderen Menschen aufzunehmen. Es neigt dazu, sich abzusondern, ist scheu oder schüchtern, ablehnend oder verschlossen. Im Vergleich zu den anderen Kindern, die sich offen und neugierig ihrer Umgebung zuzuwenden pflegen, ist es auffallend zurückhaltend und beteiligt sich nicht oder nur zögernd an ihren Spielen. Wenn es mit Menschen zusammenkommt, die es noch nicht kennt, muss es anscheinend immer eine erhebliche Hemmschwelle überwinden, und oft zieht es sich in sein Zimmer oder einen abgelegenen Winkel zurück, wo es sich still mit etwas beschäftigt. Möglicherweise ist es sogar Ihnen gegenüber reserviert oder unzugänglich.*

Wenn dieses Verhalten der gesunde Ausdruck von Selbstgenügsamkeit und Unabhängigkeit wäre und wenn Sie den Eindruck hätten, dass Ihr Kind jederzeit so viel Kontakt aufnehmen könnte, wie es will, wäre nichts dagegen einzuwenden. Tatsächlich aber spüren Sie, dass etwas daran nicht stimmt und dass es selbst darunter leidet. Irgendwann ist es in diese ablehnende oder menschenscheue Haltung hineingeraten und kommt nicht mehr heraus. Das ist nicht nur deswegen bedauerlich, weil ihm viel Lebensfreude entgeht, sondern weil sich daraus auch in seinem späteren Leben Probleme ergeben können. Denn möglicherweise wird sich diese Kontaktstörung mit der Zeit zu krankhafter Einzelgängerei, Isolation, deprimierender Einsamkeit oder auch einer asozialen Einstellung steigern.

So stellt sich die Frage, wie Ihr Kind in diesen Zustand kommen konnte und wie Sie ihm helfen können. Dazu ist es vor allem wichtig, sein Verhalten im Umgang mit seinesgleichen zu beobachten. Hält es sich allgemein *schüchtern* und verlegen zurück, weicht es *ängstlich* aus oder tritt es mit einer gewissen *Überheblichkeit* im Gesichts- oder Körperausdruck beiseite?

Falls die Kontaktprobleme Ihres Kindes auf *Schüchternheit* beruhen, könnte entweder Angst oder ein ungenügend entwickeltes Selbstwertgefühl dahinter stecken. Vielleicht kommt sich Ihr Kind schlechter, dümmer, hässlicher oder wertloser als andere vor, weil es von Personen, deren Urteil ihm wichtig ist (Eltern, Erzieher/innen oder bewunderte Freunde) verächtlich behandelt, lächerlich gemacht oder vernichtend kritisiert wurde. Das kann ihm die Lust, mit anderen Menschen zusammen zu sein, verdorben haben, weil es dabei jedes Mal an seine angebliche Minderwertigkeit erinnert wird.

Für solche Unterlegenheitsgefühle (>Kap. *Minderwertigkeitsgefühle*) sind besonders jene Kinder anfällig, die in ihrer Veranlagung neben einem deutlichen Dominanzanspruch gleichzeitig auch eine Unterordnungstendenz haben, die also einerseits gerne anerkannt oder bewundert werden möchten, andererseits aber zu schwach oder sensibel sind, um sich entsprechend durchzusetzen oder hervorzutun. Da dieser innere Gegensatz viele schmerzliche und demütigende Konfliktsituationen mit sich bringt, kann es so weit kommen, dass ein Kind lieber den menschlichen Kontakt meidet, als immer wieder in die unterlegene Rolle zu kommen. Ob Ihr Kind aus diesem Grunde so kontaktscheu geworden ist, können Sie unter anderem an einer ablehnenden oder neidischen Haltung gegenüber erfolgreicheren Altersgenossen erkennen oder auch daran, dass es in Gesellschaft von Menschen, die ihm Anerkennung und Lob zukommen lassen, lebhaft und fröhlich wird.

Sie könnten versuchen, Ihrem Kind aus dieser Verfassung herauszuhelfen, indem Sie dafür sorgen, dass es viele persönlich aufbauende Erfolgserlebnisse (gleichgültig, welcher Art) hat, und indem Sie ihm seine zweifellos vorhandenen Qualitäten durch gezieltes Lob bewusst machen. Es wäre sicher auch gut, mit ihm in einem vertrauensvollen und entspannten Augenblick über sein Problem so zu sprechen, dass es ihm bewusst wird. Vielleicht könnte es dann auch ein eventuelles traumatisierendes Schlüsselerlebnis, zum Beispiel eine kritische Äußerung des Lehrers oder eine spöttische Bemerkung im Freundeskreis, anders sehen und leichter nehmen.

*Angst* kann ein weiterer Grund dafür sein, dass ein Kind wie ein scheues Tier die Gesellschaft anderer meidet. Sie kann zum Beispiel dadurch ausgelöst worden sein, dass es - vor allem, wenn es sehr sensibel ist - von stärkeren Altersgenossen oder rücksichtslosen Erwachsenen schlecht behandelt wurde. Um diese Scheu wieder zu verlieren, müsste es gute Erfahrungen machen, das heißt: mit Menschen zusammenkommen, die freundlich und sensibel mit ihm umgehen. Dazu ist eventuell sogar ein Wechsel des Milieus (Kindergarten, Schule) erforderlich. Auch ein aufklärendes Gespräch mit den betreffenden Erwachsenen oder Spielkameraden könnte nützlich sein, denn die meisten psychischen Misshandlungen geschehen nicht vorsätzlich, sondern aus Missverständnis und aus Gedankenlosigkeit. Gleichzeitig wäre aber auch als Vorbereitung für das spätere Leben, in dem bekanntlich oft mit „harten Bandagen" gekämpft wird, eine allgemeine Stärkung seiner Persönlichkeit zu empfehlen. Ihr Kind sollte also lernen, sich notfalls zu wehren, und da im Kindesalter Machtkämpfe meist körperlich ausgetragen werden, könnte ein vernünftiges Kraft- oder Kampfsporttraining ihm ein Gefühl von Stärke und Sicherheit geben.

Auch *Überheblichkeit* könnte der Grund dafür sein, dass Ihr Kind die Nähe anderer Menschen meidet. Ob es sich für besser als seine Altersgenossen hält, kann man aus herabsetzenden oder verächtlichen Bemerkungen, manchmal auch aus einem hochmütigen Ausdruck in Gesicht oder Körperhaltung erkennen. Dabei stellt sich sogleich die Frage nach dem Ursprung dieser Fehlhaltung.

Woher hat Ihr Kind dieses stolze oder arrogante Benehmen? Aus dem gesellschaftlichen Milieu, in dem es aufwachsen muss, oder von Ihnen, seiner Bezugsperson? Im Verhalten ihrer Kinder können die Eltern, wenn sie dazu bereit sind, wie in einem Spiegel viel von sich selbst erkennen, und meist müssen zuerst sie sich ändern, bevor das Kind, das sich ja vertrauensvoll an ihnen orientiert, seine Fehlhaltung aufgeben kann.

Dass dies hier erforderlich ist, steht außer Frage. Ihr Kind wird, wenn sich nichts ändert, eine asoziale Einstellung bekommen, die den Wert anderer Menschen nicht anerkennt. Seine bisherige stolze Zurückhaltung ist das erste Zeichen dafür, aus ihr können Gefühlskälte und Menschenverachtung werden. Wenn Ihr Kind es nicht wieder lernt, den außerhalb der sozialen Hierarchien liegenden Wert eines Menschen zu erkennen und zu schätzen, wird es ein innerlich verarmtes, einsames Leben führen müssen. Sie können ihm dadurch helfen, dass Sie ihm ein gutes Beispiel für freundliches, respektvolles Verhalten gegenüber *allen* Menschen geben.

In diesem Zusammenhang muss man allerdings berücksichtigen, dass es Menschen gibt, denen das Gefühl, etwas Besonderes zu sein, angeboren ist. Sie werden sich nie richtig mit anderen verbrüdern können, sondern in ihrer Art immer etwas „Vornehmes" haben. Ein solches Kind wird bei seinen Kontakten etwas wählerischer sein und man sollte es deswegen nicht verurteilen, weil es sich sonst „falsch" fühlen könnte. Zugleich ist es aber wichtig, im Umgang mit ihm alle elitären Tendenzen zu vermeiden und ihm immer wieder ein Gefühl für die Gemeinsamkeit aller Menschen zu vermitteln.

Vielleicht - wir haben es ja schon angedeutet - verhält sich Ihr Kind auch Ihnen gegenüber zurückhaltend. Dann ist anzunehmen, dass Sie es - natürlich ungewollt und unwissend - in diese Haltung gedrängt haben. Ein Kind ist grundsätzlich darauf eingestellt, die intime, herzliche Beziehung, die es in seinen ersten Lebenstagen zu seinen Bezugspersonen (vor allem der Mutter) aufgenommen hat, lebenslang beizubehalten, und bringt ihnen alle Liebe und sein ganzes Vertrauen entgegen. Daher kann es einfach nicht akzeptieren, wenn sie ablehnend oder tyrannisch zu ihm sind, und verschließt sich gegen sie, um nicht immer wieder dadurch verletzt zu werden. Am Ende bleibt dann nur noch die übliche, auf unpersönliche Höflichkeit und Pflichterfüllung reduzierte Beziehung der Kinder gegenüber ihren Eltern.

Kennen Sie das? Taucht Ihr Kind nur von Zeit zu Zeit bei Ihnen auf, sitzt seine Zeit bei Ihnen ab, erledigt irgendwelche Arbeiten, um die Sie es gebeten haben, und verschwindet so schnell wie möglich wieder, ohne sich auf ein offenes Gespräch oder einen persönlichen Kontakt eingelassen zu haben? Versuchen Sie, es einmal unter dem hier besprochenen Aspekt zu verstehen, statt ihm nur Vorwürfe zu machen. Möglicherweise haben Sie ihm nicht die Liebe oder das Verständnis oder den Respekt entgegengebracht, die es von Ihnen erwarten durfte. Man kann es fast pauschal sagen: Es sind meistens die Eltern, die die Kinder durch lieblose oder verständnislose Behandlung aus dem Haus treiben.

Möglicherweise haben Sie Ihr Kind aber auch durch zu viel Zuwendung, sozusagen durch „Liebesgier", in die Distanz getrieben, indem Sie eifersüchtig versucht haben, es an sich zu binden, und ihm nicht genügend persönliche Freiheit gelassen haben. Vielen Eltern ist gar nicht bewusst, wie sehr sie damit die persönlichen Rechte ihres Kindes verletzen. Um seine Eigenständigkeit zu retten, bleibt ihm gar nichts anderes übrig, als sich gegen sie abzugrenzen. Dass es sich dann auf keine persönliche Beziehung mehr mit ihnen einlässt, dass es nur noch unpersönliche Dinge mit ihnen bespricht, dass es sie nicht mehr an sich heran lässt, ist reiner Selbstschutz. In seinem Innersten aber ist es immer noch bereit für sie, so dass es vielleicht noch nicht zu spät ist, durch Entgegenkommen und Verständnis die Beziehung zu ihm wieder lebendig werden zu lassen.

(Die Lösung der hier besprochenen Problematik kann mit der Bach-Blüten-Essenz *Water Violet oder Floriplex Nr.7* gefördert werden. Nähere Informationen hierzu finden Sie in meinem Buch „Heile dein Kind mit Bach-Blüten".)

# KONZENTRATIONSSTÖRUNGEN
(Unaufmerksamkeit, Hingabe, Lernprobleme, Interesse)

*Ihr Kind kann sich nicht richtig auf das konzentrieren, mit dem es sich gerade beschäftigt (oder sich beschäftigen soll), das heißt: Es lässt sich leicht ablenken, ist unaufmerksam, flüchtig, verträumt, gedankenverloren, schusselig oder unlustig.*

Vielleicht denken Sie bei dieser Beschreibung sogleich daran, wie schwer es Ihrem Kind fällt, in der Schule aufmerksam dem Unterricht zu folgen, wie unkonzentriert oder unwillig es seine Hausaufgaben erledigt oder wie schlampig und halbherzig es oft seinen Pflichten nachkommt.

Viele Eltern halten ein solches Verhalten für krankhaft und wollen etwas dagegen unternehmen. Ihr Kind soll ja Erfolg in der Schule und im Leben haben und die Voraussetzung hierfür ist in unserer am äußerlichen Effekt orientierten Gesellschaft nun einmal die Fähigkeit, vorgeschriebene Leistungen zu erbringen und sich jederzeit auf geforderte Arbeiten oder Aufgaben zu konzentrieren. Wenn ihm dies aber nicht gelingt, spricht man von einer krankhaften Konzentrationsstörung.

Möglicherweise neigen auch Sie zu diesem Irrtum. Dann wäre es gut, wenn Sie sich im Zusammenhang mit dieser Problematik einmal selbst beobachten würden. Bestimmt kennen Sie dieses Unlustgefühl, diese Unfähigkeit zu richtiger Konzentration, wenn Sie etwas tun müssen, das Sie nicht interessiert oder Ihnen zuwider ist, und sicher werden Sie manchmal aus unerfindlichen Gründen müde, können Ihre Gedanken nicht zusammenhalten oder machen immer wieder Fehler, weil die Arbeit, die Sie zu erledigen haben, langweilig ist oder Ihnen sinnlos erscheint.

Andererseits haben Sie es aber auch schon erlebt, dass sich bei Ihnen in bestimmten Situationen ohne jede Anstrengung - sozusagen automatisch - uneingeschränkte Aufmerksamkeit einstellte oder dass ein bestimmtes Thema Sie ganz und gar fesselte. Sicher waren Sie auch schon einmal „ganz Ohr", wenn Sie eine besonders schöne Musik hörten, oder „ganz Auge", wenn Sie etwas Herrliches sahen.

In solchen Augenblicken grenzenloser Hingabe und Zuwendung besteht echte Konzentration. Sie ist das sinnvolle Zusammenwirken aller Geistes- und Gefühlskräfte und bedeutet, dass wir mit Leib und Seele bei der Sache sind, dass sich unser Denken und Fühlen zwanglos und von sich aus auf ein bestimmtes Thema, eine Arbeit oder eine Lebenssituation ausrichten. Dabei schieben wir nichts willkürlich beiseite, verdrängen oder unterdrücken nichts, sondern erlauben unserer inneren Aufmerksamkeit, sich den Dingen und Themen zuzuwenden, die uns interessieren und Freude machen.

Werden wir aber *gezwungen,* uns mit einer Situation oder Arbeit zu beschäftigen, die uns - zumindest im Augenblick - eigentlich nicht interessiert, so sträubt sich etwas in uns dagegen und macht echte Konzentration unmöglich.

Dies beginnt schon sehr früh. Denn man stellt bereits dem kleinen Kind Aufgaben, die nicht seinen Interessen entsprechen, zwängt es in eine Ordnung, die seinen eigenen Rhythmus stört, und erwartet von ihm, dass es sich zu einem vorgegebenen Zeitpunkt auf ein vorgegebenes Thema konzentriert. Weil dies aber oft unmöglich ist (der Selbstverwirklichungsdrang erzeugt einen natürlichen Widerstand) gibt man sich mit mittelmäßigen Leistungen zufrieden und wird erst dann aufmerksam, wenn die erzwungene Konzentration des Kindes unter einen Minimalpegel gesunken ist. Aufgrund dieser Einstellung kommt man auch nicht auf den Gedanken, dass die mangelnde Leistung auf eine falsche Aufgabenstellung und nicht auf eine Unfähigkeit des Kindes zurückzuführen sein könnte.

So gesehen, ist die „Konzentrationsstörung" Ihres Kindes vielleicht gar nicht krankhaft, sondern ein natürlicher und verständlicher Schutz gegen etwas, das ihm nicht gut tut. Denn genau genommen sind alle jene Umstände „schädlich", die nicht seinen persönlichen Bedürfnissen und Interessen entsprechen. Die Abwehr, Frustration oder Qual, die Sie bei genauer Beobachtung in seinem Gesicht und seinem Körper erkennen können, sprechen hier eine deutliche Sprache.

In diesem Fall wäre es richtiger, sich mehr an seinem Befinden zu orientieren und ihm bessere Entfaltungsmöglichkeiten zu bieten, statt es zur Selbstvergewaltigung zu zwingen. Zum Beispiel ist es bei Schul- und Lernproblemen oft nur ein bestimmter, in der Schule herrschender Geist, der beim Kind Widerstände erzeugt, oder die Art eines Lehrers, die es abstößt und verängstigt, oder die Langweiligkeit des Lehrstoffes, die sein Interesse abtötet: Umstände, die man notfalls durch Schulwechsel ändern kann.

Vielleicht kann sich Ihr Kind nicht konzentrieren, weil es Angst hat, weil es traurig ist oder Heimweh hat, weil es gefühlsmäßig belastet und durcheinander ist, weil es niedergeschlagen ist, weil es ein erschütterndes Erlebnis hatte, das es noch nicht verarbeitet hat, weil es ein geheimes Problem hat, über das es nicht zu sprechen wagt, weil es sich allgemein überfordert fühlt, weil es sich nicht genügend zutraut, weil es verärgert, verbittert oder beleidigt ist, weil es ein schlechtes Gewissen hat oder weil es darunter leidet, dass es jemandem schlecht geht.

Kinder sind weitgehend dem Wohlwollen ihrer Eltern und Erzieher/innen ausgeliefert, die ihre äußeren Lebensumstände bestimmen. Wie aber das Gedeihen einer Pflanze von den äußeren Bedingungen abhängt, so braucht auch Ihr Kind ein Milieu, in dem es seine Anlagen und Fähigkeiten entwickeln, in dem es aufblühen kann. Erforderlich sind Zuwendung, Verständnis, ein warmes Nest und so viel Freiraum wie überhaupt möglich.

Wenn Sie ihm, was ja häufig in der Erziehung geschieht, Bedingungen aufzwingen, die seiner Veranlagung widersprechen, oder ihm Aufgaben stellen, die es überfordern, dann wird es Schaden nehmen wie eine Blüte, die einem zu rauen Klima ausgesetzt wird. Bekommt es aber etwas angeboten, das ihm liegt und *in diesem Augenblick* seinen inneren Bedürfnissen entspricht, wird es freudig darauf eingehen und sich mit großem Interesse damit beschäftigen. Es wird dann also genau die Konzentration entwickeln, die man sonst an ihm vermisst.

Bei diesen Überlegungen darf man allerdings nicht übersehen, dass es tatsächlich auch krankhafte Konzentrationsstörungen gibt. Man erkennt sie vor allem daran, dass das Kind nie richtig bei der Sache ist, dass es auch dann nicht aufmerksam sein kann, wenn es sich mit etwas Interessantem beschäftigt, oder dass es nicht mit Genuss und Hingebung spielen kann.

Als Ursachen kommen neben den erwähnten psychischen auch körperliche Störungen oder ungünstige Lebensbedingungen in Frage. Zum Beispiel können ungesunde Wohnverhältnisse, Lärm, schlechte Luft, zu wenig Schlaf, Musikberieselung, zu viel Fernsehen, Reizüberflutung, „Erdstrahlen", elektromagnetische Felder, Klimabelastung, ungesunde Ernährung oder Umweltgifte die geistige Leistungsfähigkeit des Kindes beeinträchtigen. Manchmal kann man den schädlichen Einfluss des betreffenden Milieus daran erkennen, dass das Kind in einer anderen Umgebung besser „funktioniert". Auch körperliche Störungen wie untergründige Schmerzen, irritierende Hautkrankheiten, Nervosität, Schwächezustände, Vitamin- und Spurenelementmangel, Impfschäden, Sehschwäche, Schlafstörungen können das

Kind unkonzentriert machen, so dass jedenfalls eine orientierende ärztliche Untersuchung angebracht wäre.

(Die Lösung der hier besprochenen Problematik kann mit der Bach-Blüten-Essenz *Chestnut Bud* oder *Floriplex Nr.8* gefördert werden. Nähere Informationen hierzu finden Sie in meinem Buch „Heile dein Kind mit Bach-Blüten".)

# LIEBESBEDÜRFNIS
(Anhänglichkeit, Gefühlsabhängigkeit, Verwöhnung, Selbstmitleid, Stillen, Liebesentzug, Trennungsschock, Liebe, Egoismus, Altruismus)

*Ihr Kind ist ungewöhnlich liebesbedürftig. Es braucht ständig Zuwendung, die es sich manchmal in aufdringlicher und fordernder, manchmal in diskreter, aber eindringlicher Weise zu beschaffen versucht. Oft bedient es sich dazu auch des Mitleids, das es durch einen jämmerlichen oder hilflosen Eindruck zu erregen versteht. Man kann sich ihm dann kaum entziehen, und wenn man das dennoch aus irgendeinem Grunde tut, bekommt man Schuldgefühle, weil es dann meist in starkes Selbstmitleid verfällt. Es ist ausgesprochen anhänglich und möchte immer in der Nähe seiner Lieben sein. Deshalb kann es sehr anklammernd werden, wenn diese sich ihm - und sei es nur für kurze Zeit - entziehen. Auf lieblose Behandlung reagiert es oft mit Krankheit.*

Ihr Kind stellt gewissermaßen überall und ununterbrochen die Frage: „Liebt ihr mich auch alle?" Heute ist sie an Mutter, Vater und andere Bezugspersonen gerichtet, später werden es die Ehe- oder Lebenspartner, die eigenen Kinder, Freunde oder Bekannte sein. Der Wunsch nach einer engen Gefühlsbeziehung wird sein Leben bestimmen, und falls es nicht das Glück hat, einen lieben Menschen zu finden, so wird es sich wahrscheinlich zumindest ein Tier anschaffen, um das es sich kümmern kann und von dem es innig geliebt wird. Vielleicht wird es auch einen Beruf ergreifen, in dem es Zuwendung geben und empfangen kann, zum Beispiel bei Kindern oder Leidenden. Wenn sich seine jetzt noch sehr egoistische Tendenz, Liebe zu fordern, mit zunehmendem Alter in die Bereitschaft, auch selbstlose Liebe zu geben, transformieren lässt, kann sein Leben sehr schön und erfüllt werden. Dabei haben Sie als Bezugsperson eine wichtige Schlüsselrolle.

Liebe kann sich sehr unterschiedlich äußern: *egoistisch*, also begehrlich, besitzergreifend und selbstbezogen, oder *altruistisch*, also gebend, freilassend und selbstlos. Der egoistisch veranlagte Mensch liebt, indem er jemanden oder etwas begehrt und sich an ihm erfreut, wogegen dem altruistisch veranlagten vor allem das Wohl des anderen am Herzen liegt, das er selbstlos zu fördern sucht und über das er sich freut. Meist besteht unsere Liebe aus einer Mischung beider Komponenten und je nachdem, wie wir veranlagt sind, verstehen wir sie entweder mehr als Zuwendung, die wir bekommen, oder mehr als Gefühl, das wir anderen entgegenbringen.

Während die selbstlose Liebe auf *geistig-seelischer* Stärke beruht, drückt sich in der egoistischen Liebe eine starke *animalische* und *vitale* Kraft aus. Damit entspricht sie dem Phänomen Leben (als biologischem Phänomen), das immer nur nehmen und expandieren, nie aber loslassen und verzichten will. Natürlicherweise ist der Mensch, solange er sich noch im Stadium des kleinen, hilflosen Kindes befindet, in diesem Sinne egoistisch eingestellt; er braucht und fordert, um überleben zu können, die bedingungslose (also selbstlose) Liebe seiner Bezugspersonen. Mit zunehmendem Alter und wachsender Kraft wird er normalerweise altruistischer, so dass er nun auch Liebe geben kann. Im Laufe des Lebens stellt sich dann ein von Mensch zu Mensch verschiedenes Gleichgewicht zwischen egoistischen und altruistischen Liebeskomponenten ein. Er nimmt und gibt, wie es ihm persönlich entspricht. Im Alter nimmt meist die Selbstlosigkeit zu, die im Sterben ins vollständige Hergeben mündet. Damit schließt sich der Kreis - der neugeborene Mensch nimmt und hält fest, der sterbende gibt und lässt los.

Je mehr ein Mensch geben kann (je weniger er also nehmen *muss*), desto unabhängiger und seelisch stabiler ist er und desto besser sind letztlich auch seine Überlebenschancen. Denn starke Wünsche und Bedürfnisse tragen zwar die Möglichkeit tief gehender Befriedigung in sich, aber auch die Gefahr schmerzlicher Frustration oder krankhafter Übersteigerung, wenn sie nicht erfüllt werden. So geraten die egoistischen Menschen, bei denen sich alles um sie selbst dreht, die dauernd Liebe (in welcher Form auch immer) wollen und kaum welche geben können, schnell in Not, wenn sie einmal nicht beachtet oder gar abgelehnt werden (was früher oder später jeder/m passiert). Dagegen geht es jenen, die darauf eingestellt sind, Liebe zu geben, mit jeder freundlichen, uneigennützigen Tat besser. Heißt es nicht: „Geben ist seliger denn Nehmen"? Diese Perspektive wird für Ihr Kind wichtig werden.

Es ist gegenwärtig vielleicht dabei, sich zu einem dieser egoistischen, fordernden Menschen zu entwickeln. Seine Liebesgier ist eindeutig übertrieben und bereitet ihm schon heute Leiden. Wahrscheinlich liegt diesem Verhalten ein psychisches Trauma zugrunde, das durch schwere Enttäuschungen seines Liebeswunsches entstanden sein dürfte. Denn es macht den Eindruck, als habe es dauernd Angst, nicht genug geliebt zu werden.

Um die Schwere dieser Angst verstehen zu können, muss man sich klarmachen, dass das kleine Kind absolut von seiner Bezugsperson abhängig ist und daher jede Reduktion der Zuwendung als potentiell lebensgefährlich empfindet. Es kann ja nicht abschätzen, wie weit sie gehen und wie lange sie dauern wird.

Deswegen ist es so wichtig, dem kleinen Kind nie die Liebe zu entziehen und darauf zu achten, dass es sich, wenn man es einmal allein lassen muss, irgendwie darauf einstellen kann. Das heißt: Gehen Sie nie unangekündigt weg und stellen Sie immer klar, dass es Sie jederzeit herbeirufen kann. Akzeptiert es Ihre Abwesenheit aber partout nicht, so wäre es besser, ihm diesen Stress zu ersparen. Ganz kleine Kinder sollten ohnehin, so weit wie möglich, immer bei oder in der Nähe der Mutter sein, was sich zum Beispiel durch ein Tragetuch ermöglichen ließe. Nehmen Sie Ihr Kind auch nachts zu sich ins Bett, solange es dies möchte. Aber selbst wenn Sie Ihr Kind immer mit größter Liebe pflegen, kann es schon durch eine Trennung von wenigen Stunden ein seelisches Trauma bekommen - *sofern es nicht innerlich darauf eingestellt ist.* Besonders die zarten, liebesbedürftigen Kinder sind hierfür anfällig, während die relativ selbständigen und mutigen mit solchen Situationen durchaus zurechtkommen.

Man erkennt den Schock meist an einer starken Anklammerungstendenz, am erbitterten Widerstand gegen eine Wiederholung der Trennungssituation oder an Krankheiten, die nach der Trennung auftreten. Bei vielen Hautkrankheiten (zum Beispiel ›Neurodermitis) spielen Liebesverlust-Erlebnisse eine wesentliche Rolle, denn die Beziehung zwischen Mutter und Kind geht weitgehend über die Haut.

Eine besondere Bedeutung hat in diesem Zusammenhang das Stillen, denn dabei stillt das Kind nicht nur Hunger und Durst, sondern auch sein Kontaktbedürfnis. Richten Sie sich, falls möglich, dabei nach Ihrem Kind, nicht nach irgendwelchen Programmen, und lassen Sie es so lange trinken, wie es will, selbst wenn es nur ein bisschen herumnuckelt. Dieser oft anstrengende Einsatz lohnt sich, denn Ihr Kind bekommt dadurch eine positive Grundeinstellung, die sich auf alle Lebensbereiche erstreckt. Gestillte Kinder haben nachweislich eine stabilere Gesundheit als „Flaschenkinder".

Besondere Beachtung brauchen erstgeborene Kinder, wenn ein weiteres Geschwister kommt (›*Kap. Das Revier*). Sie empfinden diese Situation oft instinktiv als existenzbedrohend, weil sie dadurch einen Teil ihrer bisherigen Privilegien verlieren, vor allem die ungeteilte Zuwendung der Mutter.

Vieles im Verhalten Ihres Kindes spricht dafür, dass es ein Trauma durch ungenügende Zuwendung oder Trennung erlitten hat (natürlich Ihrerseits ungewollt, aus Unwissen oder unumgänglicher Notwendigkeit). Sie könnten jetzt versuchen die seelische Wunde Ihres Kindes zu heilen und sein Vertrauen ins Leben und zu den Menschen wiederherzustellen, indem Sie ihm *so viel Zuwendung geben, wie es selbst verlangt.* Niemand außer ihm selbst kann wissen, wie viel es braucht, denn Zuwendung lässt sich nicht nach objektiven Kriterien bemessen. Dieses Prinzip: *dem Kind immer so viel zu geben, wie es selbst verlangt, nicht weniger, aber auch nicht mehr* ist sehr wichtig. Denn dadurch wird nicht nur ein Mangel vermieden, sondern es wird auch verhindert, dass das Kind durch „Über-Zuwendung" sein klares Empfinden für die eigenen Bedürfnisse verliert und in eine Gefühlsabhängigkeit gerät. Diese Gefahr besteht nicht, wenn man sich immer nach dem Verhalten des Kindes richtet und sich davor hütet, sein eigenes (vielleicht durch eine schlechte Partnerbeziehung ungestilltes) Liebes- und Zärtlichkeitsbedürfnis am Kinde auszuleben.

Bei den so genannten verwöhnten Kindern wird meist der Fehler gemacht, dass sie von ihren Bezugspersonen mehr bekommen, als sie brauchen, so dass sie schließlich selbst nicht mehr wissen, was sie wollen und was gut für sie ist. Ein psychisch intaktes Kind ist, wie beim Stillen, zufrieden, wenn es genug bekommen hat, und wendet sich dann anderen wichtigen Angelegenheiten zu. Diese gesunde Selbststeuerung sorgt normalerweise dafür, dass es sich mit zunehmendem Alter auch mehr und mehr von seiner Bezugsperson löst (ohne aber die gute Beziehung aufzulösen), sich nach außen wenden, Freunde suchen, die Welt erkunden und eines Tages eine eigene Familie gründen kann.

Auch beim Mitleid kommt es darauf an, das richtige Maß zu finden. Eigentlich sollte ein Kind es nicht nötig haben, Mitleid zu erpressen, das letztlich nur unwahre Verhältnisse erzeugt, die eigentliche Problematik verstärkt und obendrein meist auch noch ins Selbstmitleid führt (>*Kap. Mitleid).*

Es käme jetzt also darauf an, Ihrem Kind so weit entgegenzukommen, wie es selbst wünscht, und dabei genau das richtige Maß einzuhalten, um eine „Überfütterung" zu vermeiden. Wenn Ihr Kind plötzlich besonders anhänglich und liebesbedürftig ist, sollten Sie unbedingt darauf eingehen, denn dies ist ein instinktiver Heilungsversuch seiner verletzten Seele, die damit nicht nur das Liebesdefizit aufzufüllen, sondern auch das beschädigte Vertrauen zu reparieren versucht. Mit zunehmendem Alter sollte Ihr Kind unter Ihrer Anleitung und durch Ihr Beispiel erkennen, wie viel wohltuender es sein kann, anderen mit Liebe entgegenzukommen, statt sie immer nur für sich zu verlangen, und wie schnell das Gefühl, nicht geliebt zu werden, verschwindet, wenn man sich anderen Menschen liebevoll und selbstlos zuwendet. Sein großes Liebesbedürfnis könnte sich zu großer Liebeskapazität entwickeln, in der es auch dann geborgen ist, wenn es in der Welt wieder einmal nicht liebevoll zugeht.

(Die Lösung der hier besprochenen Problematik kann mit den Bach-Blüten-Essenzen *Chicory* und evtl. *Heather oder Floriplex Nr.21* gefördert werden. Nähere Informationen hierzu finden Sie in meinem Buch „Heile dein Kind mit Bach-Blüten".)

## MINDERWERTIGKEITSGEFÜHL
(Bescheidenheit, Wirbelsäulenprobleme, Pubertät, Selbstwertgefühl, Sexualkonkurrenz, Lob, Erfolgserlebnisse)

*Ihr Kind ist zu bescheiden und traut sich zu wenig zu. Es hält sich meist schüchtern im Hintergrund und vermeidet es aufzufallen. Wenn andere sich vordrängen, lässt es ihnen bereitwillig den Vortritt oder ordnet sich ihnen unter. Es spricht oft leise und wagt nicht, seinen Standpunkt zu vertreten, in der Schule den Mund aufzumachen oder das zu tun, was es eigentlich möchte. Wenn Sie es fragen, warum es sich so verhält, können Sie aus seiner Antwort vielleicht heraushören, dass es sich für schwächer, dümmer oder schlechter als die „Konkurrenz" hält beziehungsweise meint, dass die anderen ihm überlegen seien. Bemerkungen wie: „Das kann ich ja doch nicht!" oder „Wer mag mich schon?" weisen darauf hin, wie wenig es von sich selbst hält.*

So gleicht es einer Pflanze, die im Schatten dahinkümmert und ihre eigentliche Schönheit nicht entwickeln kann, denn in Wirklichkeit ist es ja weder dumm noch hässlich. Sein Minderwertigkeitsgefühl kann so stark ausgeprägt sein, dass es die Gesellschaft anderer meidet, um nicht an seine (vermeintliche) Unterlegenheit erinnert zu werden (>*Kap. Kontaktprobleme),* und dass es erstaunt ist, wenn man es wegen einer Leistung, Eigenschaft oder Fähigkeit lobt.

Wahrscheinlich zeigt auch seine gebeugte Haltung, wie sehr der Mangel an Selbstvertrauen auf ihm lastet, denn ihm fehlt jene seelische Kraft, die das Rückgrat stärkt und aufrichtet. Wenn solche Kinder sehr hoch gewachsen sind, fällt ihre schlechte Haltung besonders stark auf, weil man von einem großen Menschen erwartet, dass er groß ist. Doch dies ist für sie besonders quälend, weil sie sich keineswegs so groß fühlen, wie sie aussehen. Es ist ihnen peinlich, ihre Freunde zu überragen. Daher versuchen sie sich kleiner zu machen, indem sie unbewusst den Rücken krümmen. Es leuchtet ein, dass dies wiederum der Wirbelsäule schaden muss, die ja das Organ der aufrechten Haltung ist. Daher sollte man, wenn ein Kind Rückenprobleme hat, die mit schlechter Körperhaltung zusammenhängen, immer an die Möglichkeit von Minderwertigkeitsgefühlen denken und das Kind, neben einer körperzentrierten Therapie, seelisch aufrichten.

Kinder mit mangelndem Selbstvertrauen werden meist als angenehm empfunden, weil sie anspruchslos und niemandem außer sich selbst im Wege sind. Viele Eltern schätzen es so sehr, wenn ihr Kind sich zurückhält und nicht aufbegehrt, dass sie es darin bestärken und sein Verhalten irrtümlich als Bescheidenheit loben. Sie erkennen nicht, dass es sich dabei um eine psychische Störung handelt, die ihr Kind daran hindert, sich richtig zu entwickeln und seinen Platz in der Welt einzunehmen. An dieser „Bescheidenheit" stimmt etwas nicht, weil sie erzwungen ist.

Echte Bescheidenheit besteht darin, dass man sich absolut *freiwillig* mit dem bescheidet, also zufrieden gibt, was man bekommt und was einem zusteht. Diese Haltung zählt zu den wahren menschlichen Tugenden, weil in ihr etwas Wahres liegt: Man erwartet und nimmt nicht zu viel, aber auch nicht zu wenig - man hat für sich das richtige Maß gefunden. Ein natürlich und wahrhaft bescheidener Mensch verzichtet nicht auf das, was ihm zusteht, und stellt auch nicht „sein Licht unter den Scheffel", sondern er nimmt in aller Bescheidenheit jenen Platz ein, den ihm das Schicksal zugewiesen hat (und sei es das Präsidentenamt) und an dem er also *am segensreichsten* wirken kann. Er ist aufrecht und selbstgenügsam wie ein gut gewachsener Baum, ohne besonders aufzufallen. Ein selbstgenügsam bescheidener Mensch ist zufrieden, denn er verzichtet ja nicht, selbst wenn er nur wenig beansprucht, ein „zwangsbescheidener" dagegen ist frustriert, weil er unbefriedigte Ansprüche hat.

Das Problem Ihres Kindes wird sich wahrscheinlich mit zunehmendem Alter verstärken, weil der mitmenschliche Konkurrenzdruck zunehmen wird. Während man dem kleinen Kind Freiheiten und Schutzbereiche einräumt, bekommt der Erwachsene „nichts geschenkt" und muss seine Fähigkeiten um seines Überlebens willen optimal entwickeln.

In der Pubertät, die den Eintritt in die Erwachsenenwelt bedeutet, wirken sich solche kindlichen Minderwertigkeitsgefühle besonders verheerend aus, weil sich das Kind jetzt nicht nur der Konkurrenz stellen und sich eventuell gegen seine Altersgenossen durchsetzen, sondern auch dem Wunschpartner gefallen und seine speziellen Vorzüge zur Geltung bringen muss. Dies aber fällt Ihrem Kind schwer, weil es sich seiner Qualitäten nicht bewusst und sicher ist, weil es meint, es habe wenig zu bieten, und vor allem, weil es die Schönheit, Intelligenz, Kraft, Originalität oder Vornehmheit seiner Konkurrenten überschätzt.

So entwickelt sich oft im Liebesleben eine klassische Tragödie. Sich wertlos fühlende Jugendliche halten sich „bescheiden" und schüchtern zurück, potentielle Liebespartner aber deuten dieses

Verhalten irrtümlich als Interesselosigkeit und wenden sich daraufhin enttäuscht ab, was wiederum das Minderwertigkeitsgefühl verstärkt und die Betroffenen nicht nur in eine gewisse Außenseiterposition bringt, sondern sie auch für die Zukunft entmutigt. Damit besteht die Gefahr, dass sie sich noch weiter zurückziehen und keinen neuen Versuch wagen. Manchmal geht es aber trotzdem gut, wenn nämlich der Wunschpartner ein sicheres Wertgefühl hat und selbst die Initiative ergreift oder wenn er ähnlich veranlagt ist und die Situation richtig interpretiert.

Das Minderwertigkeitsgefühl Ihres Kindes dürfte seinen Grund in einer Überbewertung von Niederlagen, Misserfolgen oder Blamagen haben. Daher kann es seine tatsächlichen Qualitäten und Erfolge nicht mehr sehen und hat eine verzerrte Vorstellung von seinem eigenen Wert entwickelt. So könnte Ihr Kind zum Beispiel, weil es vom Fritz verprügelt wurde, meinen, dass es auch allen anderen Altersgenossen unterlegen sei, und vergessen, dass es dafür dem Karl überlegen ist. Oder es könnte, weil es in der Schule eine schlechte Arbeit geschrieben hat, sich allgemein für einen Versager halten und blind für seine guten Leistungen in einem anderen Fach werden. Auch die Ablehnung durch einen bewunderten Menschen könnte sein Selbstwertgefühl geknickt haben. Auf diese Weise kann das innere Gleichgewicht verloren gehen, das abwertende Erlebnis sich in den Vordergrund des Bewusstseins drängen und den Blick für die Gesamtsituation trüben. Ein solches Kind ist außerstande, dem Negativen das Positive, nämlich seine anderen Erfolge oder Fähigkeiten, gegenüberzustellen und seine persönliche Bilanz auszugleichen. Darunter leidet es umso mehr, je stärker es sich nach Anerkennung sehnt, denn Menschen mit starken Minderwertigkeitskomplexen sind meist in ihrem Innersten besonders ehrgeizig und erfolgsbedürftig.

Schwere Verletzungen des Selbstwertgefühls können auch die Eltern hervorrufen, indem sie ihr Kind geringschätzig behandeln, lächerlich machen oder niederdrücken. Gerade sie als Bezugs- und Vertrauenspersonen haben eine besondere Funktion bei der Entwicklung eines stabilen Selbstvertrauens. Von ihnen erwartet das Kind daher zuallerletzt, „fertig gemacht" zu werden. „Wer soll mich denn überhaupt schätzen, wenn es nicht einmal meine Eltern tun?", fragt es sich dann und: „Wenn mein Vater oder meine Mutter mir sagt, dass ich nichts tauge oder kann, dann muss es wohl auch stimmen."

Abgesehen von einer eventuell erforderlichen Arbeit an sich selbst sollten Eltern ihr Kind bei jeder Gelegenheit in seinem Selbstwertgefühl aufbauen. Eine ermunternde oder anerkennende Bemerkung kann Wunder wirken, besonders in jenen Augenblicken, in denen das Kind an sich selbst zweifelt. Halten Sie mit berechtigtem Lob nie hinterm Berg, vermitteln Sie ihm das Gefühl, dass es geschätzt und anerkannt wird.

Ist Ihr Kind noch klein und relativ unbewusst, könnten Sie es durch Ihre liebevolle Zuwendung festigen. Ist es schon älter, wäre es gut, bei passender Gelegenheit mit ihm über sein Problem zu sprechen. Dabei dürfte es sich nicht getadelt und unverstanden fühlen, sondern müsste das Gefühl bekommen, dass Sie, die vielleicht wichtigste Person in seinem Leben, dieses Problem eigentlich für nicht schwerwiegend halten. Ihr Kind sollte nicht das Gefühl haben, dass es bei ihm darum geht, einen schweren Makel zu überwinden, sondern seine an sich erfreuliche Persönlichkeit weiterzuentwickeln.

Wichtiger als alle Worte aber sind Erfolgserlebnisse. Wenn Ihr Kind tatsächlich und möglichst bewusst erlebt, dass es doch etwas leisten und Erfolg haben kann, wird diese erfreuliche Erinnerung in das Bild, das es von sich hat, eingehen und es positiv verändern. Vor allem aber wird es daraufhin auf weiteren Erfolg eingestellt sein. Vielleicht können Sie ihm zu solchen Erfolgserlebnissen verhelfen, indem Sie es bei einer günstigen Gelegenheit zum Einsatz ermuntern oder indem Sie Situationen arrangieren, in denen es sich hervortun oder eine spezielle Fähigkeit unter Beweis stellen kann.

(Die Lösung der hier besprochenen Problematik kann mit den Bach-Blüten-Essenzen *Larch* und evtl. *Heather + Star of Bethlehem oder Floriplex Nr. 11* gefördert werden. Nähere Informationen hierzu finden Sie in meinem Buch „Heile dein Kind mit Bach-Blüten".)

# MITLEID
(Mitgefühl, Leid, Sisyphus, Trostpflaster)

*Ihr Kind ist zu mitleidig, das heißt: es leidet immer übertrieben stark, wenn es jemandem in seiner Umgebung schlecht geht. Ob Sie selbst traurig sind oder ein Familienmitglied krank ist, ein Tier oder eine Pflanze misshandelt wird - sogleich wird es unglücklich und versucht zu trösten oder zu helfen. Es schmiegt sich vielleicht eng an Sie an, weint zusammen mit Ihnen, kümmert sich rührend und besorgt um seine Geschwister oder pflegt kranke Tiere und Pflanzen, als seien sie menschliche Wesen.*

Obwohl ihm ganz offensichtlich das Leiden anderer zu nahe geht und es manchmal dadurch sogar krank wird, kann es sich ihm nicht entziehen. Manchmal hat man sogar den Eindruck, als taste es seine Umgebung ständig mit äußerst sensiblen Fühlern nach der Möglichkeit ab, mitleiden zu können.

Diese Eigenschaft macht es bei all jenen Menschen beliebt, denen es schlecht geht und die sich danach sehnen, dass man an ihrem Unglück teilnimmt. Es heißt ja auch: „Geteiltes Leid ist halbes Leid", womit nicht nur die Freude darüber gemeint ist, dass man im Leid nicht allein ist, sondern auch - natürlich uneingestanden - die Befriedigung darüber, dass es anderen auch nicht besser geht. Dadurch entsteht ein tröstliches Gemeinschaftserlebnis, das das Unglück fast als normal erscheinen lässt. Leider werden die Menschen dabei aber oft noch tiefer hineingezogen, weil dadurch ihre Selbsthilfekraft gelähmt wird.

Auf dem Kinderspielplatz kann man oft die schwächende Wirkung des unkontrollierten Mitleids beobachten. Wenn ein Kind beim Toben hingefallen ist, schaut es verdutzt um sich und setzt trotz eines eventuellen Kratzers am Knie sein Spiel fort - vorausgesetzt, die Mutter kümmert sich nicht darum. Eilt sie aber tröstend zu ihrem vermeintlich bejammernswerten Kinde, so beginnt es in den meisten Fällen wehleidig zu weinen.

Was man bei der Parole vom geteilten Leid auch nicht bedenkt, ist dies: Wenn zunächst die *halbe* Menschheit leidet und dann die andere Hälfte mitleidet, so leidet schließlich die *gesamte* Menschheit. Woher soll dann noch Hilfe kommen?

Mit diesem Problem klar umzugehen ist für uns schwierig, weil wir gelernt haben, dass man, wenn man nicht mitleidig ist, ein schlechter

Mensch sei. Deshalb müssen wir uns klar machen, dass hier eigentlich das *Mitgefühl* gemeint ist, diese wertvolle Eigenschaft, die uns mit der ganzen Schöpfung verbindet. Indem wir mitfühlen, erfahren wir in uns selbst den Zustand eines anderen Lebewesens und versuchen, falls dieser in Leiden besteht, ihm (uns) zu helfen. *Wir lassen uns dabei aber nicht in sein Leiden verstricken.* Dadurch werden wir nicht kaltherzig. Im Gegenteil, nur so können wir unser warmes Herz bewahren und, weil wir trotz allem innerlich positiv bleiben, wirklich helfen, statt nur Trostpflaster aufzukleben, unter denen die Wunde weiter eitert.

Weil das Mitleid in der christlichen Kultur als hohe menschliche Tugend gilt, werden Sie das Verhalten Ihres Kindes vielleicht richtig finden. Dass daran aber etwas nicht stimmt, das zeigen ganz unzweifelhaft der Verlust seiner Lebensfreude, sein verzweifeltes Gesicht, seine gequälte Stimme oder seine Anfälligkeit für Krankheiten aller Art. Ist denn auch etwas anderes zu erwarten, da doch im Wort „Mit-Leid" der Begriff „Leid" dominiert?

Leid ist der Ausdruck eines unnatürlichen, krankhaften Zustandes in Körper oder Seele, gegen den sich alles in uns wehrt. Es macht einen so großen Teil unseres normalen Lebens aus und beeinflusst die Welt so nachhaltig, dass es gut ist, sich über seine Bedeutung klar zu sein. Wir können zwei Arten von Leid unterscheiden: das körperliche und das seelisch-geistige. Ersteres entsteht dadurch, dass die äußeren Umstände nicht den naturgegebenen Bedingungen entsprechen, dass also zum Beispiel die Außentemperatur nicht in erträglichen Grenzen liegt oder dass ein Organ über seine Leistungsgrenze hinaus beansprucht wird, wodurch Missbefinden und Schmerzen entstehen. Solche negativen Zustände können nur durch eine Änderung der äußeren Bedingungen überwunden werden: Hunger beispielsweise durch Nahrungszufuhr oder Verletzungen durch eine gute Wundversorgung. Kluge Sprüche oder weise Erkenntnisse helfen hier, anders als beim seelischen Leid, nicht viel. Bei diesem besteht ebenfalls eine Diskrepanz zwischen den Bedingungen (unseren Erwartungen und Vorstellungen) und der Wirklichkeit, und das Leid entsteht dadurch, dass wir uns gegen diese Wirklichkeit sträuben, weil wir sie gerne anders hätten. So kann man sagen, dass wir meistens unter uns selbst leiden, nämlich unter unserer Unfähigkeit, die Dinge realistisch so zu nehmen, wie sie nun einmal sind. Wie schnell wir doch unsere Lebensfreude zu verlieren pflegen, wenn unsere Erwartungen nicht erfüllt werden! Ob es das schlechte Wetter oder eine Autopanne, ein Misserfolg oder eine Unfreundlichkeit ist: sobald wir meinen, das dürfe nicht sein, werden wir frustriert oder ärgerlich, enttäuscht oder traurig, beginnen also zu leiden.

Würden wir immer bejahen, was das Leben uns gibt, und würden wir immer geben, was es von uns fordert, würden wir also der Wirklichkeit immer einen Sinn zubilligen, auch wenn wir ihn nicht sogleich verstehen, und würden wir Unglück und Katastrophen als Aufgaben und Prüfungen sehen, die uns weiterführen, so gäbe es für uns kein *seelisches* Leiden, selbst wenn wir im Körper Schmerzen hätten, unheilbar krank wären oder in unserem Leben alles „schief" ginge. Heißt es nicht: „Glücklich ist, wer vergisst, was doch nicht zu ändern ist"?

Meist ist unser Leben ein ununterbrochener Versuch, Leiden zu vermeiden oder es zu überwinden: eine wahre Sisyphus-Arbeit, die umso schwerer wird, je stärker wir gegen die Schwerkraft unseres Schicksals ankämpfen. Warum lassen wir den Stein nicht einfach liegen, lehnen uns bequem daran, öffnen die Augen und versuchen die Dinge einmal anders zu sehen: den Stein nicht als Problem, das es zu lösen, sondern als Lösung, die es nur zu verstehen gilt, nicht als Widerstand, der uns behindert, sondern als Wegzeichen, das uns in eine neue Richtung leitet, nicht als Unglück, sondern als Gnade und Geschenk des Schicksals, dessen wir uns würdig erweisen sollen?

Was wir über das Leid gesagt haben, gilt weitgehend auch für das Mitleid. Dieses entsteht entweder dadurch, dass wir uns im Geiste in die Lage des Leidenden versetzen und dann darunter leiden, weil wir sie furchtbar finden. Oft projizieren wir noch eigene, unverarbeitete Leidenserinnerungen hinein. Oder es ist die Folge einer direkten Gefühlsübertragung, zum Beispiel zwischen Mutter und Kind. Je enger unsere Beziehung zu einem bestimmten Menschen ist, desto mehr werden wir ja von ihm beeinflusst. Dieses Mitleid kann man nur beenden, indem man sich entweder räumlich entfernt oder dem anderen Menschen hilft. Meist wird ein Kind instinktiv zu helfen versuchen, indem es sich zum Beispiel an die traurige Mutter ankuschelt und sie zu trösten versucht - für beide ein wohltuender Liebeskontakt. Da diese von Herzen kommende Zuwendung etwas sehr Rührendes und Schönes ist, verführt sie manche Eltern dazu, ihr mitleidiges Kind als „Trostpflaster" zu missbrauchen und in das eigene Leid hineinzuziehen. Meist merkt das Kind dann, dass man von ihm mitleidige Zuwendung erwartet, und kann sich diesem Anspruch nicht entziehen. Dadurch verliert sein Mitgefühl die natürliche Reinheit und wird teilweise zum erzwungenen, unechten Verhalten. Versuchen Sie deshalb, Ihr Kind aus Ihrem eigenen Leiden, mit dem es ja gar nichts anfangen kann, herauszuhalten und signalisieren Sie ihm immer, dass es sich die Freude am Leben nicht verderben lassen soll.

Natürlich kann man einem kleinen Kind keine solch komplexen Zusammenhänge erklären, aber man kann ihm durch die Art, wie man damit umgeht, Wege zeigen. Alles, was in uns ist und was wir sind, drückt sich auch ohne Worte aus: in unserem Handeln und Reagieren, in unserer Ausstrahlung und Erscheinung. Eltern, die gut mit ihrem Leben zurechtkommen, teilen ihrem Kind automatisch etwas davon mit.

Das Problem Ihres Kindes ist seine außergewöhnlich sensible und durchlässige Psyche, die es ihm fast unmöglich macht, sich gegen das Leiden in seiner Umgebung abzuschotten. Wahrscheinlich liegt dies auch daran, dass es mit seiner empfindlichen Seele selbst schon viel gelitten hat und deshalb nicht nur weiß, wie das ist, sondern bei jedem fremden Leid auch automatisch an seine eigenen Schmerzen erinnert wird. In jedem Mitleid schwingt etwas Selbstmitleid mit.

Daher sollte man Ihr Kind vor jedem Kontakt mit schwerem Leid schützen. Das ist natürlich nicht in jedem Fall möglich, aber dennoch gibt es viele entsprechende Situationen, die man ihm ersparen kann. Es muss sozusagen mit Samthandschuhen angefasst werden, weil es wegen seiner Empfindsamkeit ohnehin alles doppelt so schmerzlich empfindet wie die „normalen" Kinder. Erzählen Sie ihm keine schrecklichen Geschichten, ersparen Sie ihm Besuche bei leidenden, kranken Menschen, zwingen Sie es nicht, Filme anzusehen, in denen gelitten wird. Vielleicht hat es sich ohnehin angewöhnt, bei grausamen Szenen die Augen zuzumachen oder den Raum zu verlassen. Hier ist jeder Versuch der seelischen Abhärtung zum Scheitern verurteilt. Allenfalls könnte Ihr Kind lernen, sein Leiden nicht mehr zu zeigen, würde dadurch aber innerlich krank werden. Später wird es nötig sein, ihm ein Verständnis für seine Eigenart und latente Schwäche zu vermitteln, damit es bewusst damit umgehen und sich selbst besser schützen kann.

Wichtig ist auch, dass Ihr Kind nicht dem Einfluss leidender Angehöriger ausgesetzt wird, die dieses mitleidende Herz auszubeuten versuchen. In solchen Situationen, in denen das Leiden hautnah im engsten Familienkreise vorkommt, besteht nicht nur die Notwendigkeit, sondern auch die Möglichkeit, mit Ihrem Kind bewusst oder unbewusst Strategien gegen seine Empfindlichkeit zu entwickeln. Dabei muss jede Art von Sentimentalität und Moral beiseitegelassen und Ihr Kind immer wieder zu dem ermutigt werden, was ihm Freude macht.

Auch später, bei seiner Berufswahl und seiner Lebensplanung, sollte diese Leidempfindlichkeit berücksichtigt werden. Zwar wäre Ihr Kind aufgrund seines mitfühlenden Charakters gerade für jene Berufe geeignet, in denen man versucht, Leid zu lindern, doch gleichzeitig besteht die Gefahr, dass es sich nicht genügend abgrenzen kann und auf Dauer daran zerbrechen wird. Eventuell könnte man dies in einem Praktikum testen. Besser wäre wahrscheinlich eine Tätigkeit, bei der Ihr Kind mit ebenso empfindsamen, aber *gesunden* Wesen zu tun hat, zum Beispiel mit Kindern oder Tieren.

Je klarer Ihr Kind die hohe menschliche Qualität, aber auch die Gefahr, die in seiner Veranlagung liegt, erkennen kann und je weniger es selbst ins Leiden verfällt, desto besser wird es mit seinem Leben zurechtkommen. Viele behutsame Zeichen, Bemerkungen und Gespräche und Ihr gutes Beispiel werden erforderlich sein, damit es diesen schwierigen Balanceakt schafft.

(Die Lösung der hier besprochenen Problematik kann mit den Bach-Blüten-Essenzen *Red Chestnut* und *Walnut oder Floriplex Nr. 5* gefördert werden. Nähere Informationen hierzu finden Sie in meinem Buch „Heile dein Kind mit Bach-Blüten".)

# PESSIMISMUS
(Hoffnungslosigkeit, Hoffnung)

*Ihr Kind ist seit einiger Zeit pessimistisch. Es freut sich nicht mehr auf künftige Ereignisse - zum Beispiel die Ferien, den Geburtstag oder Weihnachten - oder findet sich auffallend schnell mit einer unerfreulichen Situation oder einer Krankheit ab. Offensichtlich erwartet es von der Zukunft nichts Positives mehr. Sein Interesse am Leben, seine Unternehmungslust, sein Appetit, seine ganze Ausstrahlung sind deutlich reduziert, es zieht sich zurück, ist meist still, manchmal vielleicht auch etwas traurig und abwesend.*

Dieses Verhalten ist nicht nur ungewöhnlich, weil Kinder normalerweise optimistisch und lebensfroh sind, sondern geradezu alarmierend, weil es auf einen Mangel an Lebenswillen hinweist. Wer von der Zukunft nichts Positives erwartet, hat auch keinen Grund, sich um sie zu bemühen und auf sie zuleben. Zwar dürften wir, wenn wir Enttäuschungen vermeiden wollen, uns eigentlich immer nur *über* etwas freuen, das wir tatsächlich haben oder genießen können, *statt auf* etwas, das noch gar nicht existiert; dennoch hat auch unsere Fähigkeit, in die Zukunft zu denken, ihren Sinn. Selbst kleine Kinder beginnen irgendwann aus eigenem Antrieb, sich auf Künftiges einzustellen und Erfreuliches zu erwarten.

Hoffnung ist ein wesentliches Merkmal des Lebens. Sie besteht nicht nur in unseren Gedanken, sondern spielt auch bei allen Wachstumsprozessen eine wichtige Rolle. Wenn eine Zelle sich teilt, eine Pflanze sich entfaltet, ein Körper sich entwickelt, ein Kind heranwächst, so drückt sich darin eine optimistische Zukunftserwartung aus. Wer nicht mehr erwartet, dass die Zukunft etwas Erfreuliches bringt oder dass sein Leiden irgendwann ein Ende haben wird, verliert die Kraft zum Weiterleben. Aber selbst vom Tod erhoffen wir oft noch etwas, indem wir entweder Frieden und die Erlösung von unseren Leiden oder den Eintritt in eine andere Existenzform erwarten.

Die Schwere einer Krankheit lässt sich oft daran erkennen, wie viel oder wie wenig Hoffnung vorhanden ist. Sobald *Resignation* eintritt, beginnt das Endstadium, denn sie bedeutet, dass wir endgültig die Hoffnung auf Besserung aufgegeben haben, dass der Lebens- und Gesundungswille schwindet. Wer nicht mehr hofft, geht - langsam oder schnell - seinem Ende entgegen; seine Seele zieht sich aus der irdischen Existenz zurück und sein Körper hört auf, sich zu regenerieren.

Zwar ist ein Kind, das sich nicht mehr auf die Ferien, auf ein Spiel, eine Verabredung, das Fernsehen oder irgendetwas bisher Erfreuliches freuen kann, noch nicht in akuter Gefahr, aber doch auf dem Wege dorthin. Man sollte etwas dagegen unternehmen.

Warum ist es so weit gekommen? Hat Ihr Kind einen schweren Verlust erlitten, ist es von einem lieben Menschen getrennt worden, hat man ihm Liebe entzogen oder gab es ein erschütterndes Erlebnis, das eine seelische Verletzung hinterlassen hat? Vielleicht hat es auch nicht genügend Lebensraum, wird in seinem Freiheitsbedürfnis zu sehr unterdrückt oder fühlt sich schlecht behandelt und unverstanden. Jedenfalls muss es etwas verloren haben, das ihm bisher das Leben lebenswert gemacht hat, und es wäre höchste Zeit, es ihm zurückzugeben.

Dazu braucht man nur genau hinzuhören und hinzusehen. In irgendeiner Form, vielleicht nur verschlüsselt in einem ungewohnten Verhalten, in seltsamen Bemerkungen oder auch in ausgefallenen Träumen, können Sie Signale, Hinweise und Zeichen finden, welche seelische Wunde geheilt werden muss. Am sichersten wäre es, Ihrem Kind *alles zu geben,* was es (und sei es nur in angedeuteter Form) wünscht, und ihm in jeder Hinsicht *entgegenzukommen.* Der Erfolg, nämlich die wieder erwachenden positiven Erwartungen, wird Ihnen zeigen, ob Sie das Richtige getroffen haben.

(Die Lösung der hier besprochenen Problematik kann mit den Bach-Blüten-Essenzen *Gorse* und evtl. *Wild Rose oder Floriplex Nr.6 und Nr.12* gefördert werden. Nähere Informationen hierzu finden Sie in meinem Buch „Heile dein Kind mit Bach-Blüten".)

## SAUBERKEIT
(Ordentlichkeit, Schmutz, Natürlichkeit, Zwangshaltung, Ekel, Sexualität, Unselbständigkeit, Perfektionismus)

*Ihr Kind ist zu sauber und ordentlich, das heißt: Sauberkeit und Ordnung werden von ihm in übertriebener und verkrampfter Weise praktiziert. Das kann sich zum Beispiel darin äußern, dass es eine starke Abneigung gegen den geringsten Schmutz hat oder in Panik gerät, wenn nicht alles genau geregelt ist; vielleicht auch darin, dass es sogar beim Spielen immer auf saubere und ordentliche Kleidung achtet, alles übertrieben perfekt macht oder Vorschriften übergenau einhält; es könnte sich auch die Hände unnötig oft waschen oder sich leicht ekeln. Insgesamt fehlt ihm ein Teil jener ungezwungenen Natürlichkeit der Kinder, die anzeigt, dass sie noch frei und „unverdorben" sind.*

Zwar mag es damit auf viele Erwachsene einen guten Eindruck machen, doch ist dieses Verhalten irgendwie unnatürlich und zwanghaft, denn normalerweise haben Kinder nicht besonders viel Interesse an Ordnung und Sauberkeit. Sie betrachten die Dinge ganz realistisch vor allem in Hinsicht auf das Vergnügen und den Nutzen, die sie daraus ziehen können.

Man muss in diesem Zusammenhang bedenken, dass „Schmutz" und „Unordnung" keine absoluten Begriffe und Wertangaben sind. Es gibt die Ordnung im Chaos und die Reinheit im Schmutz. Die Wüstenvölker halten den Kot ihrer Tiere in hohen Ehren, weil er für sie lebensnotwendiges Brennmaterial darstellt, bei uns dagegen gilt er als Dreck, der beseitigt werden muss. Niemandem würde es einfallen, die Erde in seinem Garten als Anhäufung von Schmutz zu bezeichnen; hingegen würden wir sofort von Beschmutzung sprechen, wenn uns jemand Gartenerde auf eine frisch gewaschene Tischdecke werfen würde. Und selbst das Schmutzigste, das wir kennen, nämlich unsere Darmausscheidungen, spielt in der Natur eine wertvolle und erfreuliche Rolle. Hierher passt aber das Wort: „Es gibt nichts Schmutzigeres als eine schmutzige Phantasie", denn es weist darauf hin, dass sich, wenn wir etwas bewerten, darin hauptsächlich unsere eigene, subjektive Betrachtungsweise ausdrückt.

Natürlichkeit und Unbefangenheit sind die Privilegien der Kinder, denn in ihnen zeigt sich ihre angeborene „Unschuld", die die Welt unvoreingenommen und wertfrei sieht. Ihr Kind aber hat sie leider verloren, weil es zu früh die Maßstäbe der Erwachsenen übernommen hat. Seine Welt ist zu stark in *gut* und *schlecht, richtig* und *falsch* oder auch *rein* und *unrein* eingeteilt, es achtet peinlich genau darauf, sauber zu sein und alles richtig zu machen, tut sich schwer damit, Ausnahmen zuzulassen, Gewohnheiten zu durchbrechen oder auch einmal ein Verbot zu übertreten.

Um ihm helfen zu können, muss man erkennen und verstehen, wie sich ein solcher Zustand entwickeln kann. Zwei Faktoren pflegen dabei zusammenzuwirken: ein angeborenes Bedürfnis nach Sauberkeit und Ordnung und ein Einfluss von außen, durch den dieses überbetont beziehungsweise neurotisch verzerrt wird.

Dieser Einfluss könnte darin bestehen, dass seine Bezugspersonen eine ähnliche Mentalität besitzen und durch lobende oder verurteilende Bemerkungen einen subtilen Zwang auf das Kind ausüben. Es möchte ja ihre Zuwendung und ist darauf eingestellt, ihrem Vorbild zu folgen. Deshalb können Eltern allein schon durch ihre Wesensart ihre Kinder beeinflussen. Wenn die Mutter oder der Vater zwanghaft reinlich oder ordentlich ist, wird das Kind sehr oft genauso - oder es kultiviert aus mehr oder weniger unbewusstem Protest eine ausgeprägte Unordentlichkeit.

Auch eine unbedachte Bestrafung kann das Kind in eine unnatürliche Haltung treiben, vor allem im Zusammenhang mit dem analen und sexuellen Bereich. Zum Beispiel ekeln sich Kinder normalerweise nicht vor Kot, bis sie irgendwann besonders nachdrücklich beigebracht bekommen, dass er „Pfui!" ist. Die Angst vor Strafe, die sie dabei empfinden, ist ein wesentliches Element des Ekels.

Die Erfahrung, dass bestimmte Dinge oder Verhaltensweisen, die ihm selbst Spaß machen, durch Bezugspersonen als schmutzig oder unanständig abgelehnt werden, kann beim Kind auch ein Minderwertigkeitsgefühl erzeugen, weil es die Ablehnung auch auf sich selbst bezieht. Daraufhin verbirgt es entweder in Zukunft seine Vorliebe für dieses angeblich Unanständige oder es versucht krampfhaft, den vermeintlichen Makel durch besonders betonte Wohlanständigkeit und Reinheit auszugleichen. Meist lassen sich dann deutliche „Berührungsängste" beobachten.

Das Problem Ihres Kindes entsteht dadurch, dass es von Natur aus einen klaren und gesunden Hang zu Ordentlichkeit und Sauberkeit hat, der (durch subtile Beeinflussung oder offenen Zwang) krankhaft überbetont wurde. Krankhaft deshalb, weil ihr eigentlicher Sinn verloren gegangen ist: der Lebensfreude und Selbstverwirklichung zu dienen. Solche erziehungsbedingten Verzerrungen angeborener Eigenarten sind relativ häufig; man erkennt sie daran, dass sie etwas Unnatürliches, Zwanghaftes und Übertriebenes haben.

Anscheinend gehört Ihr Kind auch zu jenen Menschen, die unter einer inneren Unsicherheit leiden und die es nicht wagen, spontan und selbstverantwortlich zu handeln, sondern immer klare Vorgaben brauchen. Zusammen mit der angeborenen Ordnungs- und Reinheitsliebe können daraus pingelige Sauberkeit und Ordnungssucht, charakterlose Zuverlässigkeit, übertriebene Pünktlichkeit oder unnatürliche „Anständigkeit" entstehen. Äußerlich hat ein solcher Mensch dadurch zwar etwas, woran er sich halten kann - und das tut er auch krampfhaft und minutiös -, innerlich aber bleibt er unselbständig und davon abhängig. Meist kommt noch ein Misstrauen gegenüber den eigenen Gefühlen und Trieben hinzu, da diese sich so schwer regeln und einordnen lassen. Es wäre gut, wenn Ihr Kind lernen würde, seine Tugenden etwas sinnvoller und bewusster zu praktizieren: die Pünktlichkeit nur dann, wenn es auf sie ankommt, die Ordnung nur dann, wenn sie von Nutzen ist, die Anständigkeit nur dann, wenn sie dem eigenen Gewissen entspringt, die Sauberkeit nur dort, wo sie erforderlich ist. Es würde dadurch mehr Lebensfreude gewinnen und auch für seine Mitmenschen angenehmer werden.

Besonders wichtig ist dies hinsichtlich seiner sexuellen Selbstverwirklichung. Wahrscheinlich haben Sie schon festgestellt, dass diese für Ihr Kind eine problematische Angelegenheit ist. Eine gesunde und befriedigende Sexualität setzt Unbefangenheit, Natürlichkeit und eine gewisse Ungehemmtheit voraus. Wenn ein Kind aber feststellen muss, dass sie abgelehnt, verfolgt und verurteilt wird, verliert es seine freie und positive Haltung zu ihr. Die christliche Kultur hat sich auch heute noch nicht mit ihr angefreundet, sondern stellt sie als sündig oder schmutzig hin; diese Bewertung war nicht schwer zu vermitteln, weil sich Geschlechts- und Analorgane in unmittelbarer Nachbarschaft befinden. Aufgrund dieser Erziehung empfinden viele Menschen alles, was sich „unterhalb der Gürtellinie" befindet, als unrein, unanständig („schweinisch") und unerlaubt. Dass sich dabei keine positive Einstellung zum eigenen Körper und zur Sexualität entwickeln kann, ist klar. Und da das Reinheitsideal sich nicht nur auf den Körper, sondern auch auf die Psyche erstreckt, wird die Sexualität nicht nur im vordergründigen, direkten Sinne als unreine Funktion des Körpers, sondern auch als moralisch unrein abgelehnt.

(Übrigens erkennt man aus der Tatsache, dass wir offiziell solch abstrakte und umschreibende Bezeichnungen wie „anal" oder

„Darmausscheidung" benutzen, wie sehr diese natürlichen und wichtigen Bereiche tabuisiert und vorstellungsmäßig verschmutzt sind. Auch in Ausdrücken wie „Arschloch" und „Scheiße", die heutzutage oft so ungezwungen benutzt werden, liegt fast immer etwas Unanständiges - meist provokativ beabsichtigt. Tatsächlich haben wir keine Worte, mit denen wir über „das da unten" so neutral sprechen können wie über die anderen Körperbereiche. Der „Mensch ohne Unterleib" existiert auch heute noch.)

Kleine Kinder haben von Natur aus eine wertfreie Einstellung zu Geschlecht, After und Exkrementen, die ihnen allerdings meist schnell ausgetrieben wird. Das ist für ihr seelisches Wohl schädlicher, als man annehmen möchte. Denn die Ausscheidungsfunktionen („Pipi" und „Aa") sind für das kleine Kind ausgesprochen lustbetont. Es kann nichts daran finden, was ein „Pfui!" rechtfertigen würde, und seine insofern heile Welt wird durch eine unnatürlich sauberkeitsbetonte Haltung der Eltern empfindlich gestört. Daher sollten Kinder auch nicht zu früh auf „stubenrein" getrimmt werden, sie sollten ihre Darm- und Blasenausscheidungen nicht unter Zwang, sondern aus eigenem Antrieb kontrollieren lernen, sie sollten lediglich durch das familiäre Vorbild und positive Bemerkungen darin bestärkt werden.

Weiterhin ist hier zu bedenken, dass mit dem Zwang seinen Darm zuzukneifen die Fähigkeit, sich Lebensfreude zu gönnen, reduziert wird. Die Notwendigkeit, uns selbst eines unserer größten Vergnügen, nämlich die lustvolle „Notdurft", zu versagen, beeinflusst in vielfacher, oft versteckter Form unsere ganze Lebensgestaltung, zum Beispiel in Form des Grundsatzes „Pflicht geht vor Freude!". Das kennen wir alle: wenn wir eigentlich dringend auf die Toilette müssten und uns diese erfreuliche Erleichterung nicht erlauben, weil es gerade unpassend anstößig ist, werden wir unruhig oder verstimmt.

Da Ihr Kind nicht genügend innere Selbständigkeit und Natürlichkeit besitzt, käme es darauf an, diese Eigenschaften an ihm zu fördern, oder anders gesagt, alles zu vermeiden, was seine Spontaneität behindern könnte und seine Tendenz, sich an Vorgaben, Vorurteilen und Wertmaßstäben zu orientieren, verstärkt. Dazu wäre es sicher erforderlich, dass Sie auch Ihre eigene Rolle in der Entwicklung Ihres Kindes kritisch überprüfen. Bei den Problemen der Kinder hängt viel von der Bereitschaft der Eltern ab, sich selbst zu ändern. Sie könnten zum Beispiel Ihrem Kind gegenüber Äußerungen vermeiden, die es als dogmatische Anweisung missverstehen könnte. Sie könnten versuchen, seine Kritikfähigkeit zu stärken, indem Sie ihm immer wieder an praktischen Beispielen klarmachen, wie unzuverlässig Werturteile und Ideale jeder Art sind und wie sehr sich jede Moral mit dem Standpunkt ändert. Sie könnten es ermutigen, jeder wertenden oder kategorischen Aussage und jeder Schwarz-weiß-Malerei zu misstrauen, Sie könnten es darin bestärken, mehr aus dem eigenen Gefühl statt nach irgendwelchen moralischen Richtlinien zu handeln. Und Sie könnten ihm eine positivere und unbefangenere Haltung zur eigenen Körperlichkeit (vom Pipi bis zum Aa und zu den Doktor-Spielen) vermitteln, indem Sie ganz unbefangen und natürlich damit umgehen. Falls Ihr Kind sehr zum Perfektionismus neigt, sollte es erfahren, dass es manchmal auch richtig sein kann, fünf gerade sein zu lassen. Es sollte zu entscheiden lernen, wann Exaktheit, Korrektheit und Sauberkeit erforderlich sind und wann nicht.

Wenn es noch zu klein für vernünftigen Zuspruch ist, käme es darauf an, dass Sie ihm durch Ihr eigenes ungezwungenes Verhalten ein gutes Beispiel geben. Bedenken Sie bitte, dass jede Ihrer abwertenden, ablehnenden oder auch prüden Reaktionen von ihm als negative Grundsatzinformation registriert wird und in sein erwachendes Lebensgefühl einfließt. Daher braucht es Ihr gutes Vorbild. Denn wenn es sieht, dass Sie nichts dabei finden, einen glitschigen Regenwurm oder eine Spinne anzufassen, Ihr „Pipi" frei zu zeigen, von einem schmutzigen Teller zu essen, Ihre Kleider auch einmal unordentlich auf dem Boden herumliegen zu lassen, notfalls unpünktlich zur Arbeit zu kommen oder eine Vorschrift zu übertreten - also einfach etwas lockerer zu sein und Ordnung oder Sauberkeit nur einzuhalten, wenn sie sinnvoll, nützlich oder erfreulich sind -, dann wird es sich daran orientieren und es Ihnen nachmachen.

Verstehen Sie diese Zeilen aber bitte nicht falsch. Es geht nicht darum, Ordnung, Sauberkeit und Anstand grundsätzlich abzulehnen oder sich ganz aus den Konventionen zu verabschieden, sondern Augenmaß dafür zu entwickeln, wann sie einen Sinn haben. Wollen Sie ein Kind, das alles perfekt macht, das superordentlich und sauber, dabei aber künstlich, verkrampft und unselbständig ist? Über kurz oder lang würde es dadurch krank werden. Kinder zeigen immer ganz unmissverständlich - durch Fröhlichkeit, Natürlichkeit und Gesundheit -, ob es ihnen gut geht und ob man mit ihnen gut umgeht.

(Die Lösung der hier besprochenen Problematik kann mit den Bach-Blüten-Essenzen *Crab Apple, Pine* und *Rock Water oder Floriplex Nr.21* gefördert werden. Nähere Informationen hierzu finden Sie in meinem Buch „Heile dein Kind mit Bach-Blüten".)

# SCHAM

(Sexualität, Tabu, Schmutzigkeit, körperliche Liebe, Keuschheit, Moral, Impotenz, Frigidität, Perversionen, Pubertät)

*Ihr Kind schämt sich zu oft und zu schnell. Alles, was sich im Intimbereich befindet, sozusagen unter der Gürtellinie, im Geschlechts- oder Analbereich, ist ihm unangenehm und tabu; es mag nicht darüber sprechen und sich nicht nackt zeigen. Auch zu Stuhlgang und Wasserlassen zieht es sich verschämt zurück und schließt die Tür beziehungsweise weigert sich, aufs WC zu gehen, wenn die Gefahr besteht, dass jemand hereinkommen könnte. Möglicherweise kann es nicht einmal bei einer Krankheit diese Scheu überwinden und erleidet lieber Schmerzen, als über ein Problem im intimen Bereich zu sprechen. Es kommt sogar vor, dass es sich seinen Harn- oder Stuhldrang verkneift, weil es ihm peinlich ist, nach dem WC zu fragen oder mitzuteilen, dass es „muss". Seine Verschämtheit zeigt sich wahrscheinlich auch in häufiger Verlegenheit oder Unsicherheit gegenüber jenen Menschen, die frei und ungezwungen sind. Es gibt noch andere Situationen, in denen es „vor Scham vergehen" kann: wenn es sich blamiert hat, wenn es ausgelacht wird, wenn es das Gefühl hat, nicht anständig zu sein oder unmoralisch gehandelt zu haben, wenn es bei etwas Verbotenem erwischt wurde. Manchmal schämt es sich sogar für Familienangehörige oder Freunde, die sich lächerlich gemacht oder daneben benommen haben.*

Das war nicht immer so. Sicher erinnern Sie sich noch an die Zeit, in der Ihr Kind unbefangen und natürlich war. Damals interessierte es sich wahrscheinlich wie alle Kinder für sein Geschlechtsteil und das der anderen Familienangehörigen und es machte ihm nichts aus, in Anwesenheit anderer auf dem Topf zu sitzen. Auch hat es sich früher nicht geschämt, wenn es bei etwas erwischt wurde, das es nicht tun sollte, oder wenn es Fehler machte. Irgendwann aber hat sich etwas bei ihm verändert; es hat seine „Unschuld" verloren, an ihre Stelle ist diese Verschämtheit getreten.

Sie gilt bei vielen Eltern und Erziehern als positive Eigenschaft, und vielleicht finden auch Sie sie richtig. Wenn man aber ein sehr verschämtes Kind betrachtet, dann erscheint es einem in gewisser Hinsicht wie gefesselt - „verklemmt". Dementsprechend nennt man jene Kinder, die frei und ungezwungen tun, was sie wollen, und vor niemandem Respekt haben, „unverschämt".

Die Verschämtheit bedeutet, dass das Kind seinen Drang nach ungehemmter Lebenslust und Triebbefriedigung zu unterdrücken gelernt und seinen Intimbereich, die „Scham", tabuisiert hat. (So bezeichnet man ja auch jenen Körperbereich, in dem sich die Geschlechtsorgane befinden.) Das Kind erfährt, dass es mit seiner „Scham" schamhaft umgehen und sich schämen muss, wenn es schamlos oder unverschämt war. Eine komplizierte, unverständliche und unnatürliche Angelegenheit - nicht nur für Kinder, sondern auch für Erwachsene.

Das Schamgefühl bedeutet also ursprünglich die Scheu vor allem, was mit dem Geschlecht zu tun. Das Kind hat gemerkt, dass es „da unten" etwas an ihm gibt, das irgendwie schlecht ist und womit es sich nur vorsichtig beschäftigen darf. Das Paradoxe, aber Effektive daran ist, dass es sich hierbei ausgerechnet um jenen Lebensbereich handelt, in dem der Mensch die ursprünglichste, unmittelbarste und intensivste Lust erleben kann. Nur weil das Kind dies noch nicht bewusst weiß, kann man ihn tabuisieren; bei einem erwachsenen Menschen, der die Freuden der körperlichen Liebe in aller Freiheit kennen gelernt hat, würde das nicht mehr gehen.

Es ist auffallend, dass in den meisten Kulturen besonders die Sexualität verfolgt wurde und wird. Dabei spielen vor allem die folgenden drei Gründe eine Rolle: 1. Gesundheit, 2. Besitz und Kinder, 3. Freude und Freiheit.

1. Geschlechtskrankheiten können am sichersten durch Abstinenz verhütet werden. In Verbindung mit AIDS ist dieser Aspekt wieder besonders aktuell geworden.
2. Kinder stellen sozialen Besitz dar, kosten aber auch Besitz. So regelt man das Geschlechtsleben zur Besitzwahrung und Familienplanung und verlangt vor allem von den Mädchen und Frauen besondere Schamhaftigkeit (= Angst vor dem Geschlecht), weil sie es sind, die die Zeugung zulassen und die Kinder bekommen. Eine schamhafte und züchtige Frau zu haben ist für den Ehemann eine gewisse Garantie dafür, dass sie sich mit keinem anderen Mann einlässt.
3. Der dritte Grund ist die Tatsache, dass die sexuelle Selbstverwirklichung eine Quelle der Lebensfreude, des Selbstwertgefühls und der persönlichen Freiheit ist. Freiheit bedeutet ja auch, dass man tun kann, worauf man Lust hat. Also muss man, wenn man Menschen niederhalten und beherrschen will, sie dort unterdrücken, wo sie am intensivsten Lust empfinden und worauf sie die größte

Lust haben: in ihrer Sexualität. Wenn dies gelingt, entwickeln sie in ihrem Unterbewussten generelle Vorbehalte gegenüber jeder intensiven oder ekstatischen Lebenslust und wagen es höchstens noch, sich den kleinen, „unschuldigen" (und *erlaubten)* Freuden hinzugeben. Die großen, hinreißenden sind ja tabu. Viele tragische Biographien haben ihre Ursache in dieser unnatürlichen Furcht vor der intensiven, spontanen und ungebremsten Lebensfreude.

Das Schamgefühl ist dem *Schuldgefühl* verwandt, denn beide bedeuten Angst vor Strafe. (Diese kann übrigens auch „nur" in Ablehnung oder Kritik bestehen.) Das Kind wird ja, wenn es sich mit der Sexualität beschäftigt, verwarnt, und sobald es bestimmte Dinge tut, die „man nicht tut", heißt es: „Schäm dich!" Da die Scham moralisch hochstilisiert wird, meint es, hier gehe es um absolute, unantastbare Werte, und kann nicht erkennen, dass einfach seine persönlichen Rechte unterdrückt werden. Bei der Scham ist der moralisch-idealisierende Aspekt und die Selbstbestrafungstendenz noch deutlicher als beim Schuldgefühl. Wenn man sagt: „Schäm dich!", so heißt das: „Du bist ein schlechter Mensch und solltest Buße tun (also dich selbst bestrafen)!" Und „Ich schäme mich!" bedeutet: „Ich verurteile mich selbst".

Oft wird, wie gesagt, die Sexualität mit Schmutzvorstellungen verknüpft. Alles, was unterhalb der Gürtellinie liegt, gilt irgendwie als unrein, unter anderem weil dort auch die Ausscheidung des Kotes - für uns der Inbegriff allen Schmutzes - stattfindet. Wir müssen aber bedenken, dass das kleine Kind den Kot ursprünglich nicht als Schmutz sieht und ihn erst aufgrund der ablehnenden Reaktionen seiner Umwelt so zu beurteilen lernt. Das Gefühl der Schmutzigkeit wird dann später auf alles übertragen, was irgendwie mit dem Sexuellen zu tun hat: So gibt es „schmutzige" Gedanken oder Verhaltensweisen, derer man sich angeblich schämen muss.

Interessant ist auch die Aussage, dass man sich *vor jemandem* schämt. Damit wird gesagt, dass man seine Ablehnung fürchtet, weil man seine (meist moralisch hochwertigen) Erwartungen nicht erfüllt hat.

Es geht hier also um moralische Zwänge, um Befehle und Verbote, die die persönliche Freiheit und Natürlichkeit des Menschen einschränken. Wie stark diese sich auswirken, hängt von der Veranlagung des Kindes ab. Es gibt Kinder, in deren Denken und Fühlen Sauberkeit und Ordnung von Natur aus eine große Rolle spielen; bei ihnen fällt eine entsprechende Erziehung auf besonders fruchtbaren Boden, während sie den „Unverbesserlichen" nur wenig sagt.

Ein Vorbehalt oder eine Abneigung gegen die eigene Sexualität behindert nicht nur die Entwicklung einer bejahenden Lebenseinstellung, sondern verdirbt vor allem die Einstellung zum anderen Geschlecht. Dadurch wird unter anderem eine wirklich liebevolle, eheliche Gemeinschaft unmöglich. Die Liebe zwischen Mann und Frau beruht primär auf der körperlichen Anziehung, auf der Verschmelzungstendenz zwischen männlichem und weiblichem Prinzip. Einer Mann-Frau-Beziehung, in der diese nicht gegeben ist, fehlt etwas Entscheidendes. Von der körperlichen Liebe hängt das Gelingen einer Lebensgemeinschaft zwischen Mann und Frau mindestens genauso sehr ab wie von der geistig-seelischen. Unbefriedigte Sexualität erzeugt je nach Veranlagung und Situation, eingestanden oder nicht, Frustration oder Depression, Unfreundlichkeit, Ablehnung oder Hass.

Trotz allen Vorbehalten gegen diese krankhafte und sogar Leid erzeugende Scham dürfen wir aber nicht übersehen, dass es auch eine gesunde und natürliche „Scham" gibt, die kein Leiden erzeugt und einen menschlich positiven Effekt hat. Sie besteht darin, dass man den Intimbereich anderer Menschen oder ihre seelischen Empfindlichkeiten respektvoll achtet und sich davor hütet, jemanden in eine peinliche Situation zu bringen. Dafür braucht man sich aber selbst nicht zu unterdrücken. Man könnte sagen: Solange ein Mensch *bewusst* bestimmte Grenzen einhält, um anderen nicht zu nahe zu treten oder um eigene Werte nicht zu verraten, ist seine Scham positiv. Diese „eigenen Werte" sind allerdings nicht unproblematisch, weil unser Denken so leicht programmiert und manipuliert werden kann. Wenn man dem Kind zum Beispiel die Keuschheit als große Tugend darstellt, hält es sie für einen absoluten, überpersönlichen Wert und bemüht sich redlich um sie. Dass es dabei aus der Not (nämlich der Furcht vor Strafe) eine Tugend macht, ist ihm - wie vielen Erwachsenen - natürlich nicht bewusst.

Grundsätzlich kann man sagen: Wenn Leiden auftritt, stimmt etwas nicht, denn aus Harmonie ergibt sich kein Leiden. Ein Kind, dem vieles peinlich ist und das seine natürlichen Bedürfnisse moralisch verneint, leidet, auch wenn es sich vielleicht daran gewöhnt hat. Wir alle wissen, dass uns etwas, das uns Freude macht, besser gelingt und mehr bereichert als etwas, das wir unter Zwang tun; dass wir umso glücklicher sind, je lustvoller unser Leben ist; dass frohe Menschen anderen gegenüber freundlicher sind als schlecht gelaunte. Gerade im Zusammenhang mit der Sexualität ist dies besonders wichtig, weil sie, *in einer liebevollen Beziehung gelebt,* sehr viel Lebensfreude und Menschenfreundlichkeit erzeugt. Wenn sie allerdings nur der reinen Triebbefriedigung (ohne liebevollen menschlichen Kontakt) dient, kann sie nicht viele positive Eigenschaften entfalten.

Dies kann man einem Kind vernünftig erklären, dafür braucht man weder Tabu noch Moral. Es kann mit seinem natürlichen Empfinden sehr wohl unterscheiden, ob ihm etwas gut tut oder nicht, und weiß auch instinktiv, worauf eine gute menschliche Beziehung beruht.

Die Gefahr, die dem Kind im Zusammenhang mit der eigenen Sexualität droht, liegt nicht in ihr selbst, sondern in der ablehnenden Reaktion seiner Umgebung. An erster Stelle sind es die Eltern, oft aber auch die Großeltern mit ihrer veralteten Moral oder verschämte Erzieher/innen und Freunde, die das Kind verunsichern. Da dieses Gebiet so stark moralisch belastet ist, haben alle entsprechenden Eindrücke meist einen weitreichenden Effekt. Es bedarf nicht einmal einer direkten Ablehnung; meist genügt es schon, dass nicht „darüber" gesprochen wird, um dem Kind ein negatives Signal zu geben. Ob Sie ihm nur durch Ihre eigene Scheu davor zeigen, dass alles, was mit Sex zu tun hat, problematisch oder schmutzig ist, ob Sie die Unterhaltung darüber unterbinden oder die Beschäftigung damit verbieten, in jedem Falle nimmt es wahr, dass es sich beim Geschlecht um etwas handelt, dessentwegen man abgelehnt wird, und dass man am besten so tut, als existiere es gar nicht, beziehungsweise es so versteckt, dass niemand seine Existenz bemerkt.

Allerdings verschwindet ein natürlicher Trieb nicht, wenn er unterdrückt wird, sondern nimmt eine andere, unharmonische und unnatürliche Form an. Man ahnt es kaum, wie viele Probleme und Leiden aus der Tabuisierung der Sexualität entstehen: Verklemmungen, Schuldgefühle, Selbstablehnung, Minderwertigkeitsgefühle, Beziehungsunfähigkeit, Impotenz, Frigidität, Krankheiten, gescheiterte Ehen und nicht zuletzt sexuelle Perversionen und Untaten. Daher wäre es so wichtig, bereits den Anfängen zu wehren, das Kind vor entsprechenden Einflüssen zu schützen und ihm seine Natürlichkeit zu erhalten. Das ist in einer Gesellschaft, in der ein die Sexualität ablehnender Geist herrscht, nicht leicht.

In der Sexualerziehung lernen Eltern und Kinder voneinander: Die Eltern können vor allem Lebenserfahrung und Vorsicht und Weisheit einbringen und das Kind Natürlichkeit, Unvoreingenommenheit und unmittelbares Empfinden. Indem es sich ungeniert mit seinem „Pipi" und mit dem der anderen Familienangehörigen beschäftigt, zeigt es, dass das Geschlecht und alles, was damit zusammenhängt, eigentlich genauso natürlich und unproblematisch ist wie die übrigen Körperteile.

Solange ein Kind noch klein ist, sollte man versuchen, ihm so ungezwungen zu begegnen, als sei man selbst noch ein Kind. Man könnte sich gelegentlich an seinen Spielereien beteiligen und diese gleich zu einer kleinen Aufklärung nutzen. Es ist wichtig, ihm möglichst seine Natürlichkeit zu lassen, es nicht zu ermahnen, nicht zu kritisieren, ihm kein schlechtes Gewissen zu machen, nicht „Pfui!" und „Schäm dich!" zu sagen. Auch schamhafte Umschreibungen für die Geschlechtsorgane sind ungünstig, weil sie dem Kind signalisieren, dass es sich dabei um etwas Unaussprechliches handelt. Am besten wäre, dieses Thema so natürlich und ungezwungen zu behandeln wie andere Lebensbereiche, zum Beispiel das Essen. Die wichtigsten Fragen, die ein Kind zunächst stellt, sind: Woher kommen die Kinder? Wie kommen sie aus dem Mutterleib? Wie entstehen sie? Diese Umstände kann man mit einfachen Worten erklären — damit werden sie zu klaren Fakten, mit denen es vernünftig umgehen kann. Dabei sollte nie der Hinweis fehlen, dass Sex und liebevolle Beziehung zusammengehören. Man müsste ihm auch erklären, dass vielen Menschen das Geschlecht peinlich ist (das hat es ohnehin längst gemerkt) und dass es darauf Rücksicht nehmen muss, dass es also nicht überall nackt herumlaufen und nicht von allen die gleiche Ungezwungenheit erwarten kann. Dabei muss aber immer klar sein, dass es selbst so natürlich bleiben darf, wie es ist.

Eine gesunde Sexualerziehung besteht darin, dem Kind von klein auf und jeweils seinem Entwicklungsstand entsprechend ein positives Verhältnis zur Geschlechtlichkeit zu vermitteln beziehungsweise zu erhalten. Fehler sind später nur schwer zu korrigieren, weil das Sexualtabu meist sehr tief in die kindliche Psyche eingepflanzt und durch die allgemeine Einstellung ständig aufrechterhalten wird.

Bei einem älteren Kind könnte man behutsam das offene Gespräch suchen und die dabei auftretenden Fragen aufrichtig, verständnisvoll und nicht autoritär erörtern. Vor allem bei Beginn der Pubertät besteht noch einmal eine große Chance dafür, dem Kind eine bejahende Haltung zur Sexualität zu vermitteln, da es jetzt besonders offen und positiv eingestellt ist. Sie könnten Ihrem Kind Natürlichkeit und Ungezwungenheit vorleben, könnten durch nebenher gemachte Bemerkungen die zwanghafte Schamhaftigkeit in Frage stellen, könnten ihm von Ihnen selbst und Ihren eigenen Problemen berichten. Vielleicht hat Ihr Kind auch das Glück, einen Freund oder eine Freundin zu finden, der oder die weniger verschämt ist und ihm ein gutes Beispiel gibt. Eventuell wäre es auch sinnvoll, ihm einen Kontakt mit jemandem zu verschaffen, der kompetent ist, zum Beispiel einem Psychologen oder lebenserfahrenen Freund der Familie.

(Die Lösung der hier besprochenen Problematik kann mit den Bach-Blüten-Essenzen *Pine* und evtl. *Crab Apple, Larch* oder *Agrimony oder Floriplex Nr.2* gefördert werden. Nähere Informationen hierzu finden Sie in meinem Buch „Heile dein Kind mit Bach-Blüten".)

## SCHULDGEFÜHLE
(Wachstum, Entwicklung, Grenzen, Verbote, Gebote, Strafe, autoritäre Erziehung, Wohlerzogenheit, Psychoterror, Liebesentzug, Gewissen, „Gott", Sünden, Vorwürfe, Verantwortung, Selbstverantwortung, Kritik)

*Ihr Kind bemüht sich immer in übertriebener Weise, alles richtig zu machen, seine Pflichten zu erfüllen, alle Verbote und Anweisungen einzuhalten. Wenn man es kritisiert oder ihm Vorwürfe macht, bekommt es sogleich ein schlechtes Gewissen und verurteilt sich selbst. Der scheue Blick, das furchtsam eingezogene Genick, das übervorsichtige Verhalten oder die starken Skrupel, wenn es darum geht, einmal richtig über die Stränge zu schlagen und sich einen verbotenen Spaß zu gönnen, das alles zeigt, wie sehr es sich davor fürchtet, etwas Unerlaubtes zu tun oder „schlecht" zu sein. Daher vergewissert es sich, bevor es etwas Besonderes unternimmt, ob das auch erlaubt ist. Schon in der Kindheit kann man in ihm das zukünftige „anständige" Mitglied der Gesellschaft erkennen, das es nie wagen würde, eine Vorschrift zu ignorieren oder „unmoralisch" zu handeln.*

Ein solches Verhalten ist bei Kindern nicht natürlich. Normalerweise handeln sie spontan und unabgesichert, einfach aus Freude am Leben, ohne sich um Erlaubnisse und Verbote zu kümmern oder gleich ein schlechtes Gewissen zu bekommen, wenn sie einmal zu weit gegangen sind. Ihr Kind kann dies offensichtlich nicht mehr.

Gerade aber die Fähigkeit, dem inneren Drang zu folgen und die Hindernisse zu überwinden, die uns dabei im Wege liegen, ist eine Voraussetzung dafür, dass wir persönlich wachsen und uns verwirklichen können. Denn Wachstum - ob materiell und körperlich oder geistig und seelisch - entsteht überall dadurch, dass die jeweils bestehenden Grenzen erweitert werden. Besonders wichtig ist dies in Bezug auf jene Beschränkungen, die das Kind durch Verbote und Tabus auferlegt bekommt, da diese oft ihre Gültigkeit verlieren, wenn es größer wird. Dem Erwachsenen ist ja mehr erlaubt als dem kleinen Kind. Das bedeutet, dass sich ein Kind, um erwachsen zu werden, auch immer mehr erlauben und seine ständig zunehmenden Rechte in Anspruch nehmen muss. Nur indem es ununterbrochen versucht, seinen körperlichen und geistigen Lebensbereich zu erweitern, entwickelt es sich optimal und wird selbständig. Je weniger unüberwindbare Hindernisse man ihm dabei in den Weg legt, je weniger

Verbote und Befehle es dabei beachten muss, desto schneller kommt es in seiner persönlichen Entwicklung voran.

Viel hängt dabei von seiner Fähigkeit ab, sich notfalls auch gegen Widerstand, also besonders gegen die elterlichen Anweisungen und Forderungen, durchzusetzen. Es gibt sehr vitale, anspruchsvolle und kämpferische Kinder, die sich durch kaum ein Verbot von dem abhalten lassen, was sie sich in den Kopf gesetzt haben, und es gibt andererseits Kinder, die wegen ihrer zarten, nachgiebigen Veranlagung schneller an solchen Hürden scheitern und daher nicht alle ihre Anlagen entwickeln können. Sie machen oft einen kindlicheren Eindruck, als es ihrem Alter entsprechen würde, blühen aber unerwartet auf, wenn sie in ein toleranteres Milieu oder unter den Einfluss verständnisvoller Erzieher/innen kommen.

Es wäre also richtig, Vorschriften, die man dem Kinde macht, nicht nur nach ihrer Wichtigkeit, sondern auch nach der Widerstandskraft des Kindes zu bemessen. Manchmal muss die Grenze, die man ihm setzt, in seinem eigenen Interesse unüberwindbar sein (zum Beispiel bei Gefahren, die es nicht einschätzen kann); aber manchmal ist es besser, sie so zu gestalten, dass das Kind sie übertreten kann, wenn es sich wirklich bemüht. Denn dabei wird es selbständiger. Hat man ihm zum Beispiel das Benutzen eines bestimmten Gegenstandes untersagt (weil man meint, es könne damit Schaden anrichten) und stellt fest, dass es sich trotz (oder gerade wegen) des Verbotes damit beschäftigt und gut zurechtkommt, so wäre es besser, dies als Fortschritt zu akzeptieren, statt das Kind - nur aus Prinzip - wegen seines Ungehorsams zu bestrafen. Grundsätzlich kann man aber sagen, dass man möglichst versuchen sollte, ohne Verbote auszukommen und das Kind mit Hilfe seines Vertrauens und seiner Vernunft zu führen. Es sollte so viel Freiheit bekommen, wie überhaupt zu vertreten ist, natürlich unter Berücksichtigung seines eigenen Wohlergehens und der Rechte anderer.

Verbote, Befehle und Grenzen haben zwei grundlegende Eigenschaften, die wir beachten sollten: Sie sind für das Kind unnatürlich und ihre Missachtung hat unerfreuliche Folgen.

*Erstens:* Die Tatsache, dass man dem Kind etwas verbieten oder gebieten muss, zeigt, dass dies nicht seinen natürlichen Tendenzen und Wünschen entspricht, denn andernfalls würde es das Verlangte aus eigenem Antrieb oder jedenfalls, wenn man darum bittet, gerne tun. Eigentlich wäre es (abgesehen von extremen Ausnahmesituationen) richtig, von den Kindern nur das zu erwarten oder zu erwünschen, wozu sie von sich aus bereit sind. Oft hängt es nur von der Art ab, wie man auf das Kind zugeht und wie man die Aufgabe gestaltet, ob es Interesse an ihr findet oder sich verweigert. Kinder sind grundsätzlich für alles offen, was ihnen Spaß macht.

*Zweitens:* Normalerweise würden Verbote und Befehle am natürlichen Widerstand des Kindes scheitern, wenn man sie nicht mit einer schmerzlichen Gewaltmaßnahme oder Strafe verknüpfen würde. Das Kind merkt sehr schnell, dass es schlecht behandelt und bestraft wird, sobald es sich nicht so verhält, wie es von ihm verlangt wird. Die Strafe kann in körperlichen Züchtigungen und/oder psychischen Quälereien (zum Beispiel durch den Entzug der Zuwendung, durch Demütigung oder Freiheitsberaubung) bestehen. Je schmerzlicher sie ist, desto ernster wird das Kind das Verbot oder Gebot nehmen und desto größer wird seine Angst vor Übertretung oder Missachtung sein. Dabei spielt auch seine persönliche Empfindlichkeit für Leiden eine große Rolle. Robuste, kämpferische Kinder können deutlich mehr vertragen als empfindliche, liebesbedürftige, die man - wie vermutlich Ihr Kind - deshalb auch leichter durch eine strenge Erziehung unterdrücken kann. (Dafür reagieren sie sensibler auf eine verständnis- und liebevolle Führung.)

So funktioniert die übliche autoritäre Erziehung: Zuerst verlangt man vom Kind etwas, das ihm widerstrebt; deshalb widersetzt es sich; daraufhin fügt man ihm einen (körperlichen oder psychischen) Schmerz zu und macht ihm klar, dass dieser so lange anhalten oder wiederholt wird, bis es sich unterwirft und gehorcht; dieses Verfahren wiederholt man so oft, bis das Kind gelernt hat, dass Widerstand zwecklos und schmerzlich ist, und in Zukunft gehorcht. Damit ist das Ziel erreicht, das Kind verhält sich wie gewünscht. Wenn man es schafft, durch schmerzliche Strafen und Furcht erregende Strafandrohungen seine persönlichen Wünsche und Bedürfnisse stark zu unterdrücken, wird es zum „wohlerzogenen" Kind, das nie aufmuckt und immer sogleich tut, was man von ihm verlangt.

Das gelingt aber nur selten. Meist bleiben seine unerfüllten Wünsche als ständiger Unruheherd in seiner Psyche bestehen und treiben es von Zeit zu Zeit dazu, ungehorsam zu werden und etwas zu tun, was es nicht darf. Gleichzeitig weiß es, dass dafür die Strafe „auf dem Fuße folgen" wird. Ein sehr robustes, kämpferisches Kind reagiert darauf wahrscheinlich trotzig und ein sehr freiheitsliebendes, mutiges flieht vielleicht von zu Hause. Normalerweise aber bleibt dem Kind nichts anderes übrig, als sich auf die Strafe gefasst zu machen; es fürchtet sich davor und leidet im Voraus. Man erkennt schon von ferne, dass es „etwas ausgefressen" hat: zum Beispiel am eingezogenen Genick, am furchtsamen Blick und an seinem Versuch, sich unauffällig an den Eltern vorbeizudrücken.

Diesen Zustand, in dem es sich vor der Strafe fürchtet, nennt man „ein schlechtes Gewissen". Er zeichnet sich dadurch aus, dass das Kind seelische Qualen erleidet, ohne sich dagegen wehren zu können - es schmort sozusagen im eigenen Saft -, und ist wesentlich quälender als die Bestrafung selbst, gegen die es sich immerhin irgendwie, zum Beispiel durch Geschrei oder Gestrampel, wehren kann.

Besonders stark wird dieses Leiden, wenn die Bestrafung in Psychoterror besteht, nämlich im Entzug der Zuwendung. Denn da das Kind - vor allem, wenn es noch klein und hilflos ist - ohne die Zuwendung seiner Bezugspersonen keine Überlebenschancen hat, empfindet es Liebesentzug als lebensbedrohlich. Daher wird das schlechte Gewissen umso quälender, je schmerzlicher die zu erwartende Strafe ist, das heißt: je mehr es auf Grund seiner bisherigen Erfahrungen mit Liebesentzug rechnen muss.

Wegen seiner hohen Effektivität gehört das Schuldgefühl zu den wichtigsten Instrumenten der üblichen autoritären Erziehung. Kaum eine andere Maßnahme ist so effektiv darin, jemanden „fertig" zu machen. Besonders wirkungsvoll ist dabei der moralisierende Begriff des „Gewissens", der den Eindruck erweckt, es sei das *Wissen,* eine Art göttliches Gebot übertreten zu haben, das uns bedrückt und ängstigt. Dadurch bekommt die zu erwartende Strafe eine andere, gewissermaßen übermenschliche Dimension. Man bringt dem Kind schon früh bei, dass es einen „lieben" Gott gebe, der alles sieht und weiß und darüber wacht, ob es auch alle Gebote und Verbote (die ihm die Eltern und Erzieher geben!) einhält, und der es widrigenfalls unnachsichtig bestraft. Während es sich gegen die Strafe der Eltern noch irgendwie wehren oder vor ihr fliehen kann, ist dies bei einer göttlichen Strafinstanz nicht möglich, es ist ihr wehrlos ausgeliefert.

Dadurch, dass die strafende Instanz in die übermenschliche Dimension verlegt wurde, bleibt sie auch dann noch wirksam, wenn das Kind erwachsen wird. Das schlechte Gewissen des Kindes und seiner Furcht vor der elterlichen Strafe wird zum Schuldgefühl des Erwachsenen, der sich davor fürchtet, von einem allwissenden göttlichen Wesen für seine „Sünden" bestraft zu werden - zum Beispiel in Form einer Krankheit, eines Unglücks oder des Verlustes seines Seelenheils. Dieses unheimliche Gefühl, einer höheren Instanz auf Gedeih und

Verderb ausgeliefert zu sein, macht es ihm unmöglich, selbstverantwortlich zu handeln und zu erkennen, dass dieser moralisierende Gott das Produkt des menschlichen Geistes und einer autoritären Erziehung ist. Den wahren „Gott", der über jeder menschlichen Moral und Vorstellung steht und der sich in der Liebe, der Freude und im Leben offenbart, kann er so nicht finden.

Normalerweise tut ein Kind fröhlich und unschuldig, worauf es Lust hat, bis es mehr und mehr erfährt, dass bestimmte Dinge verboten sind und dass man bestraft wird, wenn man sie dennoch tut. Dieses schmerzliche Erlebnis wird noch dadurch verstärkt, dass es für ein gesund empfindendes Kind absolut unverständlich ist, *wieso Freude Schmerz hervorrufen kann.* Es folgt doch in seinem Verhalten immer nur ganz unschuldig seinem natürlichen Drang nach Selbstverwirklichung. „Warum werde ich für etwas bestraft, das mir Spaß macht, und noch dazu von Menschen, die ich liebe?" Diese unbeantwortbare Frage stürzt es in einen tiefen, seine ganze Lebenseinstellung erschütternden Konflikt, den es niemals wirklich lösen kann. Auch wenn es mit ihm zu leben lernt, bleibt in seinem Gefühlsgrund die ängstliche Erwartung, für sein Glück leiden zu müssen; diese macht es nicht nur verzichtbereit, sondern auch teilweise unfähig, unbeschwerte Lebensfreude zu empfinden.

Je empfindlicher, wehleidiger oder ängstlicher ein Mensch ist, desto schmerzlicher empfindet er Strafe. Dementsprechend sind es vor allem die zarten, liebebedürftigen Kinder, die nicht nur unverhältnismäßig schwer unter ihrem schlechten Gewissen leiden, sondern auch sehr schnell eines bekommen.

Das schlechte Gewissen ist auch deshalb so wirkungsvoll, weil es sich schon mit geringem Aufwand aktivieren lässt: Ein Vorwurf (in dem ja immer eine Strafdrohung liegt) genügt bereits, um das Kind zu einem bestimmten Verhalten zu zwingen. Man braucht sich dadurch oft gar nicht die Mühe einer echten Bestrafung zu machen. Darüber hinaus hat es noch eine besonders destruktive Eigenschaft: Wenn es einmal in der Psyche des Kindes etabliert ist, funktioniert es automatisch, ohne dass man von außen noch etwas unternehmen muss. Denn das Kind macht sich sein schlechtes Gewissen selbst, wenn es „gesündigt" hat. Der Feind (jene Tabus, Moraldogmen, Verbote oder Gebote, mit denen es programmiert wurde) sitzt sozusagen in seinem Inneren und steuert sein Verhalten, ohne dass es sich dagegen wehren kann.

Man muss es sich wirklich einmal ganz klar machen: Jedes Mal, wenn wir durch unsere Vorwürfe einem Kind ein schlechtes Gewissen machen, quälen wir es vorsätzlich und treten es seelisch nieder. Wir wollen, dass es zu Kreuze kriecht, sich „entschuldigt" und sich „bessert" - dass es also in Zukunft tut, was wir wollen und für richtig halten.

Sind wir aber wirklich im Besitz der großen Wahrheit und handeln wir tatsächlich immer so gut, dass wir von den Kindern solchen Gehorsam verlangen dürfen? Oder anders gefragt: Wäre es nicht besser, wenn sie lernen würden so zu handeln, wie sie es vor sich selbst verantworten können? Ist es nicht auch so, dass wir uns oft nur deshalb in einer bestimmten Weise verhalten, weil wir uns vor moralischer Verurteilung und Verfolgung fürchten, dass wir unser Leben an dem orientieren, was allgemein als „gut" gilt, statt an dem, was wir selbst für gut halten, dass wir bestimmte Bereiche unseres eigentlichen Wesens unterdrücken, weil man sie uns von klein auf als schlecht dargestellt hat, und dass es uns schwer fällt, für unsere Überzeugung einzustehen, weil wir unter Schmerzen gelernt haben, mit den Wölfen zu heulen und die Verantwortung für unser Tun an andere zu delegieren?

Solange ein Mensch aus schlechtem Gewissen und aufgezwungener Moral handelt, kann er keine Selbstverantwortlichkeit entwickeln. Er richtet die Frage: „Handle ich gut und richtig?" nicht an sich selbst, sondern an andere, er verantwortet sich nicht vor sich selbst, sondern vor jenen Menschen und Instanzen, deren Strafe er fürchtet. Ob man die Untaten der Befehlsempfänger und Schreibtischtäter oder die kollektiven Gräueltaten betrachtet, über die die Täter hinterher betroffen sind, fast immer waren sie nur deshalb möglich, weil Menschen ihre Selbstverantwortung aufgegeben hatten.

Ihr Kind hat sich anscheinend die Strafen, die es erlebt hat (vielleicht Kritik, Vorwurf oder Liebesentzug), so zu Herzen genommen, dass es sich nun in übertriebener und unangemessener Weise davor fürchtet. Sein Verhalten steht unter dem Motto: „Erlaubt oder verboten?" und wird mehr oder weniger von der untergründigen Angst vor Bestrafung gesteuert. Es versucht alles, um sie zu vermeiden. Damit geht es zwar manchem potentiellen Leid aus dem Wege, ist aber, wie man sieht, in seinem persönlichen Entwicklungsspielraum eingeschränkt. Trotz dieser Vorsicht gelingt es ihm aber nicht immer, ganz tadellos zu sein, weil ja dennoch etwas von seinem eigenständigen Wesen in ihm lebendig ist. So leidet es unter seinem schlechten Gewissen, und dies sogar dann, wenn gar keine Bestrafung erfolgt.

Um Ihrem Kind aus seiner Fehlhaltung herauszuhelfen, sollten Sie sich zunächst bemühen, nichts von ihm zu verlangen, was ihm zu sehr gegen den Strich oder über seine Leistungsfähigkeit geht, weil dann sein Versagen oder sein Widerstand - und damit automatisch Schuldgefühle - schon vorprogrammiert wären. *Und natürlich sollten Sie versuchen, ihm auf keinen Fall mehr ein schlechtes Gewissen zu machen.* Darüber hinaus braucht Ihr Kind Ihre Unterstützung, um aus seinem Schulddenken herauszukommen. Das Wichtigste wird dabei Ihr gutes Beispiel sein. Wenn Ihr Kind bei Ihnen sieht, dass man ohne schlechtes Gewissen seine Meinung sagen und „Fehler" machen, dass man sich selbst treu bleiben und handeln darf, wie man es vor sich selbst verantworten kann, wird es mehr Mut, innere Klarheit und persönliche Kraft entwickeln können.

Es sollte auch den Unterschied zwischen dem kollektiven und dem persönlichen Gewissen kennen lernen, der dem Unterschied zwischen Verantwortung und Selbstverantwortung entspricht. Wenn wir das Gewissen als innere Instanz betrachten, die uns sagt, was gut und richtig ist, so teilt uns das *kollektive* (anerzogene) *Gewissen* mit, was die Gesellschaft für richtig hält, und das *persönliche Gewissen,* was für uns selbst richtig ist und worin unsere persönliche Bestimmung liegt.

Wir haben vorhin festgestellt, dass das schlechte Gewissen nichts anderes ist als die Furcht vor einer Strafe. Es bedeutet also beim unselbständigen Kollektivmenschen Furcht vor der gesellschaftlichen Verfolgung und beim selbständigen Einzelmenschen Furcht vor dem durch Selbstverrat hervorgerufenen Schmerz. Das gute Gewissen entsteht demnach im ersten Fall durch gesellschaftskonformes Verhalten und im zweiten dadurch, dass man sich selbst treu bleibt.

Solange wir nicht sehr klar und bewusst sind, leben wir normalerweise aus dem Kollektivgewissen, weil wir von klein auf lernen mussten, uns an den Forderungen der Gemeinschaft - vertreten durch die Eltern und Erzieher - zu orientieren. Im Grunde bleibt uns fast gar keine andere Wahl, als unsere eigenen seelischen Bedürfnisse zu unterdrücken, solange sie nicht der offiziellen Moral entsprechen. Man kann niemandem einen Vorwurf dafür machen - eines aber steht fest: Für einen Menschen, der in einem toleranten, verständnisvollen Milieu aufwachsen durfte und dessen persönliche, individuelle Rechte schon in der Kindheit respektiert wurden, ist es eine Selbstverständlichkeit, aufrecht zu sich zu stehen und nur im Notfall Kompromisse zu machen.

Natürlich gibt es dabei Grenzen, die man beachten muss, um nicht wesentliche Rechte anderer zu verletzen oder zu sehr verfolgt zu werden. Es geht ja nicht darum, gegen jeden Missstand zu opponieren und sich überall Feinde zu machen, sondern um die Fähigkeit, *sich selbst gegenüber ehrlich zu bleiben*. Und es ist auch ein großer Unterschied, ob wir uns - innerlich ungebrochen - deshalb beugen, weil wir die *Aussichtslosigkeit* eines Widerstandes klar erkennen, oder ob wir dies nur aus gewohnheitsmäßiger Angst vor Kritik, Ablehnung oder Verurteilung und ohne wirklich zwingenden Grund tun.

(Die Lösung der hier besprochenen Problematik kann mit den Bach-Blüten-Essenzen *Pine* und evtl. *Star of Bethlehem, Rock Water, Crab Apple oder Floriplex Nr. 2* gefördert werden. Nähere Informationen hierzu in meinem Buch „Heile dein Kind mit Bach-Blüten".)

# TRAUER
(Heimweh, Wunde, Verletzung, Verlust, Beziehungen, Erinnerung, Existenzebenen)

*Ihr Kind ist traurig, weil es etwas verloren hat, das ihm viel bedeutete – vielleicht einen lieben Menschen, ein Tier, ein besonderes Spielzeug -, oder weil es sich nach seinem Zuhause oder einer Umgebung sehnt, in der es sich wohl gefühlt hat. Jedenfalls hat es seine bisherige Fröhlichkeit verloren, sieht blass aus, hat keine Lust zum Spielen und wenig Appetit. Vielleicht weint es auch manchmal still vor sich hin, kränkelt oder gedeiht nicht mehr richtig.*

Ob dieser Zustand erst vor ein paar Tagen eingetreten ist oder ob er schon seit längerer Zeit besteht, auf jeden Fall ist deutlich, dass Ihr Kind unter einer seelischen Wunde leidet, die durch einen Verlust hervorgerufen wurde.

Solche Wunden kann man zwar nicht sehen, doch gleichen sie in ihrem Wesen jenen körperlichen Verletzungen, die beim Abreißen eines Gliedes oder beim Herausschneiden lebendigen Gewebes entstehen. Denn seelischer Verlust bedeutet, dass ein Teil unseres Gefühlskörpers, der vor allem aus unseren Gefühlsbeziehungen besteht, mit Gewalt abgetrennt wurde. Unsere Beziehungen gleichen den Wurzeln der Pflanze. Wir beziehen über sie einen wesentlichen Teil jener „Nahrung", von der unsere Seele lebt: Liebe, Vertrauen, Hoffnung, Freude, Erkenntnis. Eine Pflanze, die tief in der Erde verwurzelt ist, erleidet, wenn man sie herauszieht, schwerere Verletzungen als eine, die nur oberflächliche Wurzeln besitzt. Ähnlich ist es bei uns Menschen. Der gewaltsame Verlust einer tiefen Beziehung kann uns so verletzen, dass wir vielleicht nicht mehr weiterleben können, während das Ende einer nur oberflächlichen Bekanntschaft uns nicht besonders trifft.

Nicht nur bei der Pflanze gibt es unterschiedliche Verwurzelungen, sondern auch beim Menschen. Während der eine - meist von introvertiertem Charakter - immer tief gehende und ernste Beziehungen (nicht nur zu Menschen, sondern auch zu Tieren, Pflanzen und Dingen) aufnimmt, bevorzugt der Extravertierte die leichten, eher unverbindlichen Kontakte. Das heißt aber auch, dass dieser die unerwarteten Veränderungen in seinem Leben leichter verkraften kann als jener, dem dabei zu viele Wurzeln zerrissen werden.

Ihr Kind gehört anscheinend zu jenem Menschentyp, der bei jedem Verlust viel verliert und dem es außerdem schwer fällt, sich Ersatz zu verschaffen, um die seelische Wunde zu schließen. Denn genauso wie körperliche Verletzungen am schnellsten heilen, wenn man entweder die Wundränder genau zusammenfügt oder einen eventuellen Defekt sogleich durch Wiedereinsetzen des abgetrennten oder eines ähnlichen Gewebes rückgängig macht, so heilt die Wunde einer verlorenen Beziehung am besten dadurch, dass man eine neue, gleichwertige oder ähnliche aufnimmt. (Das ist im Prinzip deshalb möglich, weil die Psyche nach einem Verlust sogleich nach Ersatz sucht.) Andernfalls schließt sie sich nur langsam und hinterlässt - in der Psyche wie am Körper - eine Narbe.

Verlustschmerzen sind nicht nur seelisch bedingt, sondern haben auch eine körperliche Grundlage. In jede unserer Zellen ist der kompromisslose Widerstand gegen Verletzung und Tod einprogrammiert und alles in unserem Organismus wehrt sich gegen das Ende. Deshalb - mögen wir in unserer Bewusstheit auch noch so weit fortgeschritten sein - können wir es auf der Ebene unserer Gefühle nicht akzeptieren, wenn wir etwas Erfreuliches durch Zerstörung oder Tod verlieren. Wir empfinden da eine Art Wundschmerz, eine gewissermaßen körperliche Trauer, die meist dadurch verstärkt wird, dass wir dabei auch ein schmerzendes Verlustbewusstsein entwickeln. So hat das, was wir üblicherweise als Trauer bezeichnen, eine körperlich-gefühlsmäßige und eine seelisch-geistige Komponente.

Während uns körperlicher Schmerz darauf aufmerksam macht, dass bestimmte, naturgegebene Bedingungen nicht eingehalten werden (beispielsweise die normale Körpertemperatur), zeigt uns der seelische Schmerz, dass die Wirklichkeit nicht unseren (geistigen) Wünschen, also jenen Bedingungen, die wir selbst gesetzt haben, entspricht. Hier wie dort besteht also eine Diskrepanz zwischen Ist und Soll. Der entscheidende Unterschied liegt aber darin, dass wir die Gesetzmäßigkeiten unseres Körpers nur sehr wenig beeinflussen können, unsere Erwartungen und Ansprüche an das Leben aber durchaus. Das heißt, wir können jenen Leidensanteil an unserer Trauer, der seelisch bedingt ist, dadurch auflösen, dass wir *innerlich loslassen* und akzeptieren, dass das Verlorene nun einmal verloren ist. Dies ist ein wesentlicher Aspekt jeder Lebenskunst.

Sobald es uns gelingt, den Verlust anders zu sehen - zum Beispiel als Neubeginn, als persönliche Prüfung oder als Gottes wohlgemeinte Fügung -, leiden wir nicht mehr darunter. (Höchstens besteht dann im Gefühlsbereich noch ein gewisser, körperlich gefühlter Wundschmerz, der aber bald abklingt, wenn er nicht mehr durch negative Gedanken angefacht wird.) Wir alle wissen aus Erfahrung, dass unsere seelischen Schmerzen, zum Beispiel Enttäuschung, Selbstmitleid, Eifersucht, Depression usw., in dem Augenblick nachlassen, in dem wir die Wirklichkeit („das Schicksal") akzeptieren, indem wir also „ja" statt „nein" sagen. Am glücklichsten sind jene Menschen, die immer nur das wollen, was sie tatsächlich auch bekommen.

In diesen unterschiedlichen Schmerz- und Leidensqualitäten begegnen wir wieder der geheimnisvollen Tatsache, dass sich unsere Existenz gewissermaßen auf zwei Ebenen abspielt: auf der irdisch-körperlich-vergänglichen und der transzendent-geistig-ewigen. Auf der körperlichen wehren wir uns gegen Tod und Verlust, weil sie unser irdisches Ende bedeuten, während wir uns auf der seelischen, auf der es keine Begrenzung durch Raum und Zeit gibt, darüber erheben und sogar etwas Positives daraus beziehen können, zum Beispiel Erkenntnis, Freiheit, zeitlose Zukunft.

Leben bedeutet nicht nur Wachsen und Expandieren, sondern auch Sich-Verändern und Erneuern. Bestehendes verschwindet und Neues tritt an seine Stelle. Wenn wir aus diesem lebendigen Prozess auszuscheren versuchen und nicht wahrhaben wollen, *dass alles, was uns verlässt und was wir verlieren, seinen Sinn erfüllt hat und nun durch etwas Besseres oder Richtigeres ersetzt wird,* überfällt uns Traurigkeit.

Sie zeigt, dass wir irgendwo auf unserem Weg stecken geblieben und in Bezug auf unser Leben nicht auf dem Laufenden sind. Da sie uns nicht nur daran hindert, das Schöne, das wir erlebt haben, in uns lebendig weiterklingen zu lassen, sondern uns auch blind für die Gegenwart macht, ist sie die negative Form der Erinnerung. Zwar vergeht und entschwindet alles irgendwann aus unserem Leben, verloren aber geht es uns nur dann, wenn wir uns seiner nicht mehr mit Freude erinnern können. Deshalb sollten wir dem Vergangenen nicht nachtrauern, sondern es in positiver Form in Erinnerung behalten. Dadurch wird das Schöne, das wir besaßen und erlebten, zum unverlierbaren, inneren Reichtum, zur lebendigen Vergangenheit und zum erfreulichen Hintergrund der Gegenwart. Eltern, die dies können, geben ihrem Kind ein gutes Beispiel von unschätzbarem Wert — es lernt dadurch, das Leben von der positiven Seite zu sehen und Vertrauen in das Schicksal oder die Zukunft zu haben.

Es wäre gut, wenn Sie Ihrem Kind zeigen könnten, wie man mit Verlusten umgeht. Es sollte lernen beziehungsweise sich angewöhnen, im Leben stets und unter allen Umständen auf den erfreulichen Aspekt zu achten, der ja auch immer vorhanden ist, und es sollte unabhängiger werden von anderen - vielleicht auch von Ihnen. Machen Sie ihm Mut, die Welt in kleinen Schritten zu erkunden und zu anderen Menschen Kontakt aufzunehmen. Auch die Entwicklung seines natürlichen religiösen Gefühls könnte ihm mehr Geborgenheit in der Welt geben - heißt es doch: „Man kann nicht tiefer fallen als in Gottes Hand." Lehren Sie Ihr Kind, im Leben zu stehen wie in einem angenehm fließenden Fluss: das vorbeifließende Wasser zu genießen, nicht aber dem vorbeigeflossenen nachzutrauern.

Das gilt auch für das Heimweh, das eine spezielle Form der Trauer darstellt. Wenn wir unter ihm leiden, haben wir etwas verloren: unser Zuhause, unsere gewohnten Lebensbedingungen, unser warmes Nest, in dem es uns so gut ging, eine Beziehung, in der wir geborgen waren. Wir können in der neuen Lebenssituation nicht heimisch werden, keinen erfreulichen Kontakt zur neuen Umgebung und zu anderen Menschen herstellen, fühlen uns einsam und verlassen.

Hierzu neigen besonders die empfindsamen und etwas ängstlichen Kinder, die sich sehr tief und intim in ihrer Umwelt verwurzeln. Wenn diese Wurzeln *gewaltsam* ausgerissen werden - indem die Kinder zum Beispiel gegen ihren Willen in ein Landschulheim oder Internat geschickt, in eine andere Familie abgegeben, ins Krankenhaus eingeliefert werden, oder indem ein geliebter Mensch aus ihrem Leben verschwindet -, können sie erhebliche seelische Verletzungen erleiden; dies kann man zum Beispiel an ihrer gedrückten Stimmung, dem traurigen Gesicht, der Appetitlosigkeit und der labilen Gesundheit erkennen. Für solche Kinder wiederholen sich tragischerweise derartige Verletzungen leicht, weil sie ja so verletzlich sind und von Mal zu Mal verletzter werden. Sie brauchen ein echtes Zuhause, eine absolut verlässliche, unverlierbare Beziehung, damit sie sich nicht zu jenen immer etwas traurigen Menschen entwickeln, die ihr Leben lang an einem „Heimweh nach Liebe" leiden.

Ihr Kind ist vielleicht noch nicht in jener Lebensphase, in der man lernen kann, bewusst mit Verlust umzugehen. Es ist einfach traurig, fühlt sich verlassen. Sein Verhalten zeigt, wie wenig Sicherheit und Lebensvertrauen es besitzt, wie wenig es sich in der Welt zuhause fühlt, wie klein im Grunde jenes Plätzchen ist, an dem es sich geborgen fühlt.

Also werden Sie ihm viel Liebe geben und ihm in dieser Not in jeder Weise entgegenkommen. Es darf sich ausweinen, darf zu Ihnen ins Bett, wenn es will, und es wird sehen, dass Sie es verstehen. Es darf wieder nach Hause kommen, wenn es unter starkem Heimweh leidet, und niemand sagt zu ihm: „Du musst jetzt ganz tapfer sein", denn das wäre ein zusätzliches Verstoßen. (Sie könnten es auf die nächste Reise besser vorbereiten, indem Sie es ein paar Tage begleiten, bis es Vertrauen gefasst und sich akklimatisiert hat, oder indem Sie es in Form kleiner Abwesenheiten von Zuhause daran gewöhnen.) Falls es aber seine Mutter oder seinen Vater - durch Tod oder Trennung - verloren hat, wäre es gut, wenn Sie - zusätzlich zu der vermehrten Zuwendung - versuchen würden, ihm baldmöglichst einen guten Ersatz zu beschaffen, vielleicht ein Tier, am besten aber eine neue Bezugsperson.

(Die Lösung der hier besprochenen Problematik kann mit den Bach-Blüten-Essenzen *Honeysuckle* und (evtl.) *Star of Bethlehem, Gorse, Walnut* oder *Mustard* oder *Floriplex Nr.10* oder *Nr.21* gefördert werden. Nähere Informationen hierzu finden Sie in meinem Buch „Heile dein Kind mit Bach-Blüten".)

## ÜBEREMPFINDLICHKEIT
(Wehleidigkeit, Verletzlichkeit, Abhärtung)

*Ihr Kind ist überempfindlich. Wie eine Schnecke, die ihre Fühler bei jeder Berührung erschreckt zurückzieht, tastet es sich vorsichtig durchs Leben - immer prüfend, ob auch keine Unannehmlichkeit droht. Infolgedessen ist es nicht nur sehr wehleidig gegenüber Schmerzen aller Art, sondern hat auch übertriebene Angst vor allem Unbekannten.*

Eine solche Überempfindlichkeit ist der Ausdruck einer sehr empfindsamen Veranlagung, die durch schlechte Erfahrungen krankhaft übersteigert wurde. Empfindsame Menschen sind dünnhäutig und verletzlich, sie leiden oft unter Lebensumständen, die anderen nichts ausmachen. Deshalb muss man ihre schmerzerfüllten Reaktionen ernst nehmen und ihre Überempfindlichkeit als Schutzmaßnahme verstehen. Überempfindliche Kinder schreien oft vorsichtshalber ein bisschen früher und lauter als nötig, wenn sie Schmerz befürchten, und machen um alle potentiell unangenehmen Umstände einen großen Bogen.

Damit schützen sie sich einerseits vor Leiden, grenzen sich aber andererseits teilweise aus dem Leben aus, das nun einmal auch aus Prüfungen und Belastungen besteht, und erwerben gerade das nicht, was sie am dringendsten brauchen: ein „dickeres Fell", eine stärkere Belastbarkeit, eine höhere Widerstandskraft.

Ein zartes Kind, das man zu sehr schont, wird verzärtelt; ein empfindsames Kind, das sich den Herausforderungen seines Lebens nicht stellt, wird überempfindlich und lebensschwach; ein Kind, das man zu sehr bemitleidet, wird wehleidig. Für Kinder mit dieser Mentalität ist es daher nicht in jedem Fall gut, wenn sie von allem Unangenehmen abgeschirmt werden. Sie müssten lernen, Belastungen etwas mehr zu widerstehen, Gefahren besser einzuschätzen und sich notfalls auch einmal auf einen kleinen Kampf einzulassen. Bei ihnen gilt das Wort „Gelobt sei, was hart macht!" - allerdings nur *in vorsichtiger Dosierung*, denn ihre Dünnhäutigkeit und grundsätzliche Empfindlichkeit bleibt ihnen. Es geht also nicht darum, aus Ihrem Kind einen robusten Draufgänger zu machen, sondern sein brachliegendes Mut- und Kraftpotential zu wecken, das zu verkümmern droht. Dabei muss man sehr genau darauf achten, dass seine zarte Seele nicht durch zu starke Belastungen geschädigt wird. Dennoch: Wachstum besteht darin, dass bestehende Grenzen übertreten werden, dass Neuland beschritten, dass etwas gewagt wird. Mut, Kraft und psychische Belastungsfähigkeit müssen täglich trainiert und erweitert werden, wenn man mit dem Leben zurechtkommen will.

Sie könnten jene Situationen, vor denen es - obwohl ungefährlich - routinemäßig kneift, dazu benutzen, ihm seine unbegründete Reaktion bewusst zu machen, wobei es nützlich wäre, an sein Selbstwertgefühl zu appellieren; oder Sie könnten ihm auch bei passender Gelegenheit kleine Belastungsproben zumuten und ihm nicht immer gleich zu Hilfe kommen. Dieses Verfahren ist eine Art seelischer Kneipp-Kur, bei der wiederholte, *maßvolle* Reize mit „kaltem Wasser" einen Abhärtungseffekt erzeugen. Dabei nimmt die Fähigkeit, sich Unannehmlichkeiten zu stellen, zu und die Gewohnheit, sogleich übertrieben empfindlich zu reagieren, nimmt ab. Voraussetzung dafür ist allerdings ein intaktes Vertrauensverhältnis, das Ihrem Kind — wie das Netz dem Seiltänzer - die Sicherheit gibt, bei echter Gefahr beschützt zu werden. Sie könnten auch Spiele mit ihm veranstalten, bei denen es gilt, etwas zu riskieren: *Wer wagt, gewinnt - wer nicht wagt, kann nicht gewinnen.* Erfolgserlebnisse stärken das Selbstvertrauen und motivieren zu mehr Erfolg. Ihr Kind wird feststellen, dass die Realität längst nicht so schlimm ist, wie es fürchtet, und dass es mehr durchstehen und erreichen kann, als es glaubt.

(Die Lösung der hier besprochenen Problematik kann mit den Bach-Blüten-Essenzen *Agrimony* und *Mimulus* und evtl. mit *Aspen* und *Gentian* gefördert werden. Nähere Informationen hierzu finden Sie in meinem Buch „Heile dein Kind mit Bach-Blüten".)

## ÜBERFORDERUNG
(Flucht in die Krankheit, Körpersprache, Leistung)

*Ihr Kind scheint sich überfordert zu fühlen. Wahrscheinlich haben Sie schon seit einiger Zeit den Eindruck, als ob etwas auf ihm laste, denn es ist zu selten froh und unbeschwert. Vielleicht klagt es, dass ihm seine Aufgaben und Pflichten oder auch eine bestimmte Arbeit zu schwer seien, vielleicht aber deutet es sein Problem nur mit allgemeinen Bemerkungen an wie: „Wenn ich nur nicht in die Schule müsste!" oder „Wenn nur die Woche schon herum wäre!" Oft steht es morgens unlustig auf oder zeigt die Tendenz, sich in eine selbst geschaffene, heile Traumwelt zu verziehen. Möglicherweise wird es auch immer wieder einmal ohne erkennbaren Grund krank - zwar nicht so schwer, dass man Bedenken haben müsste, aber doch immerhin genug, dass man ihm einen oder zwei Ruhetage nicht versagen kann. Dies geschieht vor allem dann, wenn in der Schule besondere Arbeiten oder Prüfungen anstehen, oder vor anderen Situationen, in denen es etwas leisten muss. Vielleicht ist Ihnen dabei schon der Ausdruck „Flucht in die Krankheit" in den Sinn gekommen.*

Warum Ihr Kind sich so verhält, lässt sich - zumindest bei oberflächlicher Betrachtung - nicht recht verstehen, denn seine Belastungen sind nicht größer als die anderer Kinder. Da es trotz allem Stöhnen doch immer leistet, was von ihm verlangt wird, und auch in der Schule mitkommt, neigen Sie vielleicht dazu, seine Unlust oder seine Klagen nicht ernst zu nehmen, sondern sie als Drückebergerei und mangelndes Leistungsbewusstsein abzutun.

Damit würden Sie den Fehler vieler Erwachsener machen, die ihre eigene Lebenseinstellung auf das Kind übertragen und sich deshalb nicht vorstellen können, wieso ihm eine bestimmte Situation unerträglich oder Angst erregend ist, wieso ein Geschenk, das sie mit großer Freude ausgesucht haben, bei ihm „durchfällt", wieso ein Spiel, an dem sie selbst Spaß haben, als langweilig abgetan wird oder eine ihnen leicht fallende Arbeit dem Kind zu schwer ist.

Liebe, Achtung und Verantwortung sind die Voraussetzungen für einen guten Umgang mit Kindern. Die Achtung bedeutet in diesem Zusammenhang, dass man das Kind in seiner Aussage ernst nimmt, und die Verantwortung verlangt, dass man für Abhilfe sorgt. Die Aussagen eines Kindes bestehen aber nicht nur in Worten, sondern auch in dem, was es zum Beispiel mit seiner Körperhaltung, seinem Minenspiel, seinem Verhalten und natürlich auch mit der gesundheitlichen Verfassung, dem Schlaf, dem Appetit und den Stimmungen ausdrückt. Diese nonverbalen Mitteilungen sind meist viel wichtiger, weil sie unmittelbarer sind. Zum Beispiel können Überforderung und Erschöpfung sich in einem gebeugten Rücken, in müden Bewegungen, Schlafbedürfnis, Unlust, Drückebergerei, in einem gequälten Gesichtsausdruck, Kontaktunfähigkeit, Schlaflosigkeit, unklarer Kränklichkeit oder in Wachstums- und Entwicklungsstörungen ausdrücken. Im Grunde kann nur ein Kind, das Freude am Leben hat, gesund und leistungsfähig sein.

Ihr Kind hat Ihnen direkt oder verschlüsselt mitgeteilt, dass es sich überfordert fühlt, dass ihm etwas oder alles zu viel ist. Um ihm helfen zu können, müssten Sie wissen, warum das so ist. Wenn es weiß, dass Sie es verstehen und ernst nehmen werden, wird es Ihnen ziemlich deutlich sagen, wo der Schuh drückt. Bekommt es allerdings Antworten wie: „Ach, das ist doch nicht so schlimm! Das schaffst du schon ... Wir hatten es noch viel schwerer ...", dann wird es bald verstummen und instinktiv den Weg der nonverbalen Mitteilung einschlagen, notfalls sogar in eine Krankheit flüchten. Oft ist diese für das Kind - übrigens auch für den Erwachsenen - die einzige Möglichkeit, „Gnade vor Recht" zu bekommen; oft müssen erst ernsthafte Schäden auftreten, damit man es ernst nimmt. Psychische Leiden werden ja auch heute immer noch zu selten den körperlichen gleichgestellt.

Irgendwie spielt da auch das christliche Schuld- und Verzichtdenken hinein, demzufolge es angesichts des Leides in der Welt eine Sünde sei, wenn jemand es sich gut gehen lasse. Dabei wird aber übersehen, dass nur aus der Freude etwas Gutes entstehen kann. Wenn Ihr Kind gezwungen wird, weiter so zu leben, wird es eines Tages zu jenen ständig sich überfordernden und sich überfordern lassenden „Stressmenschen" gehören, die neben ihren Aufgaben und Pflichten keine Kapazität mehr für den Mitmenschen und keine Kraft für eine persönliche Entwicklung haben, von Lebensfreude ganz zu schweigen.

Zurück zu der Frage, wieso Ihr Kind in diesen Zustand kommen konnte. Wahrscheinlich kombiniert sich dabei ein äußerer, objektiver mit einem inneren, subjektiven Faktor.

Der äußere dürfte in irgendeiner zu erbringenden Leistung bestehen: bestimmte Aufgaben, eine Prüfung, eine belastende Schulsituation, ein familiäres Problem oder ein selbst gewähltes Ziel. Solche objektiven Probleme lassen sich - im Gegensatz zu den subjektiven -

praktisch lösen, indem die zu hohe Hürde einfach beiseite geräumt wird. Deshalb sollte Ihr Kind von Aufgaben und Pflichten freigestellt werden, die es deutlich belasten. So wäre es sicher richtig, es zu Hause zu lassen, wenn es sich gelegentlich unter einem fadenscheinigen Vorwand vor der Schule zu drücken versucht. Passiert dies allerdings öfter, so müsste man nach dem Grund forschen, weil das ja keine Dauerlösung sein kann. Vielleicht überfordern Lehrer Ihr Kind durch zu hohen Leistungsdruck oder durch unfreundliche Behandlung; darüber sollten sie dann aufgeklärt werden. Normalerweise kann man von Lehrern erwarten, dass sie sich auf das Kind einstellen und ihm entgegenkommen; anderenfalls müsste man einen Schulwechsel ins Auge fassen.

Der innere Faktor besteht in der Art Ihres Kindes, mit seinen Lebensumständen umzugehen. Hier können Unzulänglichkeitsgefühle, die ihm jede Aufgabe zur hohen Hürde werden lassen, oder Bestrafung bei früherem Versagen eine Rolle spielen. (Übrigens wird auch Kritik als Strafe empfunden!) Es könnte auch ein besonderer Ehrgeiz Ihres Kindes dahinter stecken, aufgrund dessen es sich eine Aufgabe schwerer macht, als sie eigentlich ist. Und natürlich kann es einfach daran liegen, dass die Arbeit oder die Aufgabe keinen Spaß macht und dadurch einen inneren Widerstand hervorruft, dessen Überwindung einen Teil seiner Kraft verbraucht.

Oft besteht bei Kindern mit diesem Problem ein Konflikt zwischen einem starken Leistungswunsch einerseits und einer ausgeprägten Tendenz zur Selbstkritik andererseits. Weil sie darauf eingestellt sind, hohe Berge zu bewältigen, erscheinen ihnen auch alle Hügel hoch, und weil sie auf keinen Fall versagen wollen, fürchten sie sich davor besonders. Meist hat eine solche selbstkritische, ängstliche Haltung eine gewisse Berechtigung, weil das Kind die Grenzen seiner tatsächlichen Leistungsfähigkeit ahnt. Sein Überforderungsgefühl ist ungeachtet seiner objektiven Unbegründetheit doch subjektiv begründet. Es wäre gut, wenn Sie in verständnisvollen Gesprächen erreichen könnten, dass es eine ungezwungenere Beziehung zu Leistung und Versagen bekommt. Vielleicht muss man mit ihm eine bestimmte Situation, in der es sein Ziel nicht erreichen konnte und die es deshalb noch heute belastet, noch einmal durcharbeiten, damit es sie anders sehen und akzeptieren kann. Da viele Kinderprobleme - natürlich ungewollt - durch die Eltern verursacht werden, sollten Sie auch überprüfen, ob Sie selbst den Ehrgeiz Ihres Kindes zu stark fördern, ihm Leistungsschwäche und Versagen zu negativ darstellen oder einfach zu viel von ihm erwarten.

Schließlich kann das Überforderungsgefühl auch Ausdruck einer reduzierten körperlichen Leistungsfähigkeit oder Krankheit sein, die medizinisch behandelt werden müsste. Auch Umweltbelastungen, ungesunde Wohnverhältnisse und eine ungünstige familiäre Situation (Streit, Unfrieden, Krankheit) können die Kraft des Kindes so reduzieren, dass normale Belastungen zur Überforderung werden.

Offensichtlich lebt Ihr Kind an der Grenze seiner Leistungsfähigkeit, gleichsam in der Rolle eines dauernd Verfolgten, der immer nur mit knapper Not davonkommt. Weil es bisher nie richtig versagt hat, neigen Sie vielleicht dazu, sein Überforderungsgefühl nicht ernst zu nehmen - auch deshalb, weil Sie es, wenn Sie selbst diese Schwierigkeit nicht kennen, kaum nachvollziehen und verstehen können. Helfen Sie ihm, indem Sie belastende Aufgaben und Pflichten abbauen, eventuell eine bestimmte Zusatzausbildung streichen oder die Schule wechseln und insgesamt nicht so viel von ihm erwarten.

Das heißt natürlich nicht, dass Ihr Kind überhaupt nicht gefordert werden wollte, denn indem es Leistung erbringt, wachsen auch seine Kräfte und entwickeln sich seine Fähigkeiten. In der lebendigen Natur wirken kleine Reize fördernd und starke Reize schädigend. Von einem Kind so viel zu verlangen, wie es gerne leistet, tut ihm gut - es ist die Anregung, die Wachstum bewirkt. Es geht hier nur darum, es nicht zu *überfordern.* Die Bedingungen der Erwachsenenwelt lassen sich nicht einfach auf das Kind übertragen. Dennoch muss es lernen, mit ihr zurechtzukommen. Dies ist oft eine schwierige Gratwanderung, die Offenheit und Gefühl statt Vorstellung und Planung erfordert. Im Prinzip ist es aber nicht so schwer. Da letztlich niemand besser wissen kann als das Kind selbst, was ihm gut tut, braucht man nur darauf zu achten, wie es auf eine Aufgabe oder Pflicht reagiert - mit seinen Aussagen, seiner Stimmung, seinem Gesundheitszustand, seiner Entwicklung -, um zu wissen, ob der eingeschlagene Weg gut ist.

(Die Lösung der hier besprochenen Problematik kann mit den Bach-Blüten-Essenzen *Hornbeam* oder *Elm* und evtl. *Gentian* oder *Floriplex Nr.9* gefördert werden. Nähere Informationen hierzu finden Sie in meinem Buch „Heile dein Kind mit Bach-Blüten".)

# UNAUFMERKSAMKEIT
(Lernschwäche, Erfahrung, Entwicklung, Wissen, Lernen, Spielen)

*Ihr Kind ist unaufmerksam und interessiert sich zu wenig für das, was es tut und erlebt. Daher lernt es schlecht, vergisst zu viel und macht immer wieder die gleichen Fehler. Vielleicht ist es auch in seiner geistigen Entwicklung etwas zurückgeblieben oder wirkt etwas kindlicher oder naiver, als seinem Alter angemessen wäre.*

Zwar kennt es sich vielleicht auf bestimmten Gebieten gut aus, doch fehlt es ihm an allgemeiner Wissbegier und an Aufmerksamkeit. Zu viel Leben gleitet unbemerkt an ihm vorüber oder ist schnell wieder vergessen. Ihr Kind erinnert manchmal an einen Reisenden in einem Zug, der die Landschaft draußen achtlos an sich vorbeiziehen lässt und nur gelegentlich einen Blick aus dem Fenster wirft. Wer so durchs Land oder durchs Leben reist, hat nicht viel davon, ihm bleiben weder Erinnerungen noch Erfahrungen.

Erfahrung aber ist die Voraussetzung für geistiges Wachstum, denn sie fügt dem bisherigen Wissen jeweils ein weiteres Stück erlebte Realität hinzu und macht uns fähig, sicher und klar durchs Leben zu gehen. Nur aus den erinnerten Erfahrungen der vorhergehenden Generationen ließ sich die heutige Zivilisation entwickeln, und jede neue Erfahrung, die ein Kind macht, schafft die Grundlage für die nächste. Zunächst geschieht dies relativ unbewusst. Das Kind probiert etwas aus und merkt sich das Ergebnis, das ihm in Form von Freude oder Schmerz sagt, ob es sich lohnt, in dieser Richtung weiterzusuchen. Es hat etwas gelernt. Zum Beispiel führt die Erfahrung, dass man sich am heißen Herd die Finger verbrennt oder dass ein gequälter Hund beißt, dazu, dass es diese Gefahren in Zukunft meidet; andererseits führt die Belobigung für ein bestimmtes Verhalten dazu, dass es sich in Zukunft öfter entsprechend benimmt.

Während ein Kind, solange es noch klein ist, seine Erfahrungen relativ unbewusst sammelt, beginnt es mit zunehmendem Alter, darüber nachzudenken. Die körperliche Erfahrung wird nun auch Bestandteil seines bewussten Weltbildes, die geistige Entwicklung überschreitet die Grenze des engen, nur auf das Hier und Jetzt ausgerichteten Lebenskreises und erfasst auch Zukunft und allgemeine Grundprinzipien.

Denn in unserem Inneren liegt alles Wissen der Welt in nicht bewusster Form gespeichert, und jeder Lernprozess ist eigentlich nur ein Erinnern daran. Dies kann entweder überwiegend geistig, wie in der theoretischen Forschung, oder überwiegend körperlich, wie beim kleinen Kind, geschehen oder aber durch ein Zusammenspiel von Geist und körperlichen Sinnen, wie beim bewussten Menschen. Dabei betrachten wir etwas nicht nur mit den Augen, sondern auch mit dem Herzen, wir denken nicht nur, sondern fühlen auch. Ein Buch, das uns nicht berührt, können wir lesen, ohne hinterher zu wissen, was eigentlich darin stand, während eine Lektüre, die uns fesselt und aufrührt, tiefe Spuren in unserer Erinnerung hinterlässt. Was uns berührt, oder anders gesagt: wovon wir uns berühren lassen, worauf wir uns einlassen, das wird Bestandteil unseres Bewusstseins, macht uns erfahren und prägt unsere ganze Lebenshaltung.

Für diese fortgeschrittenen Lern- und Erkenntnisprozesse muss man wache Sinne und einen klaren Verstand haben; oberflächliche Beschäftigung oder gedankenlose Spielerei genügen nicht. Ihr Kind aber ist zu oft nicht mit Herz und Kopf bei seiner Arbeit und lässt zu viele von den Ereignissen, aus denen sein junges Leben besteht, unbeachtet. So lernt es zu wenig, vergisst zu viel, macht immer wieder die gleichen Fehler, bleibt naiv und unerfahren oder vielleicht sogar etwas unterentwickelt.

Selbst wenn es auf einem bestimmten Gebiet sehr gute Kenntnisse besitzt, müsste sein allgemeines Interesse breiter werden und müssten seine Erfahrungen in allen Lebensgebieten zunehmen. Sonst wird es auf seinem Lebensweg nicht vorankommen und sich höchstens zum Typ des zerstreuten Professors entwickeln, der zwar auf seinem Spezialgebiet etwas leistet, im praktischen Leben aber versagt. Später kann dies dazu führen, dass es beruflich nicht vorankommt und unerwachsen bleibt, gegenwärtig wird diese Schwäche wohl hauptsächlich - neben einer eventuell zu kindlichen Art - in der Schule auffallen, wo es aufgrund von Lernproblemen nicht richtig mitkommt.

Um diese richtig beurteilen zu können, muss man sich daran erinnern, was Lernen bedeutet: Aus der Fülle aller Eindrücke und Informationen, die ständig auf uns einwirken, übernimmt unsere Psyche nur jene ins Bewusstsein, die für unser Überleben und Weiterkommen - körperlich oder/und geistig – wichtig sind; den Rest legt sie im Archiv des Unterbewusstseins ab, von wo er bei Bedarf abgerufen werden kann. Wir merken uns also grundsätzlich und sinnvollerweise nur das, was für uns momentan von Bedeutung ist.

Daher muss die Lern- oder Gedächtnisstörung eines Kindes nicht unbedingt auf einer Intelligenzschwäche beruhen, sondern kann auch - dies ist meist der Fall - bedeuten, dass ihm der zu lernende Stoff zu uninteressant ist oder ihm nicht liegt. Unter diesen Umständen bedeutet die „Lernschwäche" nur eine im Grunde gesunde Lernverweigerung.

Man müsste ihm also den Lehrstoff so anbieten, dass er fesselt und Spaß macht. Der Spaß ist das Wichtigste beim Lernen, denn alles, was unangenehm ist, erzeugt Abwehr. Der „Beruf" des Kindes ist das Spielen und es lernt spielerisch leicht, wenn es spielend lernen darf. Sie könnten also versuchen, einen bestimmten Lehrstoff, der einfach nicht in den Kopf Ihres Kindes will, ihm in Form eines Spieles anzubieten. Das Erfolgsrezept guter Lehrer besteht darin, die Aufmerksamkeit des Kindes zu wecken und ihm das, womit es sich beschäftigen soll, so anregend zu präsentieren, dass es mit Begeisterung dabei ist. Wecken Sie das Interesse Ihres Kindes, indem sie den trockenen Stoff in ein lebendiges Abenteuer verwandeln, das das Kind emotional anspricht. Zum Beispiel ist ein Geschichtsunterricht, der die Kinder zu Miterlebenden macht, der ihnen den Stoff wie einen spannenden Roman anbietet, wesentlich effektiver als das Auswendiglernen nüchterner Zahlen und Fakten.

Allgemein ist unbedingt zu empfehlen, das Interesse eines Kindes möglichst breit anzuregen, wozu Spiele, Bücher, Kunst, Theater, gute Filme, Reisen und interessante Gespräche geeignet sind. Wichtig ist dabei immer, auf den Spaß zu achten. Zum Beispiel lernt es ein Musikinstrument viel leichter, wenn es Stücke spielen darf, die es mag. Es ist ohnehin darauf ausgerichtet, das Leben im Spiel und durch Zusehen zu erlernen. Wenn es dem Vater oder der Mutter bei der Arbeit zusehen darf, beginnt es normalerweise bald, sie spielerisch nachzuahmen. Es möchte ja so sein wie sie: genauso erwachsen, stark und überlegen.

Der Grund für die Lernschwierigkeiten kann, wie angedeutet, auch bei einem langweiligen Lehrer oder einer unangenehmen Lehrerin liegen. Wenn er/sie nicht fähig ist, das Vertrauen und die Sympathie Ihres Kindes zurückzugewinnen, ist ein Lehrerwechsel oder Schulwechsel nicht zu vermeiden. Es ist sehr beeindruckend, wie die Lernbereitschaft eines Kindes zunimmt, wenn man es in das zu ihm passende Lernmilieu bringt. Jedenfalls sollte man kein Kind in einem Schulmilieu lassen, das ihm zuwider ist, denn abgesehen von dem seelischen Leiden, das es dabei ertragen muss, wird seine Bereitschaft und Fähigkeit zum Lernen dadurch generell blockiert. Erinnern

Sie sich noch an Ihre Schulzeit? Konnten Sie dem Unterricht der sympathischen Lehrer nicht am besten folgen? Sobald ein Kind etwas unter Zwang lernen muss, entwickelt es instinktiv Widerstand und tut sich schwer, den verhassten Lehrstoff anzunehmen. (Geht es uns nicht, auch heute noch, genauso?) Man kann überall beobachten, dass Menschen sich in ihrem Hobby freiwillig beachtliches Wissen aneignen und erstaunliche Leistungen erbringen; unter Zwang wären sie nicht halb so gut. Ein Erfolgsrezept erfolgreicher Menschen lautet daher: *Tu nur das, was du kannst und magst.*

Da wir aber nicht nur nach unserem Vergnügen leben können (allerdings mehr, als wir ahnen! Wir versuchen es nur nicht ...), können wir auch dem Kind den so genannten Ernst des Lebens nicht ganz ersparen. Wie es darauf reagiert, hängt allerdings davon ab, wie wir ihn präsentieren. Wenn Sie selbst Schwierigkeiten damit haben, werden Sie sicherlich jemanden finden, der die Lust und die Begabung dazu hat.

Übrigens ist gute geistige Aufnahmefähigkeit oft nur eine Sache des Trainings. Lernen kann man lernen, indem man lernt. Zum Beispiel könnten Sie Ihr Kind (vielleicht durch Belohnungen) dazu anregen, Gedichte auswendig zu lernen; wenn dies regelmäßig geschieht, verbessert sich seine Merkfähigkeit deutlich. Es gibt auch Lernspiele, bei denen die Kinder sich bestimmte Dinge merken müssen; das macht ihnen in einer guten, entspannten Atmosphäre viel Spaß.

Da die heutige Bildung zu sehr spezialisiert und berufsorientiert ist, wäre es gut, wenn Sie Ihrem Kind ein breites Allgemeinwissen vermitteln würden, indem Sie zum Beispiel mit ihm zusammen regelmäßig in einem bebilderten Lexikon stöbern. Das regt seinen Geist an und gibt ihm ein Basiswissen, aus dem es sich die Details weitgehend selbst herleiten, jedenfalls aber vieles besser verstehen kann. Hierfür sind auch Kurse und - bei älteren Kindern - Vorträge geeignet. Grundsätzlich sollte Ihr Kind Gelegenheit zu selbständigem Mitmachen haben. Deshalb hat zum Beispiel die Berieselung durch das Fernsehen, bei der das Kind nur konsumiert und keine eigene kreative Leistung erbringt, oft so einen „verblödenden" Einfluss. Es hält die Menschen nur zum Zusehen, Zuhören und Nachplappern an, während zum Beispiel ein Buch, sofern es nicht völlig geistlos gestaltet ist, zu eigener geistiger Leistung anregt.

Die Unaufmerksamkeit und Lernunfähigkeit kann natürlich auch die Folge einer organischen Erkrankung, mangelnder Intelligenz oder einer Stoffwechselstörung sein. Wenn Ihr Kind generell schlecht lernt und begreift, wenn es geistig ausgesprochen träge ist und ungenügende Fortschritte macht, ist eine medizinische Untersuchung unerlässlich. Bei rechtzeitigem Beginn kann man durch eine geeignete Behandlung viel dagegen unternehmen, wobei vor allem die Therapie mit Vitaminen u.ä. und die Homöopathie mit ihrer Konstitutionstherapie große Erfolge vorweisen kann.

(Die Lösung der hier besprochenen Problematik kann mit der Bach-Blüten-Essenz *Chestnut Bud* und evtl. mit *Clematis* oder *Gentian oder Floriplex Nr.8* gefördert werden. Nähere Informationen hierzu finden Sie in meinem Buch „Heile dein Kind mit Bach-Blüten".)

# UNEHRLICHKEIT
(Lügen, Wahrheit, Ehrlichkeit, Vertrauen)

*Ihr Kind hat keine klare Beziehung zur Wahrheit. Es lügt nicht nur oft, sondern auch leichtfertig - also sogar dann, wenn es eigentlich gar keinen Grund dafür gibt. Immer wieder einmal begegnet man bei ihm dem Hang zur Unwahrheit. Es mogelt beim Spielen, erfindet regelrechte Geschichten, um irgendetwas zu vertuschen, oder leugnet hartnäckig Tatsachen ab, die längst offenkundig sind. Gelegentlich verwischt sich bei ihm die Grenze zwischen „Dichtung und Wahrheit" so sehr, dass es schließlich an seine eigenen Lügen glaubt. Manchmal hat man den Eindruck, als ob es sich für die Wahrheit nicht stark genug fühle.*

Solange Ihr Kind klein ist, lässt man ihm seine Flunkereien und Mogeleien vielleicht durchgehen, und in der Familie haben sich wahrscheinlich schon alle daran gewöhnt. Man kann sich aber ausrechnen, dass es mit zunehmendem Alter deswegen Schwierigkeiten bekommen wird.

Um dieses Problem richtig einschätzen zu können, müssen wir uns zunächst klar machen, was eine Lüge bedeutet. Im Grunde ist sie nichts anderes als eine Art Überlebenstaktik, mit deren Hilfe wir Gefahren abwenden oder aus einer schwachen Position heraus etwas Wichtiges erreichen können. In der Natur ist sie in Form von Tarnung und Täuschung weit verbreitet und nicht nur die Geschichten vom tapferen Schneiderlein und vom „listenreichen" Odysseus, sondern auch der Begriff der Notlüge zeigen, welch wichtige Rolle sie im menschlichen Zusammenleben spielt. Deswegen können wir ihr mit Verbot oder moralischer Verdammung nicht gerecht werden.

Verständlicherweise lehnen wir Täuschung und Lüge immer dann ab, wenn wir ihnen selbst zum Opfer gefallen sind und sie uns Nachteile bringen (obwohl wir uns vielleicht selbst gelegentlich ihrer bedienen). Diese Nachteile können in materiellem Schaden (bei Betrug) oder einem Verlust innerer Werte (bei Vertrauensbruch) bestehen. Vor allem aber bedeutet es eine Minderung der Macht über einen bestimmten Menschen, wenn dieser sich nicht vorbehaltlos offenbart, weshalb gerade jene Personen und Instanzen, die andere beherrschen wollen, z.B. Staat, Kirchen, evtl. auch Erzieher/innen und Eltern, die Lüge so konsequent verfolgen. (Ginge es ihnen wirklich nur um die Wahrheit, so müssten sie sich auch selbst strikt daran halten, was man ja nicht immer behaupten kann.) Solange sich ein Kind arglos in sein Inneres blicken lässt und nichts verheimlicht, kann man es kontrollieren, manipulieren und bestrafen. Daher ist es ein Anliegen der üblichen Erziehung, ihm von klein auf die Zuflucht in den Schutz der Lüge zu versperren. Doch trotz dauernder Verfolgung ist es nie gelungen, sie auszurotten.

Ja, selbst im Paradies wurde bereits gelogen: als Adam nicht gestehen wollte, dass er vom verbotenen Apfel gegessen hatte. Diesen exemplarischen Vorgang kann man aber auch so sehen: Hätte Gott Adam nicht verboten, vom Apfel der Erkenntnis zu essen, und hätte er ihn, nachdem es geschehen war, nicht danach gefragt, so wäre Adam weder sündig noch zum Lügner geworden. Was wollte Gott, als er Adam vorsätzlich in Sünde und Lüge laufen ließ? Eine ketzerische Frage an die Religionsphilosophen. Auf die menschliche Dimension übertragen bedeutet sie, dass Staat und Kirchen die Menschen, wenn sie ihnen Verbote auferlegen, die sich gegen ihr natürliches Empfinden und Wollen richten, in die Kriminalität und durch die Forderung nach einem Geständnis in die Lüge treiben. Zugegeben: eine etwas überspitzte und extreme Feststellung, doch wohl nicht ganz aus der Luft gegriffen.

Eltern sollten von ihrem Kind nichts verlangen, was es nicht einigermaßen freiwillig einhalten kann, und von ihm, falls es doch den Fehler gemacht hat, wenigstens nicht noch verlangen, dass es dies zugibt und sich freiwillig der Strafe ausliefert. (Ich weiß, dass dies keine ganz „moralische" These ist, aber die menschliche Wirklichkeit ist nicht moralisch, sondern auf optimale Selbstverwirklichung ausgerichtet.) Ein natürliches Kind wird alles leugnen, was ihm Strafe einbringt, oder es wird, wenn es sehr stark ist, die Wahrheit zugeben, um zu provozieren.

Im Zusammenhang mit Unehrlichkeit und Lüge wird immer die Wahrheit zitiert. Dieser Begriff wird ebenfalls oft missbraucht. Was ist denn die Wahrheit? Ist sie etwas, das in einer objektiven Tatsache erfasst werden kann? Ist es wirklich die Wahrheit, wenn ein Kind zugibt, dass es gestohlen hat, oder wenn ein Ehepartner seinen Seitensprung gesteht? Ja, sie wäre es, wenn diese Fakten ganz wertfrei zur Kenntnis genommen würden: als etwas, das tatsächlich geschehen ist oder geschieht. In dieser Form hätte niemand Probleme mit ihr und bräuchte nicht zu leugnen.

Tatsächlich aber verliert jede Tatsache ihren absoluten Wahrheitsgehalt, wenn sie moralisch bewertet wird. Sie wird damit zur relativen, verzerrten „Wahrheit", mit der man andere Menschen unter Druck setzen oder Strafe legitimieren kann. Wenn wir dies instinktiv fühlen, setzen wir an ihre Stelle eine erdachte Wahrheit, die Notlüge, die verhindern soll, dass wir falsch beurteilt werden. So ist die Lüge eigentlich die natürliche Folge einer Situation, in der die persönliche Wahrheit eines Menschen nicht zugelassen ist, in der er nicht so sein, sprechen und handeln darf, wie er es möchte und wie es für ihn gut wäre.

Genau genommen bestünde die Wahrheit im Falle einer „Sünde" in einer so genauen und verständlichen Schilderung aller dabei mitspielenden Faktoren, dass das Vergehen auch anderen völlig verständlich und nachvollziehbar wird. Hätte Adam Gott alle Beweggründe für seine Übertretung mitteilen können, so hätte dieser gesagt: „Ja, das ging wohl nicht anders - ich hätte es dir erst gar nicht verbieten sollen. Eigentlich muss ich die Welt ändern, wenn ich deine Sünde nicht will." Und idealerweise müssten Eltern, wenn sie die Lüge nicht wollen, die Welt des Kindes so gestalten, dass es nicht lügen muss.

Das soll heißen: wenn Sie von Ihrem Kind nicht etwas verlangen, was es nicht leisten kann, wird es nicht „straffällig", und wenn Sie es nicht dafür bestrafen, dass es die Wahrheit sagt, wird es Sie nicht anlügen. Die Eltern sollen die verständnisvollen Helfer und vertrauenswürdigen Freunde ihres Kindes sein, sie sind seine Anwälte in einer Welt, mit der es so schwer zurechtkommt, und es muss ihnen alle seine „Untaten" gestehen können, ohne verurteilt zu werden. Das Wichtigste in der Eltern-Kind-Beziehung ist das unbegrenzte Vertrauen des Kindes. Nur mit seiner Hilfe können Sie ihr Kind führen. Wenn es aber nicht wagt, Ihnen die Wahrheit zu *gestehen* - nein, schon dieses Wort dürfte nicht verwendet werden, also: *mitzuteilen*, so haben Sie bereits einen Teil seines Vertrauens verloren. Auch wenn es sich nur um Kleinigkeiten handelt, zeigt dieses Verhalten doch, dass das Kind begonnen hat, sich vor Ihnen und Ihrer Reaktion zu fürchten und sich abzusichern. Werten Sie schon die kleine Flunkerei als Warnsignal, denn zur Lüge ist es dann nicht weit.

Von einem nahe stehenden Menschen erwarten wir volles Vertrauen und sind enttäuscht, wenn wir feststellen müssen, dass er nicht ehrlich zu uns ist. Statt aber deshalb Vorwürfe zu machen wie: „Das hätte ich dir nie zugetraut!" oder „Was, du traust mir nicht?", sollten wir daraus erkennen, dass wir ihm nicht vertrauenswürdig erscheinen und dass es also unsere Aufgabe ist, alles zur Wiederherstellung des Vertrauens zu unternehmen. Der erste Schritt dazu wäre, ihm unsere eigene Wahrheit offenzulegen mit all unseren Schwächen, Ängsten, Lügen und negativen Haltungen. (Das ist zugegebenermaßen nicht so einfach.)

Nichts ist so wohltuend wie die Wahrheit, wenn man sie gefunden hat, kaum etwas aber macht so viel Angst wie sie zu suchen.

Verurteilen Sie Ihr Kind, wenn es Sie belügt, nicht vorschnell und vor allem nicht selbstgerecht. Haben Sie noch nie gelogen und sind Sie sicher, dass Sie nie lügen werden? Wissen Sie, inwiefern Sie, natürlich ohne es bewusst zu wollen, Ihr Kind zum Lügen zwingen oder warum es nicht wagt, Ihnen die Wahrheit zu sagen? Es muss ja seine guten Gründe dafür haben: sich entweder vor Ihren negativen Reaktionen zu schützen oder etwas, was ihm wichtig ist, zu erreichen. Offensichtlich nimmt es an, dass ihm die Wahrheit bei Ihnen nicht weiterhelfen würde.

Zu berücksichtigen wäre auch, dass die Gefahr, einen Fehler zu machen oder etwas Verbotenes zu tun, teilweise von der Veranlagung des Kindes abhängt. Wenn es eine geradlinige, einfache und genügsame Charakterstruktur geerbt hat, kann es viel leichter „anständig" und zuverlässig sein, als wenn es sehr anregbar, verführbar oder besitzergreifend veranlagt ist, und ein sehr empfindliches Kind wird sich eher aus Selbstschutz der Lüge bedienen müssen als ein robustes und widerstandsfähiges.

Nehmen wir ein Beispiel: Zwei Kinder unterschiedlicher Veranlagung verlieren ihre Handschuhe. Das eine Kind gibt dies auf Befragen der Mutter zu, das andere erfindet eine raffinierte Geschichte, die beweist, dass es die Handschuhe gar nicht dabei gehabt haben und verloren haben kann. Ist das erste Kind, weil es gerade zur Wahrheit steht, charakterlich hochwertiger als das andere, das offensichtlich lügt? Zu diesem Urteil wird man auf den ersten Blick neigen; bei genauer Betrachtung erkennt man aber vielleicht, dass das erste Kind dickfellig genug ist, um einen Vorwurf über sich ergehen lassen zu können, während dieser für das zweite Kind so schmerzlich wäre, dass es sich einfach nicht zur Wahrheit bekennen kann.

Am schönsten wäre es, wenn Ihr Kind nicht zu lügen bräuchte, zumindest nicht Ihnen gegenüber. Dazu können Sie viel beitragen. Ihr Kind wird keinen Grund zur Lüge haben, solange es nicht dafür bestraft wird, dass es die Wahrheit sagt. (Auch Kritik und Tadel sind Strafe!) Das gilt auch für die Schule und das übrige soziale Umfeld. Natürlich kann der Umgang mit einem noch ehrlichen Kind für manche Erwachsene unangenehm sein, weil sie eventuell ungeschminkt Wahrheiten gesagt bekommen, die sie nicht wahrhaben möchten, oder Fragen gestellt bekommen, die ihnen peinlich sind. Hoffen wir, dass das Kind dafür nicht zurechtgewiesen oder bestraft wird, denn dann wird ihm die Lust an der Wahrheit bald vergehen. Man sollte ihm aber erläutern, dass es im Umgang mit anderen Menschen auch darauf achten sollte, ob diese die Wahrheit *über sich* hören wollen, und dass es damit jemandem eventuell auch wehtun könnte. Unter diesem Gesichtspunkt kann es auch einmal den Mund halten, ohne dadurch gleich gelogen zu haben.

Sobald ein Kind damit begonnen hat, sich der Lüge zu bedienen, besteht die Gefahr, dass es in Zukunft nicht nur gelegentlich aus berechtigtem Selbstschutz, sondern aus Gewohnheit unehrlich wird. Dabei spielt das Beispiel der Eltern eine große Rolle. Wenn ihr Kind sie beim Lügen ertappt - Kinder haben einen untrüglichen Sinn für die Wahrheit -, fühlt es sich berechtigt, es ihnen nachzumachen.

Anscheinend hat Ihr Kind es sich angewöhnt, auch bei Bagatellen und ohne dringenden Grund zu lügen. Es wäre gut, dies nicht stillschweigend hinzunehmen, sondern mit ihm darüber (verständnisvoll!) zu sprechen, damit es mehr Klarheit im Umgang mit der Wahrheit bekommt. Es sollte verstehen, dass die Wahrheit immer noch der beste und direkte Weg ist, dass sie stark und unabhängig macht und dass die Lüge nur eine in der Not eingesetzte Schutzmaßnahme sein darf. Denn sie zerstört einen der wichtigsten Werte im menschlichen Umgang, nämlich das Vertrauen. Wie viel dieses bedeutet, könnten Sie Ihrem Kind besonders hautnah an der Beziehung zwischen Ihnen beiden erklären; es weiß ja, wie schmerzlich es ist, von Ihnen angelogen zu werden oder Sie anlügen zu müssen.

So gibt es, wenn Sie Ihr Kind davor behüten wollen, dass es ein „Lügenbeutel" wird, zwei Strategien: einerseits Verstehen und Vertrauen suchen, auf keinen Fall bestrafen; andererseits bewusst machen, was Wahrheit und Vertrauen bedeuten, und selbst ehrlich sein.

(Die Lösung der hier besprochenen Problematik kann mit der Bach-Blüten-Essenz *Agrimony* und evtl. mit *Mimulus* gefördert werden. Nähere Informationen hierzu finden Sie in meinem Buch „Heile dein Kind mit Bach-Blüten".)

## UNFREUNDLICHKEIT
(Negative Emotionen, Charakter, Verhaltensstörung, Ablehnung, Aggression, Widerstand, Hass, christliches Prinzip)

*Ihr Kind ist oft schlecht gelaunt oder unfreundlich. Es ärgert sich schnell, wird gereizt oder sogar wütend, wenn seine Erwartungen nicht erfüllt werden, wenn es nicht bekommt, was es will, oder wenn man es nicht behandelt, wie es das möchte.*

Man kann nur hoffen und wünschen, dass Ihr Kind zu einer anderen Grundhaltung findet, denn sonst kann man sich leicht ausmalen, wie es als erwachsener Mensch sein wird: wahrscheinlich oft missgelaunt und ungenießbar, unfreundlich und misanthropisch, vielleicht auch eifersüchtig und neidisch. Nicht nur seine Umgebung wird darunter zu leiden haben, sondern vor allem es selbst, denn wer kann sich schon seines Lebens erfreuen, wenn er von negativen Emotionen beherrscht wird? Also sollte man versuchen, einer solchen Entwicklung rechtzeitig entgegenzuwirken.

Warum verhält sich Ihr Kind in dieser Weise? Wird es von seiner Veranlagung dazu getrieben oder sind die Umstände, in denen es aufwachsen muss, daran schuld?

Diese Frage ist wichtig, weil man, wenn es sich hier um eine grundsätzliche Charakterstörung handelte, nicht allzu viel dagegen unternehmen könnte. Ihr Kind wäre einfach dazu verdammt, unfreundlich zu sein und sich immer zu ärgern. Es gibt Eltern und Erzieher, die eine solche Meinung vertreten und das Kind deshalb unter strenger Kontrolle zu halten versuchen. Dass sie es damit gerade zu dem Menschen machen, den sie dann verurteilen, und dass sie wahrscheinlich eine traurige Rolle bei der psychischen Entwicklung dieses Kindes gespielt haben und spielen, können sie leider nicht erkennen.

Zweifellos wird das Verhalten eines Kindes auch von seinem Charakter beeinflusst, der - je nachdem, ob er zum Beispiel hitzig, anspruchsvoll, überempfindlich oder ausgleichend, friedliebend, nachgiebig ist - unterschiedliche Reaktionen bedingt. Und ohne Frage gibt es problematische Charakterstrukturen; genau genommen sind sie es aber nur deshalb, weil sie nicht in das jeweilige soziale Umfeld passen, nicht den Normen der Gesellschaft entsprechen. Aus der Welt schaffen kann man sie nicht, denn sie sind Grundbestandteile der Persönlichkeit des betreffenden Kindes. Man kann sie aber bis zu einem gewissen Grad „entschärfen", indem man die günstigeren

Tendenzen daran gezielt fördert, so dass die schwierigen mehr im Hintergrund bleiben.

Dennoch können wir festhalten: Kein Mensch ist von Natur aus „schlecht", er wird höchstens durch Mitmenschen und Lebensumstände dazu gemacht. Daher bestehen auch gute Möglichkeiten, eine negative psychische Entwicklung bei einem Kind zu verhindern beziehungsweise sie bis zu einem gewissen Grad wieder rückgängig zu machen.

Zum Veranschaulichen des Verhältnisses von Veranlagung und Lebensumständen soll uns ein Vergleich dienen, bei dem die Verhaltens- und Lebensweise eines Menschen einer *Melodie* entspricht, die von einem *Künstler* einem *Instrument* entlockt wird. Der Künstler, das sind die Lebensumstände und vor allem die Mitmenschen, die auf dem Kind „herumfiedeln"; das Instrument, das ist das Kind mit seiner angeborenen psychischen Struktur. In der Musik bestimmt das Instrument den *Grundcharakter* der Melodie, der Künstler aber ihre Art und Form. Spielen also die Künstler (Eltern und Erzieher) das Instrument (das Kind) liebevoll und sachverständig, so ertönt eine schöne, klare Melodie, das heißt: das Kind strahlt den Wohlklang eines seiner Eigenart entsprechenden, harmonischen Verhaltens aus.

Jeder Mensch möchte so wohlklingend sein und niemand, schon gar nicht ein Kind, ist absichtlich unfreundlich oder ärgerlich. Es sagt sich nicht: „So, jetzt bin ich mal richtig gemein, wütend oder gehässig!", sondern es reagiert negativ, wenn es dazu gezwungen wird. Einen Hund zu treten und sich dann darüber zu beschweren, dass er beißt, ist mehr als dumm, leider aber weit verbreitet, und das Kind hat dabei oft die Rolle des Hundes.

Wir sagten es schon: es gibt keine menschliche Eigenschaft, die an sich schlecht wäre, jede kann aber durch verständnislose oder unterdrückende Behandlung sozusagen verbogen und verzerrt werden. Zum Beispiel kann ein Kind, das von Natur aus ein deutliches Geltungsbedürfnis hat, unangenehm angeberisch werden, wenn man es nicht respektvoll behandelt; ein Kind mit einem kämpferischen Charakter kann aggressiv werden, wenn es sich angegriffen fühlt, oder gehässig, wenn es gewaltsam unterdrückt wird, und ein Kind mit einer wenig durchsetzungsfähigen Veranlagung kann listig und verlogen werden, wenn man ihm die Erfüllung wichtiger Bedürfnisse oder Wünsche verwehrt. Bei oberflächlicher Betrachtung scheint es zwar, als *wäre* das Kind so, tatsächlich aber handelt es sich sozusagen um den Misston eines schlecht gespielten Instrumentes.

Ein lebendiger Organismus ist stets auf optimale Selbstverwirklichung eingestellt, und wenn ihm der *direkte* Weg dazu versperrt ist, verfolgt er sein Ziel automatisch auf dem nächst besten Weg, der aber damit zugleich der nächst schlechtere ist. So kann man davon ausgehen, dass das unerfreuliche Verhalten Ihres Kindes seine derzeit relativ beste Möglichkeit zur Selbstverwirklichung darstellt. Das heißt, es *muss* einfach so sein, um zu seinem Lebensrecht zu kommen. Ein solches Verhalten lässt sich mit der Reaktion eines Pflanzentriebes vergleichen, dem man den Weg zum Licht verstellt: Er gibt nicht auf, sondern versucht weiterhin, aber auf Umwegen und krumm wachsend, zum Licht zu kommen. Die Verhaltensstörung eines Kindes ist ein solcher Versuch, doch noch irgendwie das zu bekommen, was es benötigt. Um ihre Bedeutung zu verstehen, braucht man meist nur *die* Menschen zu beobachten, die es betreuen und erziehen, denen es sozusagen „ausgeliefert" ist und auf die es reagiert.

Von Natur aus sind Kinder nicht übellaunig oder unfreundlich, denn solche Zustände widersprechen ihrem natürlichen Bedürfnis nach Lebensfreude. Sie können aber unerfreulich werden, wenn man ihnen keine Gelegenheit zur Freude gibt, oder gereizt, wenn man sie reizt; sie können verlogen werden, wenn man sie für die Wahrheit bestraft, oder diebisch, wenn man ihnen etwas für sie Wichtiges vorenthält, sadistisch, wenn man sie quält, zerstörerisch, wenn man sie in ihrem Innersten zu zerstören versucht. Und wenn man ein unfreundlich oder bösartig gewordenes Kind unfreundlich oder böse behandelt, wird es dadurch keineswegs freundlicher und besser, sondern, falls es nicht gebrochen wurde, entweder noch aggressiver, oder es versucht, wie der beschriebene Pflanzenspross auf Umwegen und in Form destruktiven Verhaltens sein in ihm angelegtes Ziel zu erreichen.

Möglicherweise werden Sie jetzt einwenden, dass sich Ihr unfreundliches Kind aber nicht geändert habe, obwohl Sie ihm seit einiger Zeit liebevoll entgegengekommen sind. Das wäre auch zu viel verlangt! Ein Kind, das sich laufend unangenehm oder aggressiv verhält, hat wahrscheinlich viele schmerzliche und schlechte Erfahrungen gemacht und kann genauso wenig wie der verkrüppelte Pflanzenspross im Handumdrehen wieder gerade und angenehm werden. Es wird viel verständnisvollen Entgegenkommens und großer Selbstlosigkeit bedürfen, um diese Entwicklung rückgängig zu machen. Ihr Kind muss erst einmal wieder Vertrauen bekommen, um glauben zu können, dass man es jetzt auf einmal gut mit ihm meint.

Bedenken Sie bitte auch, dass ein Kind sich vom ersten Lebenstag an verwirklichen will und muss. Wenn ein Säugling schreit oder ein missmutiges Gesicht macht, wenn er nicht fröhlich und zufrieden aussieht, so ist das eine klare Bitte an die Mutter, ihm etwas, das er braucht, zu geben: vielleicht die Brust, eine trockene Windel oder Körperkontakt. Wird seine Bitte nicht erfüllt, dann entsteht eine negative Erfahrung, die wiederum negative Emotionen wie Enttäuschung, Verlassenheitsgefühle, Angst oder auch Verärgerung erzeugt.

Vielleicht kennen Sie dies auch aus eigener Erfahrung. Nehmen Sie zum Beispiel einen Vorgesetzten, der oft unfreundlich zu Ihnen ist. Würde Ihnen da nicht nach einiger Zeit die gute Laune vergehen und würden Sie nicht ebenfalls missmutig oder gereizt werden? Und wäre es dann nicht der Gipfel der Ungerechtigkeit, wenn er über Sie in die Personalakte schreiben würde: „unverträglicher, aggressiver Charakter"?! Wenn die Eltern angenehm, liebevoll und freundlich sind, wird das Kind es ebenfalls.

Wenn wir bedächten, wie sehr wir selbst in unseren Stimmungen und unserem Verhalten von äußeren Umständen abhängen, könnten wir einem missgelaunten Kind mehr Verständnis entgegenbringen. Das Kind hat genauso gute Gründe für sein Verhalten und das gleiche Recht, in seinem Problem ernst genommen zu werden, wie wir selbst. Deshalb ist es meist falsch, unberechtigt und kindisch, wenn Erwachsene die Unfreundlichkeit ihres Kindes ebenfalls mit Unfreundlichkeit beantworten. Negative Emotionen sind wie Strohfeuer: sie erlöschen, wenn sie keine Nahrung mehr bekommen.

Meist ist es besser, sich allgemein entgegenkommend und nachsichtig zu verhalten und das Kind in Ruhe zu lassen. Das darf ihm allerdings nicht als Unterwerfung unter seine Unarten oder schwächliches Hinnehmen seiner Aggression erscheinen (deshalb muss man in bestimmten Situationen auch einmal unbeugsam und konsequent bleiben), sondern sollte Ausdruck einer geistigen Überlegenheit sein; indem man sich nicht auf das gleiche Niveau herabbegibt, zeigt man dem Kind deutlich, dass es auch anders geht. Druck erzeugt Gegendruck und unfreundliches Benehmen Unfreundlichkeit; andererseits bewirkt - zwar nicht so oft, aber oft genug - ein freundliches Verhalten beim Gegenüber ebenfalls Freundlichkeit, so dass sich jedenfalls immer ein Versuch dazu lohnt.

Im Bereich der lebendigen Natur wirken kleine, wohldosierte Impulse und Einflüsse positiv, übertriebene, gewalttätige dagegen schädlich. Auch in der Erziehung gilt dieses Prinzip. Daher ist gerade im Umgang mit schwierigen Kindern viel Fingerspitzengefühl erforderlich, damit man sie nicht noch mehr in Ablehnung oder Aggression treibt. Die erzieherischen Anstöße - dazu gehört natürlich manchmal auch ein gewisser Druck - müssen so beschaffen sein, dass sie für das Kind akzeptabel sind. Starker Widerstand von seiner Seite zeigt, dass man ihm nicht gerecht wird und dabei ist, etwas in ihm zu zerstören.

Niemand kann sich ganz in die Psyche eines anderen Menschen versetzen, auch Eltern nicht in die ihres Kindes, niemand kann das innere Gesetz, das in einem anderen wirkt, und seinen Lebenssinn ganz verstehen, und kein Erwachsener hat das Recht, das ihm anvertraute Kind *mit Gewalt* zu etwas zu zwingen, gegen das es sich ernsthaft wehrt. Sein Widerstand zeigt, dass es hier etwas Wesentliches schützt, und der Versuch, ihn zu brechen, erzeugt in ihm Hass und Pessimismus, der unter Umständen sein ganzes Lebensgefühl durchsetzt.

Wir müssen auch einem Kind das Recht zugestehen, sich über unerfreuliche Lebensumstände zu ärgern oder sich aus Selbstschutz unangenehm aufzuführen. Es muss sich ja auch seinen Platz im Leben erobern, muss Widerstände überwinden, Bedrohungen abwenden und Gefahren überstehen, die von den Erwachsenen oft gar nicht wahr- und ernst genommen werden. Nicht jedem Kind gelingt es unter diesen Umständen, eine positive Lebenshaltung und einen erfreulichen Charakter zu entwickeln. Statt es deshalb zu beschuldigen oder zu bestrafen, sollte man - als gereifter Erwachsener - versuchen, ihm bei der Heilung seiner beschädigten Psyche und der Reparatur seines Weltbildes zu helfen.

Und man sollte es möglichst vor Lebensumständen schützen, die solche Reaktionen fördern, da es, vor allem wenn es klein ist, keine bewusste Einsicht in seine eigene Natur hat. Je früher ein Kind mit Unfreundlichkeit, Ablehnung oder schlechter Behandlung konfrontiert wird, desto stärker wird seine Lebenseinstellung davon geprägt und desto schwerer wird es ihm später fallen, bei Problemen einen positiven, versöhnlichen Weg zu suchen.

Übrigens können auch krankhafte Veränderungen im körperlichen Bereich schlechte Laune und Reizbarkeit erzeugen, vor allem Leber-Galle-Störungen. Manchmal macht eine gute homöopathische Lebertherapie ein „galliges" Kind wieder umgänglich.

Der Versuch, ein missmutiges, unfreundliches oder aggressives Kind wieder gut zu stimmen, verlangt von Eltern und Erziehern oft viel Überwindung und Selbstlosigkeit. Sie müssen trotz seiner Provokation und negativen Reaktion positiv bleiben. Damit wird das alttestamentliche Naturgesetz „Auge um Auge, Zahn um Zahn" ersetzt durch das christliche Prinzip: „Schlägt dir jemand auf die eine Wange, so halte ihm auch die andere hin", das erst die Voraussetzung zu einem freundschaftlichen Miteinander schafft. Meist wird dieses Bibelwort missverstanden, weil es nur als irgendwie unverständliche Verhaltensregel vermittelt wird. Um es im richtigen Sinne anwenden zu können, müssten wir uns über die Ebene des Faustrechts und des Dschungelkampfes auf das Niveau des liebenden Herzens und des überlegenen Geistes erheben. Wer von uns kann das schon immer? Aber wir können uns darum bemühen, und gerade im Umgang mit Kindern und Kranken haben wir eine gute Gelegenheit dazu, indem wir geben, ohne zu fordern, und uns bemühen, trotz Ablehnung oder nervtötender Jammerei liebevoll zu bleiben.

„Halte auch die andere Wange hin" heißt, dass man aufgrund seiner geistigen und seelischen Stärke auf Machtkämpfe verzichten kann und den Schlag ins Gesicht nicht als Bedrohung, Beeinträchtigung oder Beleidigung empfindet. Der oder die Schlagende erscheint einem nicht als Feind, sondern als schwacher, bedauernswerter Mensch, der nicht anders kann und an dem sich zu rächen es keinen Grund gibt. Man versteht, warum er - oder das unfreundliche Kind - so handeln muss, und kann ihm je nach den eigenen Möglichkeiten entweder nachsichtig entgegenkommen oder aus seiner Schwäche herauszuhelfen versuchen. Es ist wie in einer Übungsstunde zu einer seltenen Kunst: Der Lehrer stellt sich persönlich zur Verfügung und hält seine Wange noch einmal hin, damit der Schüler etwas Grundsätzliches verstehen lernt. Wahre Freundlichkeit erreicht man nicht, indem man die Bosheit und Aggressivität bekämpft (nach dem Motto: „Krieg dem Krieg!"), sondern indem man das Positive fördert, wo immer es einem begegnet.

(Die Lösung der hier besprochenen Problematik kann mit den Bach-Blüten-Essenzen *Holly* und/oder *Willow oder Floriplex Nr.3 + Nr.15* gefördert werden. Nähere Informationen hierzu finden Sie in meinem Buch „Heile dein Kind mit Bach-Blüten".)

## UNKLARHEIT
(Sinn, Selbstentfremdung, innere Stimme, Kunst, Träume, Wahrheit, Bewusstheit, Religiosität)

*Ihr Kind weiß nicht, was es will. Es ist oft unzufrieden, nörgelt herum, probiert dies oder das und gibt es dann ergebnislos wieder auf „Ich weiß nicht, was ich spielen soll! Ich weiß nicht, was ich machen soll! Ich weiß nicht, ..."  solch frustrierte Aussagen bekommt man öfters von ihm zu hören. Man erkennt deutlich, dass ihm die innere Ausrichtung oder Klarheit fehlt.*

Bei einem kleinen Kind ist eine solche Unklarheit wegen der unzufriedenen Nörgelei nur lästig, bei einem älteren aber kann sie problematisch werden, wenn es zum Beispiel nicht weiß, welchen Beruf es ergreifen soll, wenn es durch seine innere Leere zu dummen Streichen verleitet wird oder zu Drogenkonsum, mit dem es sich in eine andere Wirklichkeit zu versetzen versucht.

Die Bewusstheit, mit der der Mensch begabt ist, gibt ihm nicht nur die Fähigkeit, sondern erzeugt auch das unabdingbare Bedürfnis, Ordnungsstrukturen zu erkennen und Sinnzusammenhänge herzustellen. Die Fragen „Woher ..., wohin ..., wozu ...?" sind für uns so wichtig, dass wir kaum etwas tun können, ohne sie uns in irgendeiner Form beantwortet zu haben. Sie können sich auf die Bestimmung eines Gebrauchsgegenstandes oder den Zweck einer Handlung genauso beziehen wie auf unsere äußeren Lebensbedingungen oder das „Jenseits". Ohne irgendwie zu wissen, wofür das, was wir tun, gut ist, sind wir handlungsunfähig, und wenn wir (falls überhaupt möglich) losgelöst von allem Sinn und Zweck handeln würden, nähme unser Leben auf dieser Erde ein schnelles Ende.

So braucht und sucht auch das Kind eine seinem Horizont entsprechende, geistige Ordnung, um sich in der Welt zurechtzufinden. Es untersucht alles, was ihm in die Finger gerät, und fragt seiner Umgebung „ein Loch in den Bauch". Dabei sind manche der Fragen für uns wegen ihrer Originalität ausgesprochen verblüffend und weisen uns nicht selten auf Zusammenhänge hin, die wir in unserem unaufmerksamen Gewohnheitsdenken nicht mehr sehen können.

Aus eigener Erfahrung werden Sie wissen, wie wichtig es ist, eine gewisse Klarheit, einen Sinn oder ein Ziel im Leben zu haben, um Kraft und Aufmerksamkeit bündeln und aktiv in der Welt wirken zu können. Je älter der Mensch wird, desto dringender ist dieses Bedürfnis. Denn während die ungelöste Sinnfrage beim kleinen Kind nur Unzufriedenheit und Unruhe auslöst, leiden jene Jugendlichen, die orientierungslos ins Leben hinausgehen müssen, bereits unter Frustrationen und Depressionen. Noch problematischer wird es in der „Midlife-Crisis", in der man oft eine neue Lebensrichtung finden muss, weil die bisherige nicht mehr stimmt, und im fortgeschrittenen Alter kann es vernichtend sein, nicht zu wissen, wofür man lebt, weil damit die Motivation zum Weiterleben erlischt.

Natürlich kommt es auch bei den Ordnungs- und Sinnstrukturen auf das richtige Maß an. Einerseits kann ein Mangel an Sinn gebender Ordnung zur inneren Auflösung führen, andererseits kann eine übertriebene Festlegung und Rationalisierung den Geist ersticken und die Lebendigkeit reduzieren. Immer wieder geht es in unserem Leben darum, im Spannungsfeld zwischen Chaos und Ordnung, Grenze und Freiheit, Festhalten und Loslassen jenen sich ständig ändernden Standpunkt zu finden, der uns jeweils das Maximum an Lebensfreude und Selbstverwirklichung ermöglicht. Anders gesagt: Wir müssen immer wissen, was wir brauchen, damit es uns gut geht.

*Ihr* Kind kann dies nicht und hängt deshalb „in der Luft". Da es vielen Erwachsenen ähnlich geht, muss man sich fragen, wie es zu einer solchen Selbstentfremdung kommen kann. Wieso entfernen wir vernunftbegabten Menschen uns so weit von uns selbst, dass wir keinen Sinn im Leben haben? Und vor allem: Wie kann ein Kind, obwohl es doch so stark auf Lebensfreude und Selbstverwirklichung eingestellt ist, den Kontakt zu sich selbst verlieren und nicht mehr wissen, was es will?

Es gibt manche äußere Gründe dafür. Allen liegt eine Vernachlässigung der inneren Sinne zugrunde: des „inneren Auges", mit dem wir uns und die Welt unverfälscht erkennen können, der „inneren Stimme", die uns mitteilt, welcher Weg für uns persönlich richtig ist und worin unsere Bestimmung liegt. Unser Verstand ist dazu nur sehr bedingt fähig, weil er sich manipulieren lässt und uns allzu oft Begründungen, Werte und Ziele anbietet, die von außen in ihn hineinprogrammiert wurden. Dass diese nur selten stimmen, merken viele Menschen erst nach Jahren der Frustration, wenn sie sich eines Tages fragen müssen, wofür sie überhaupt leben und ob ihr bisheriges Mühen *für sie selbst* überhaupt einen Sinn gehabt hat.

So ist es wichtig, beim Kind schon von klein auf das Bewusstsein für seine Bedürfnisse zu fördern und ihm das, von Natur aus untrügliche, Gefühl für sein eigenes Wohlergehen zu erhalten. Es wird dadurch keineswegs, wie immer befürchtet wird, egoistisch und asozial, sondern im Gegenteil fähig, mit freiem und warmem Herzen auf seine Mitwelt zuzugehen, weil es mit sich selbst im Reinen ist. Jene Menschen aber, die sich aus Angst, innerem Zwang oder Schuldgefühlen „sozial" verhalten oder sich anderen zur Verfügung stellen, bringen unwillkürlich in ihr Handeln die Hassgefühle oder die Depression ein, die immer - eingestanden oder nicht - auftreten, wenn wir nicht so sein und leben dürfen, wie es in uns angelegt ist.

Vielleicht muss oder musste Ihr Kind in einer künstlich unbeschwerten, oberflächlichen Welt leben? Vielleicht ist es zu sehr isoliert von und zu stark geschützt vor der Wirklichkeit (die auch *seine* Wirklichkeit ist), so dass es von ihr abgeschnitten und unfähig ist, mit ihr richtig umzugehen? Vielleicht hat man ihm ein Weltbild einprogrammiert, das nicht wahr und daher verwirrend ist, ihm vielleicht religiöse Ideen aufgezwungen, mit denen es nichts anfangen kann? Vielleicht hat es zu wenig sinnvolle geistige Anregungen bekommen, wobei wahrscheinlich auch die modernen Unterhaltungsmedien zu seiner Desorientierung beigetragen haben, da sie ihm das Leben nur aus zweiter Hand und meist als Un-Wirklichkeit - als Konserve, Fotomontage und Illusion - anbieten.

Ein Kind (und nicht nur dieses) braucht pures Leben, Erleben, Erfahrung, handfeste Anregungen für die Sinne und den Geist. Wenn ihm die direkte Beziehung zur lebendigen Welt fehlt, wenn es in zu sterilen, abgesicherten oder künstlichen Verhältnissen leben muss, verflacht es in seinem Empfinden und wird unfähig, die Verbindung zwischen seiner inneren und der äußeren Welt herzustellen. Es verliert seine natürliche Kreativität, weil alles bereits vorgefertigt ist und es nichts mehr zu kreieren gibt. Ein durch die Überfülle an perfektem Spielzeug gelangweiltes und geistig träge gewordenes Kind ist ratlos, wenn man es mit nichts in der Hand irgendwo in die Natur setzt, während ein Kind, das daran gewöhnt ist, selbständig mit den Dingen seines Lebenskreises umzugehen, sogleich interessiert auf Entdeckungstour geht und aus jedem beliebigen Gegenstand ein fesselndes Spielzeug macht. Seine innere Lebendigkeit lässt auch die äußere Welt lebendig werden.

Ihr Kind weiß zu oft nicht, was es tun soll. Seine nach etwas Sinnvollem hungernde Seele braucht mehr Nahrung. Diese sieht natürlich anders aus als beim reifen Erwachsenen; es müsste etwas sein, das ihm etwas sagt, das seinen Interessen und seiner Veranlagung entgegenkommt.

Jeder von uns besitzt ja viele Begabungen und Eigenschaften, die in ihrer Gesamtheit unsere Persönlichkeit ausmachen. Damit diese vollständig und „rund" wird, müssen sie alle in dem Umfang, in dem sie in uns angelegt sind, realisiert werden. Jede unentwickelte Anlage beziehungsweise Möglichkeit bedeutet daher auch ein Defizit in unserem Leben. Ein Mensch, der zum Beispiel eine künstlerische Anlage hat, braucht in seinem Leben einen ganz bestimmten Anteil Kunst, und jemand, der eine abenteuerliche Natur besitzt, muss dieses Bedürfnis irgendwie in seinem Leben befriedigen, um zufrieden und er selbst sein zu können.

Die Förderung und Entwicklung solch angeborener Möglichkeiten ist eine der dringlichsten und schönsten Aufgaben der Erziehung, weil sie dazu führt, dass das Kind wie eine Blume in voller Pracht erblüht. Besonders wichtig sind in unserer technisch-rationalen Welt die musischen und künstlerischen Anlagen, weil sie dem Kind - und späteren Erwachsenen - einen Zugang zur irrationalen, transzendenten Dimension erschließen. Jedes Kind sollte Kontakt mit der Kunst und die Möglichkeit bekommen, ein Musikinstrument zu lernen, zu malen, zu formen, zu tanzen oder zu dichten. Wie weit es solche Angebote verfolgt, liegt dann natürlich bei ihm. Viel hängt dabei von der Art des Unterrichts ab, Lernen sollte ein Spiel sein, das Freude macht.

Die Entwicklung seiner künstlerischen Kreativität macht das Kind - und den späteren Erwachsenen - fähig, den Zugang zum Wunderbaren, zum Transzendenten zu finden, das unserem Leben einen tieferen Sinn gibt. Für das kleine Kind ist die Welt ein wunderbares, faszinierendes und geheimnisvolles Erlebnis und das sollte sie auch für uns Erwachsene bleiben, weil unsere Seele selbst aus dem „Jenseits" stammt. Sie kennen doch die tiefe, rational nicht erklärbare Befriedigung, die sich einstellt, wenn ein „Wunder" geschieht. Wie tief kann uns ein Musikstück, ein Gedicht, ein Bild anrühren, uns mit dem harten Leben versöhnen oder uns wieder ein Gefühl dafür geben, dass hinter allem doch etwas Großes und Schönes steht. Auch Märchen sind geeignet, den Sinn für das Wunderbare zu erhalten. Wie wichtig sie für Kinder sind, sieht man an ihren glänzenden Augen, dem faszinierten Blick, der Begeisterung, wenn sie ein Märchen erzählt oder ein Theaterstück gezeigt bekommen.

Es wäre wichtig, dass Ihr Kind genügend Gelegenheit bekommt, seine Begabungen und Fähigkeiten zu entwickeln. Je mehr es seine Eigenarten ausleben kann, desto intensiver ist sein Kontakt zu sich selbst und seiner inneren Ordnung, von der es auch im äußeren Leben getragen wird. Dabei spielen die Träume eine bedeutende Rolle, weil sie die innere Welt sichtbar machen und in bildhafter Form auf wichtige Lebensumstände hinweisen, mit denen das Tagesbewusstsein nicht zurechtgekommen ist. Die Begegnung mit dem Traum ist eine Kontaktaufnahme mit sich selbst, wobei gewissermaßen der Tagmensch und der Nachtmensch zusammenfinden. Haben Sie schon einmal versucht, mit ihrem Kind morgens seine Träume zu besprechen? Sie könnten dadurch nicht nur Aufklärung über geheime Nöte oder unerklärliche Ängste, sondern auch Hinweise auf vernachlässigte Bedürfnisse und unerfüllte Wünsche bekommen.

Gleichzeitig können Sie zu Ihrem Kind dabei einen besonders intensiven und intimen Kontakt pflegen, weil aus dem Traum ja sein innerer Mensch spricht. Und Ihr Kind würde, indem es lernt, auf seine Träume zu achten und sie zu verstehen, einen Zugang zu seinem Unterbewussten bekommen, der ihm in seinem Leben sehr hilfreich sein kann.

Um die Beziehung Ihres Kindes zu sich selbst und zum Leben tragfähig und sinnerfüllt zu machen, ist es auch erforderlich, ihm die Wahrheit über die Welt zu zeigen - von ihrer erfreulichen und unerfreulichen Seite. Es muss diese, allerdings ohne jede Moral und Bewertung, kennen lernen, damit es das, was es ohnehin wahrnimmt, sinnvoll in sein Weltbild einordnen kann. Auf keinen Fall sollte es unwahre Erklärungen für seine wahren Beobachtungen bekommen, weil es sonst seinen *Wahrnehmungen* zu misstrauen beginnt.

Bekanntlich sind jene Menschen, die einen Sinn im Leben haben und ihre Kraft und Aufmerksamkeit auf ein Ziel ausrichten können, nicht anfällig für Langeweile, Zerstreuung oder Illusionen. Wer etwas zu tun hat, das seinen seelischen Bedürfnissen entspricht, das ihm also Spaß macht, steht schon morgens voller Freude und Tatendrang auf und legt sich abends zufrieden zur Ruhe. Weder kommt es ihm in den Sinn zu fragen, was er tun solle, noch braucht er Zerstreuung, Zeitvertreib, Alkohol oder Drogen.

Sie könnten mit Ihrem Kind diese Fähigkeit üben, indem Sie aus der Frage „Warum tue ich das jetzt?" oder „Was will ich jetzt und warum?" ein Spiel machen, das Sie (beide) möglichst oft spielen. Dabei kann Ihr Kind die wichtige Fähigkeit entwickeln, sich über sich selbst und seine Bedürfnisse klar zu werden und sie gegen die Ansprüche aus seiner Umwelt abzugrenzen.

Wären wir uns jederzeit dessen bewusst, wie wir fühlen, denken und handeln, dann hätte unser Leben immer einen Sinn. *Sinn* soll in diesem Zusammenhang heißen: eine vielleicht nur gefühlte, bewusste Beziehung zur Lebensrealität, die uns in unserem tiefsten Innersten befriedigt und mit dieser guten/schlechten Welt, in die wir gesetzt sind, aussöhnt. Wie auch immer es formuliert oder empfunden sein mag: „Sinn" gibt uns inneren Frieden und Kraft. Ihn immer wieder zu finden ist die Voraussetzung dafür, dass wir leben können. Dies ist für uns aber oft so schwer, weil uns die Wunschvorstellungen unseres Oberflächenbewusstseins, die festgefahrenen Meinungen und die tendenziös-unwahren Bilder, die man uns einprogrammiert hat, den klaren inneren Blick verstellen.

Wir brauchen ein Gefühl für den geheimnisvollen Hintergrund unserer Existenz, den wir Gott, Schicksal oder das Unbeschreibliche nennen können und den wir durch alles, was wir in unserem täglichen Leben wahrnehmen, als zeitlose Wahrheit hindurchschimmern sehen können. Auch Kinder können hierauf - zum Beispiel in der Begegnung mit der Religiosität - angesprochen werden, denn dieses Wissen liegt in ihnen.

Solange wir in dem, was uns geschieht, oder in dem, was wir tun müssen, einen Sinn erkennen oder zumindest seine Existenz vermuten können, werden wir nie wirklich in die Irre geraten. Dann gleicht unser Lebensweg einer Wanderung in der Nacht: Das Licht unserer Erkenntnisfähigkeit kann uns zwar nur einen begrenzten Bereich des Weges erleuchten, der dennoch letztlich zum Ziel führt.

(Die Lösung der hier besprochenen Problematik kann mit der Bach-Blüten-Essenz *Wild Oat* oder evtl. mit *Agrimony* oder *Floriplex Nr. 17* gefördert werden. Nähere Informationen hierzu finden Sie in meinem Buch „Heile dein Kind mit Bach-Blüten".)

# UNRUHE, NERVOSITÄT

*Ihr Kind ist nervös und unruhig. Es ist der typische „Zappelphilipp", kann nicht stillhalten, muss sich immer bewegen, hin- und herlaufen, irgendetwas tun. Es pflegt unruhig auf seinem Stuhl herumzurutschen, seine Arbeiten nur oberflächlich, unkonzentriert oder wie gehetzt zu erledigen und findet auch im Schlaf oft keine Ruhe. Dass bei ihm eine Störung vorliegt, ist nicht zu übersehen, man wird ja selbst nervös, wenn man mit ihm zusammen ist.*

Die Ursachen für ein solches Verhalten (das man allerdings nicht mit angeborener Lebhaftigkeit verwechseln darf, bei der das Kind gut gelaunt ist und nachts gut schläft) können vielfältig sein: ein Mangel an lebenswichtigen Substanzen (zum Beispiel Vitamine, Mineralien oder Spurenelemente) oder eine Vergiftung (zum Beispiel durch Umweltgifte, Nahrungsgifte, Amalgamfüllungen in den Zähnen), phosphathaltige Nahrung oder koffeinhaltige Getränke, Medikamente und Narkosemittel, die die Mutter bei der Geburt bekam; auch der so genannte Elektrosmog, der durch elektrische Geräte und Strahlungsquellen entsteht, eine zu laute Wohnung und so genannte Erdstrahlen (zum Beispiel Wasseradern) können das Nervensystem durcheinander bringen. Manchmal muss man regelrechte Detektivarbeit leisten, um solche Belastungen herauszufinden. Hilfreich können baubiologische Untersuchungen, chemisch-physikalische Giftanalysen (durch Öko-Institute), bioelektronische Untersuchungen (Elektroakupunktur nach Voll, Bioresonanz u.ä.), radiästhetische oder biosensorische Verfahren (z.B. Kinesiologie, Pulstestung, Pendel, Tensor u.ä.)sein. Es ist oft sehr beeindruckend, wie sich das Verhalten des Kindes ändert, wenn es mit Hilfe einer homöopathischen Behandlung von solchen subtilen Vergiftungen und Umweltbelastungen befreit wird oder wenn der Schlafplatz nach Untersuchung durch einen kompetenten Rutengänger gewechselt wird.

Oft spielen bei Unruhezuständen psychische Probleme eine Rolle. So kann das Kind durch das soziale Umfeld belastet werden, vor allem bei Nervosität, Unruhe oder psychischen Störungen der Eltern oder Familienangehörigen. Dann sollten in seine Behandlung auch die Kontaktpersonen einbezogen werden. Die Ursache kann allerdings auch beim Kind selbst liegen. Manche Kinder sind von Natur aus sehr unruhig und zappelig, weil sie von den Eltern bestimmte Krankheitsbelastungen vererbt bekamen; ihnen kann eventuell mit einer Konstitutionstherapie, die es nur in der Homöopathie gibt, oder einer Frequenztherapie geholfen werden. Auch ängstliche Kinder sind oft nervös und gehetzt, sie sind innerlich immer ein bisschen auf der Flucht. Dass temperamentvolle Kinder ungeduldig und überaktiv reagieren, wenn man sie bremst, ist ebenso verständlich wie die Unruhe, in die ein sehr begehrliches Kind verfällt, das nicht sogleich bekommt, was es will.

Was auch immer der Grund für die Störung ist - grundsätzlich sollten Sie versuchen, Ihrem Kind einen geordneten und ruhigen Lebenshintergrund zu bieten, der es nicht noch mehr aufregt. (Dass Fernseher, Radio und WLAN möglichst nicht dauernd im Hintergrund laufen dürfen bzw. abends ausgeschaltet werden müssen, versteht sich von allein.) Es sollte dadurch aber nicht eingeengt oder gebremst werden, denn seine Unruhe ist die beste Möglichkeit, überschüssiges Aktivitätspotential zu verbrauchen. Deshalb ist auch - von extremen Situationen abgesehen - von einer Behandlung mit dämpfenden Medikamenten oder Psychopharmaka abzuraten. Manchmal kann man, wenn man gut beobachtet, mit der Zeit den negativen Einfluss entdecken. Zwingen Sie Ihr Kind nicht, ins Bett zu gehen, wenn es wach und munter ist, verbieten Sie ihm nicht sein nervöses Gezappel - es kann ja nicht anders. Behindern Sie nicht seinen Bewegungsdrang, lassen Sie es aufstehen und herumturnen, wenn es bei Tisch nicht mehr sitzen bleiben will; erlauben Sie ihm eine Bewegungspause während der Schularbeiten - kurz: lassen Sie es so weit wie möglich in seiner Unruhe in Ruhe. Das kann zwar momentan sehr unbefriedigend und nervenaufreibend sein, lässt aber den Weg zu einer Lösung offen. Denn grundsätzlich kann man davon ausgehen, dass der Organismus aus jeder Situation das Bestmögliche (nicht das Bestdenkbare) macht und dass auch unnormale Verhaltensweisen eigentlich Heil- und Überlebensreaktionen sind. Werden sie gewaltsam verhindert, so verschlechtert sich die Lage, und die Lösung der Probleme rückt in noch weitere Ferne. Deshalb kommt es immer darauf an, die Ursache einer bestimmten krankhaften Reaktion zu verstehen (damit man sie überwinden kann), statt ihre Folgen zu unterdrücken.

(Die Lösung der hier besprochenen Problematik kann mit den Bach-Blüten-Essenzen *Impatiens* oder *Vervain* und evtl. mit *White Chestnut* oder *Floriplex Nr. 13* gefördert werden. Nähere Informationen hierzu finden Sie in meinem Buch „Heile dein Kind mit Bach-Blüten".)

## UNSELBSTÄNDIGKEIT
(Selbstverantwortung, Ratschläge, Furcht vor Fehlern, Eigenständigkeit)

*Ihr Kind ist unsicher und unselbständig. Es wagt nicht, spontan und auf eigene Verantwortung zu handeln, sondern fragt immer, was es tun und wie es sich verhalten soll. Seine dauernde unschlüssige Fragerei kann einem manchmal auf die Nerven gehen und oft hat man das ungute Gefühl, dass man ihm eigentlich gar nicht hilft, indem man ihm einen Rat gibt.*

Denn sein Problem, die Unselbständigkeit, wird durch Ratschläge nicht gelöst - im Gegenteil, das Kind wird dadurch geradezu ermuntert, die Verantwortung für sein Tun abzugeben und andere für sich entscheiden zu lassen. Das ist schade, weil es sich dadurch oft zu einem Verhalten verleiten lässt, das ihm eigentlich nicht liegt. Man könnte auch sagen, dass Ihr Kind zu wenig auf seine innere Stimme achtet, die aus seinen subjektiven Wahrnehmungen, Eingebungen und Sehnsüchten besteht und eine Art Instinkt darstellt, der ihm hilft, im Leben zu sich selbst zu finden und *auf seine Weise* glücklich zu werden.

Wieso ist Ihr Kind so unselbständig, oder anders gefragt: Wieso orientiert es sich mehr an der Meinung seiner Umgebung als an seiner eigenen? Eine wichtige Rolle dürfte dabei, wie Sie sicher längst bemerkt haben, sein offensichtliches Bedürfnis nach harmonischen Beziehungen, nach einer Übereinstimmung mit seinem sozialen Umfeld spielen. Es möchte bei allen beliebt sein: bei seinen Eltern und Familienangehörigen genauso wie bei den Freunden und Erziehern, und versucht deshalb, es allen recht zu machen. Sein Verhalten und Handeln ist meist an der allgemeinen Linie orientiert, und es hütet sich davor, aus der Reihe zu tanzen.

Diese angenehme und offensichtlich veranlagungsbedingte Tendenz verschafft ihm nicht nur das Wohlwollen der Menschen, mit denen es zu tun hat, sondern bietet ihm auch eine Art von Geborgenheit in der Gruppe, die ihm sehr wichtig zu sein scheint. Ihr Kind hat einen ausgesprochen sozialen Charakter und ist teamgeeignet, denn es richtet sich nach dem, was allgemein erwartet wird. Würde es dabei nicht so stark seine eigene Identität beziehungsweise seine individuellen Bedürfnisse aus dem Auge verlieren, so bestünde keine Veranlassung, in irgendeiner Weise auf es einzuwirken. Tatsächlich ist aber bei ihm offensichtlich das natürliche Gleichgewicht zwischen ICH und DU gestört, das unter anderem darin besteht, sich einerseits in den Gemeinschaftsgeist einzupassen und verantwortlich zu handeln und andererseits eigenständig und selbstverantwortlich zu bleiben.

Das zeigt sich deutlich in jenen Situationen, in denen niemand da ist, an den es sich wenden kann. Die Furcht davor, Fehler zu machen, und die Gewohnheit, anderen die Verantwortung für sich zu übertragen, machen es unfähig, ohne Rückversicherung zu handeln oder notfalls gegen den Strom zu schwimmen. Es besteht ein Defizit in seiner Persönlichkeitsentwicklung, aufgrund dessen es zu abhängig von anderen ist und Gefahr läuft, gegen seine innersten Bedürfnisse zu handeln.

Unter diesen Umständen ist auch zu erwarten, dass Ihr Kind später zu jenen Menschen gehören wird, die immer dem allgemeinen Massentrend folgen und dabei in Situationen kommen können, die sie eigentlich nicht wollten. Sagt man nicht: „Mitgegangen - mitgefangen - mitgehangen"? Besonders unangenehm ist dies, wenn man eigentlich gar nicht mitgehen wollte. Wir können mit jeder Lebenskrise und Schicksalsprüfung zurechtkommen, die die Folge eines bewusst eingeschlagenen Weges ist und mit der wir uns identifizieren, nur schwer aber gelingt dies, wenn wir durch andere Menschen hineingebracht werden. Auch heute schon wird es gelegentlich vorkommen, dass Ihr Kind, weil es sich einem/r Freund/in angeschlossen hat, in Schwierigkeiten gerät.

Wie gesagt, offensichtlich hat Ihr Kind eine Veranlagung, die es vom allgemeinen Konsens abhängig macht und die sich einseitig und verzerrt entwickelt hat. Wahrscheinlich haben Bezugspersonen oder Erzieher daran mitgewirkt, indem sie Ihr Kind zu stark geführt haben, ihm die Selbstverantwortung zu sehr abgenommen haben, zu bereitwillig auf seine Fragen eingegangen sind und ihm bei jeder Unschlüssigkeit vorschnell oder ungefragt unter die Arme gegriffen haben. Vielleicht gehören Sie selbst zu diesen starken, klaren Menschen, die immer wissen, was zu tun ist, und die den Drang haben, andere anzuleiten. Jedenfalls konnte Ihr Kind seine ohnehin schwach angelegte Selbstverantwortungsfähigkeit nicht genügend entwickeln und ist jetzt davon abhängig, dass man ihm sagt, was es tun soll.

Unter diesen Umständen käme es darauf an, zunächst einmal zu überprüfen, inwieweit *Sie selbst* der Grund dieser Fehlentwicklung sind und ob es erforderlich ist, dass Sie sich vorsichtig aus der Rolle des Helfers und Ratgebers zurückziehen. Ratschläge sind ohnehin immer fragwürdig, weil man sich nie ganz in den Ratsuchenden hineinversetzen kann und selten genau weiß, worum es ihm wirklich geht. Oft sieht man an den Problemen anderer nur jenen Teil, der einem persönlich etwas sagt, oder versucht unbewusst, in dessen Person eigene Schwierigkeiten zu lösen.

Anfangs würde Ihr Kind wahrscheinlich protestieren, wenn Sie ihm die gewohnte Unterstützung nicht mehr gäben, weil es sich noch nicht daran gewöhnt hat, selbständig zu handeln. Dennoch wäre es gut, wenn es bald seine Entscheidungen selbst treffen müsste. Sie bräuchten ihm nur die Fragen: „Was soll ich tun? - Was soll ich jetzt spielen? - Was soll ich anziehen? - etc." nicht mehr zu beantworten, sondern es vor die Notwendigkeit zu stellen, selbst zu entscheiden und auszuprobieren. Natürlich benötigt ein Kind eine gewisse Anleitung, um sich in dieser Welt zurechtzufinden, doch dabei sollte ihm möglichst viel Selbstverantwortlichkeit übertragen bleiben. Es muss erfahren, dass Fehler keine Katastrophe sind und dass man aus ihnen mehr lernt als aus allen guten Ratschlägen. Sie könnten ihm auch zeigen, wie man herausfindet, was man wirklich will, indem Sie mit ihm zusammen die jeweils fraglichen Situationen genau untersuchen, ihm beibringen, systematisch die Vor- und Nachteile, die Möglichkeiten und die eigenen Beweggründe zusammenzustellen, und ihm dann die Entscheidung überlassen.

Es geht darum, dass es lernt sich darüber klar zu werden, was es eigentlich am liebsten möchte, und den Mut entwickelt, „aus dem Bauch" heraus - spontaner und unabgesichert - zu handeln. Das Wort „eigentlich" spielt hier eine besonders wichtige Rolle, denn es bezieht sich auf das *Eigene*: das, was man, wenn man dürfte, am liebsten tun würde. Im Eigentlichen spricht die innere Stimme, und Menschen, die so handeln, wie sie *eigentlich* möchten, befinden sich auf ihrem *eigenen* Weg und handeln aus Selbstverantwortung.

Die Selbstverantwortung ist die positivste Form der Verantwortung, weil sie auf unsere persönliche Wahrheit ausgerichtet ist. Wir beantworten uns die Frage: „Handelst du richtig?" selbst und folgen unserer inneren Stimme, unserem persönlichen Gewissen, unserer Berufung. Statt nach Lob von außen zu schielen, versuchen wir vor allem, mit uns selbst zufrieden zu sein. Natürlich können sich daraus Konflikte ergeben, wenn die eigene Überzeugung nicht mit der allgemeinen Erwartung übereinstimmt. Dennoch ist das selbstverantwortliche Handeln der einzige Weg zu sich selbst und einem erfüllten Leben, es ist die Voraussetzung für Selbständigkeit im täglichen Leben genauso wie in schicksalsentscheidenden Situationen.

Die Gefahr, dass sich Ihr Kind auf Konflikte mit der Gemeinschaft einlassen könnte, besteht übrigens nicht, weil das Bedürfnis nach Übereinstimmung bei ihm sehr stark angelegt ist. Es wird sich kaum in schwere Gegensätze zu seinem sozialen Umfeld begeben. Diese Bereitschaft, sich an anderen zu orientieren, darf man aber nicht als Persönlichkeitsfehler im Sinne von charakterlosem Opportunismus abwerten, sondern muss berücksichtigen, dass es für Ihr Kind unerlässlich ist, in Harmonie mit seinen Mitmenschen zu leben.

Es sollte so viel Eigenständigkeit entwickeln, dass es, obwohl es sich primär an den Erwartungen der Gesellschaft orientiert, notfalls jederzeit auch ohne fremde Hilfe weiterfinden kann. Raten und helfen Sie ihm nur dann, wenn dies unbedingt und in seinem Interesse nötig ist. Dadurch kann es lernen, selbständig und selbstverantwortlich zu handeln und auch einmal einen Irrtum zu riskieren. Die schlechten Erfahrungen sind meist die eindrücklichsten, und wenn Ihr Kind merkt, dass Fehler meist keine so schlimmen Folgen haben, verliert es einen Teil seiner Furcht davor. Aus diesem Grunde sollte es auch, wenn es einmal „danebengegriffen" hat, nicht getadelt, sondern geduldig über seinen Irrtum aufgeklärt werden. Aus Schaden wird man klug, und praktische Fähigkeiten erwirbt man am besten, indem man einfach anfängt. Ihr Kind wird seine Hemmungen und Unklarheiten am schnellsten überwinden, wenn es sieht, dass es auf eigenen Beinen stehen muss und keinen leichten Rat mehr bekommt.

(Die Lösung der hier besprochenen Problematik kann mit der Bach-Blüten-Essenz *Cerato* und evtl. mit *Larch* gefördert werden. Nähere Informationen hierzu finden Sie in meinem Buch „Heile dein Kind mit Bach-Blüten".)

# VERBISSENHEIT
(Unnachgiebigkeit, Wille, Grenzen, Loslassen, Machtkämpfe)

*Ihr Kind ist oft zu verbissen und unnachgiebig. Man spürt, dass es einen ausgesprochen starken Willen besitzt. Wenn es sich etwas in den Kopf gesetzt hat, entwickelt es eine Stärke und eine Zähigkeit, die der eines Erwachsenen nicht nachsteht. Es lässt sich durch nichts von seinen Wünschen und Absichten abbringen: Es will etwas anfassen, will irgendwo hingehen, will etwas betrachten, will etwas haben oder will einfach die Kraft seines Willen mit derjenigen seiner Eltern, Freunde/innen oder Erzieher/innen messen.*

Grundsätzlich ist dieser starke Wille zu begrüßen, weil er Ihrem Kind in seinem späteren Leben helfen wird, sich durchzusetzen und seine Ziele zu erreichen. Problematisch daran ist nur, dass Ihr Kind ihm so ausgeliefert ist, dass es nicht aufhören oder nachgeben kann, wenn die Umstände es erfordern würden, sondern auf Widerstand oder Misserfolg grundsätzlich mit verstärktem Einsatz reagiert und sich dadurch letztlich selbst schädigt.

Das Problem Ihres Kindes ist die ungenügende Bereitschaft, Grenzen anzuerkennen: Grenzen, die dadurch entstehen, dass wir in einer Welt leben, die unter einer wachsenden Zahl von Lebewesen aufgeteilt werden muss; Grenzen, die sich daraus ergeben, dass andere Menschen ebenfalls berechtigte Wünsche und Bedürfnisse haben; Grenzen, die in der Natur jener Sache liegen, mit der es sich jeweils beschäftigt; Grenzen, die ihm sein Körper und seine Veranlagung setzen. Es kann sie nicht als unumstößliche Tatsache nehmen, sondern betrachtet sie als Widerstand, der überwunden, als Herausforderung, die angenommen werden muss. Im Prinzip entsteht aus dieser Einstellung Wachstum, das ja auch die Überwindung und Erweiterung der bestehenden Strukturgrenzen bedeutet, und deshalb kann man sich oft des Eindrucks nicht erwehren, dass sich in Ihrem Kind eine mächtige Naturkraft realisiert, mit der man richtig umgehen muss, damit sie kein Unheil anrichtet.

So besteht die Gefahr, dass Ihr Kind, *nur um seinen Willen durchzusetzen,* sich etwas erkämpft, was es eigentlich gar nicht will und was es dann auch sogleich achtlos beiseiteschiebt (zum Beispiel eine bestimmte Speise oder ein Spielzeug); oder dass es jeden, der ihm nicht nachgiebig entgegenkommt, sogleich als Konkurrenten oder Gegner behandelt, wodurch es sich viele Feinde macht; dass es durch

Misserfolge und Niederlagen in eine negative, verbitterte Lebenshaltung gerät oder dass es sich auf extreme Mut- und Kraftproben einlässt. Auch körperliche Störungen können dabei auftreten: verkrampfte Bewegungen, Verspannungen des ganzen Körpers, Nervosität, Gereiztheit, Aggressivität, Unruhe, Schlaflosigkeit, Leber-Galle-Störungen, starke Hautreaktionen, Herzbeschwerden.

Vielleicht hat Ihr Kind einen introvertierten Charakter und praktiziert sein Nicht-aufgeben-Können auf eine stille Art, indem es sich stunden- oder tagelang mit einer Arbeit beschäftigt oder sich in ein Problem verbeißt, ohne zu einem Ende zu kommen. Vielleicht gehört es aber zu jenen kleinen Energiebündeln, die unablässig schreien können, empört auf den Tisch trommeln, keine Ruhe geben oder immer und überall ihren Willen durchsetzen wollen. Wie auch immer, in beiden Fällen gibt es Probleme: Das stille Kind kann frustriert, freudlos oder krank werden, das extravertierte wird, wie klein es auch sein mag, als unerfreulich empfunden und irgendwann aus seiner sozialen Gemeinschaft ausgegrenzt, indem zum Beispiel andere Kinder sich weigern, mit ihm zu spielen, Erwachsene es nicht bei sich haben wollen oder sogar seine Eltern es ablehnen.

Es wäre also sehr zu wünschen, dass es sich anders zu verhalten lernt. Dabei kann man nicht erwarten, dass es sich von Grund auf ändert und ein „nachgiebiges Lämmchen" wird, denn niemand kann aus seiner ihm angeborenen Haut heraus. Ihr Kind wird immer einen etwas stärkeren Willen als andere besitzen und mit seiner Hilfe wahrscheinlich auch Erfolg haben. Es geht nur darum, ihm ein Gefühl für das richtige Maß zu vermitteln und seine Fähigkeit zu fördern, im richtigen Augenblick nachzugeben und aufzuhören.

Diese ist genauso wichtig wie sein Durchhaltevermögen und seine Willenskraft. Das Geheimnis erfolgreicher Menschen besteht nicht nur in ihrer großen Durchsetzungskraft, sondern auch ihrem Gespür dafür, wann sie sie einsetzen dürfen. Es ist zwar wichtig, seine Wünsche und Ziele konsequent zu verfolgen, genauso ist es aber auch richtig, sie in dem Augenblick aufzugeben, in dem sie sich als unrealisierbar oder unsinnig erweisen. Dies ist das Prinzip des Loslassens, das auch in der lebendigen Natur herrscht: Der Baum steht aufrecht, solange es geht, aber er beugt sich willig dem Sturm, um nicht zu zerbrechen; der Käfer versucht, auf direktem Weg sein Ziel zu erreichen, macht aber ohne zu Zögern einen Umweg, wenn ihm ein Hindernis dazwischenkommt; das kämpfende Tier ergibt sich, wenn es merkt, dass es unterliegt. Die Natur kennt Widerstand und Zielstrebigkeit, gleichzeitig aber auch Nachgeben und Aufgeben; beides ist im Hinblick auf unser Überleben gleichwertig. Manchmal verrennen wir uns aber in einen Plan, eine Idee, einen Wunsch und können, wie wir selbst merken, einfach nicht mehr aufgeben, obwohl keine Aussicht auf Erfolg besteht.

Eigentlich ist dies die Folge einer ungenügenden Sensibilität für unsere Grenzen. Diese liegen immer dort, wo die Rechte anderer Menschen beginnen, wo widrige Umstände sich nicht ändern lassen, wo die eigene Kraft nicht ausreicht. Sie liegen allerdings nicht für immer fest, sondern können sich entsprechend den äußeren Lebensbedingungen oder der persönlichen Entwicklung beträchtlich ändern. Im Prinzip sind sie das Ergebnis der ständigen Auseinandersetzung zwischen unserem persönlichen Drang nach Selbstverwirklichung (Bedürfnisse, Veranlagungen, Triebe) und den sie behindernden Kräften oder Umständen. Weil sich alle diese Faktoren ständig ändern, gilt die jeweilige Grenze immer nur für den Augenblick. Daher kann es vorkommen, dass wir an einem Tage stark und expansiv und am nächsten schwach und defensiv sind, dass uns heute etwas unmöglich ist, was wir morgen vielleicht mühelos erreichen, dass wir einmal unnachgiebig und ein andermal nachgiebig sein müssen.

Je besser und bewusster wir diesem dynamischen Kräftespiel gerecht werden können, desto harmonischer und erfolgreicher verläuft unser Leben. Denn dann bemühen wir uns immer nur um das, was wir auch erreichen können. Was dies jeweils ist, sagt uns unser Gefühl, unser Instinkt und unser Unterbewusstsein, vom dem wir uns führen lassen sollten. Unüberwindbare Widerstände, Misserfolge oder Niederlagen sind meist Zeichen dafür, dass wir nachgeben, verzichten und uns neu orientieren sollten.

Das kleine Kind kann diese Problematik natürlich nicht so bewusst sehen, aber es hat doch eine gute Erkenntnismöglichkeit: das Leid. Denn das körperliche Unbehagen, das aus der Verbissenheit entsteht, oder der Entzug menschlicher Zuwendung als Antwort auf seine penetrante Unnachgiebigkeit werden von ihm durchaus registriert; es kann sich oft nur keinen richtigen Reim darauf machen und die geeigneten Konsequenzen ziehen. Vielleicht können Sie ihm mit der Zeit ein besseres Gespür dafür vermitteln, wie weit es jeweils gehen darf und wann es aufhören muss.

Gute Worte nutzen dabei allerdings wenig. Es wird vor allem nach dem Motto: „Wer nicht hören will, muss fühlen" lernen, denn es sucht ja instinktiv seine Grenzen, geht immer so weit wie möglich -

und immer ein bisschen weiter als andere. Erst wenn es wirklich am Ende ist oder wenn es richtig auf die Nase gefallen ist, wird es gezwungenermaßen bereit sein innezuhalten. Dann könnten Sie ihm verständnisvoll erläutern, warum es so weit gekommen ist, damit es sich in Zukunft umsichtiger verhalten kann. Dabei dürften aber keine verurteilenden oder triumphierenden Worte fallen, weil es sich sonst provoziert fühlen würde. Es geht einfach darum, mit ihm diese Realität emotionsfrei und realistisch zu betrachten und ihm klar zu machen, dass es kein Zeichen von Schwäche, sondern von Klugheit ist, im richtigen Augenblick auf- oder nachzugeben.

Es wird auch immer wieder einmal angebracht sein, dass Sie zu Ihrem Kind unmissverständlich und ohne Widerspruch zu dulden „Stopp!" oder „Nein!" sagen, wenn es eindeutig zu weit geht, sich zu penetrant oder verbissen benimmt. Signalisieren Sie ihm aber gleichzeitig, dass Sie es trotzdem lieben und dass dies keine Verurteilung ist. Dann wird es damit zurechtkommen. Es lernt dabei etwas ganz Natürliches und Alltägliches: dass man nicht immer alles bekommt, was man will. Erklären Sie ihm dabei aber, warum und wozu jetzt Schluss ist, und zeigen Sie ihm, dass solche Maßnahmen keine Strafe darstellen, sondern sinnvolle Kompromisse.

Auf keinen Fall sollten Sie mit Ihrem Kind Willens- und Machtkämpfe austragen. Diese Gefahr besteht, wenn Sie selbst gewohnt sind Ihren Willen durchzusetzen. Das Stoppzeichen, das Sie Ihrem Kind geben, muss primär *seinem* Interesse dienen - zum Beispiel beim abendlichen Zubettgehen, beim Fernsehen oder bei ungesundem Essen - nicht aber *Ihrer* Bequemlichkeit oder Ihren Vorstellungen und schon gar nicht dem Ziel, Ihr Kind „klein zu kriegen". Das wird Ihnen sowieso nicht gelingen, da es wahrscheinlich aus demselben Holz geschnitzt ist wie Sie. Ein willensstarkes Kind, das zu stark unterdrückt wird, wird nur noch kompromissloser und verbissener.

Vielleicht gefällt Ihnen aber die Veranlagung Ihres Kindes, weil Sie sich geschmeichelt selbst darin wiedererkennen oder, wenn Sie sich *selbst* als *willensschwach* empfinden, weil Ihnen die Stärke Ihres Kindes imponiert. Das könnte dazu führen, dass Sie es in diesem ohnehin schon problematischen Verhalten noch bestärken, was nicht zu empfehlen wäre. Man muss sich immer sehr vorsehen, wenn man Kinder beeinflusst, dass man in ihnen und damit auf ihre Kosten nicht die eigenen Schwächen, Vorlieben oder Neurosen auslebt.

Am Anfang muss immer die Frage stehen: Bin ich, der/die ich mich zum Vorbild mache, wirklich so vorbildlich? Ist diese Meinung oder

Vorstellung, die ich an mein Kind weitergebe, wirklich zutreffend und nicht nur der Ausdruck meiner eigenen Irrtümer? Diese Frage ist oft schwer zu beantworten, weil wir uns selbst kaum objektiv sehen können. Wir müssen also immer genau auf die Reaktion des Kindes achten. Leistet es starken Widerstand oder bekommt es dadurch Konflikte, so ist auf jeden Fall eine Überprüfung unseres eigenen Standpunktes angebracht. Im Zweifelsfall wird es dann besser sein, das Kind seiner natürlichen, inneren Führung zu überlassen und zunächst an sich selbst zu arbeiten. Oft ist auch die Meinung und Hilfe einer außenstehenden, kompetenten Person hilfreich, weil diese das Kind und seine Eltern mit mehr Abstand sehen kann.

(Die Lösung der hier besprochenen Problematik kann mit den Bach-Blüten-Essenz *Oak* und/oder *Vine oder Vervain oder Floriplex Nr.18* gefördert werden. Nähere Informationen hierzu finden Sie in meinem Buch „Heile dein Kind mit Bach-Blüten".)

## VERLETZUNG
(Trauma, Verdrängung, Trennungstrauma, Wunde, Erziehung, Loslassen, Heilung)

*Ihr Kind ist seit einiger Zeit in seinem Wesen oder seinem Verhalten verändert: Es macht einen geknickten, blockierten, verängstigten oder verletzten Eindruck, gedeiht nicht mehr richtig, ist gesundheitlich labil oder sogar krank geworden. Offensichtlich hat es eine seelische Erschütterung oder Verletzung erlitten, die es nicht überwinden konnte.*

Wahrscheinlich kennen Sie die Ursache dieses Traumas (der Verletzung). Vielleicht war es ein Unfall, eine Demütigung, eine Ungerechtigkeit, eine Bestrafung, ein Schock oder ein Verlust. Möglicherweise aber lässt sie sich nicht mehr feststellen, weil Ihr Kind die Erinnerung an das verletzende Erlebnis in seinem Inneren verschlossen hat und sich weigert, wieder daran zu rühren. Dann nutzt auch intensives Befragen nichts; man sollte sich sogar davor hüten und lieber versuchen, aus beiläufigen Bemerkungen oder Verhaltensauffälligkeiten Aufschluss zu bekommen.

Es ist ja eine typische und sinnvolle Eigenschaft unserer Psyche, Erlebnisse, die sie nicht verarbeiten oder verkraften kann, zu verdrängen, damit wir nicht daran zerbrechen und wenigstens unser äußerliches Leben fortführen können. Damit ist das Problem allerdings nicht aus der Welt geschafft, sondern lagert im Archiv unseres Unterbewusstseins, bis wir reif geworden sind, es endlich zu lösen und einen weiteren Fortschritt in unserer persönlichen Entwicklung zu machen.

Im Prinzip bedeutet eine Verletzung, dass bestimmte körperliche oder psychische Strukturen und Funktionen unseres Organismus durch einen außergewöhnlichen äußeren Einfluss, den wir nicht abwehren oder verarbeiten konnten, blockiert, verändert oder zerstört wurden. Besonders verletzlich sind daher Kinder; sie haben oft weder die Körperkraft, sich gegen Übergriffe aus der Umwelt zu wehren, noch die geistige Kapazität, sinnvoll mit Enttäuschung, Verlust und Feindschaft umzugehen. Deshalb sollte man, wenn man im Begriff ist, ein Kind unter Druck zu setzen, sehr sensibel darauf achten, dass dieser berechtigt und unumgänglich ist und dass es dadurch nicht überfordert wird und genügend Zeit hat, sich darauf einzustellen. Wie ein Zweig, der gebogen wird, an einem bestimmten Punkt bricht, so kann auch die kindliche Psyche bei Überbelastung dauerhaft geknickt werden.

Die ersten Verletzungen können schon im Mutterleib eintreten, da das Kind emotional mit der Mutter verbunden ist und bereits einen gewissen Kontakt zur Umwelt hat. Schocks und seelische Traumata, die die Mutter erleidet, können auch ihr Kind treffen und wahrscheinlich merkt es auch, ob es willkommen ist oder nicht.

Ferner kann es durch eine schwierige Geburt und eventuelle medizinische Eingriffe traumatisiert werden, wobei sich besonders negativ eine eventuelle Trennung von der Mutter auswirken kann. Diese kann beim Säugling, der ja für sein Überleben völlig auf die Mutter angewiesen ist, Todesangst auslösen, die man oft auch aus seinem verzweifelten Geschrei heraushört. Dieses erste Trennungstrauma kann sein Urvertrauen untergraben und später in Form unerklärlicher Ängste sein ganzes Leben überschatten. Das beste Mittel dagegen ist möglichst viel Körperkontakt mit der Mutter, genauer gesagt: so viel, wie das Kind verlangt. Auch die *Bach-Blüten-Therapie* und die *Homöopathie* können das Trauma überwinden helfen, und übrigens ermöglichen sie, vorbeugend angewendet, meist eine unproblematische Geburt.

Unfälle, Vergiftungen, Verbrennungen, Schädigungen durch Krankheitserreger werden an anderer Stelle erwähnt („Heile dein Kind mit Regenaplexen").

Später kann das Kind eventuell Verletzungen durch körperliche und psychische Misshandlung erleiden. Diese sind unter anderem deshalb so häufig, weil viele Erwachsene das Kind nicht als vollwertigen Menschen betrachten und meinen, sie dürften mit ihm machen, was sie wollen. Oft ist die schlechte Behandlung des Kindes die Folge einer problematischen Familiensituation, zum Beispiel Dauerstreit zwischen den Eltern, Widerwillen gegen die Lebensgemeinschaft oder belastende äußere Umstände. Das Kind kann dann die Rolle des Prügelknaben (im wahrsten Sinne des Wortes) bekommen, besonders dann, wenn es der Grund dafür ist, dass der/die Misshandelnde sich nicht aus einer unerfreulichen Ehe/Beziehung befreien kann. (Deshalb ist es, wenn ein Kind gezeugt werden soll, so wichtig, auf gute äußere Lebensbedingungen und eine liebevolle Partnerschaft zu achten.) Manchmal versuchen dominante Eltern ihr Kind, wenn es einen starken Charakter besitzt und sich ihnen nicht unterordnet, durch psychische oder körperliche Gewalt klein zu kriegen. Daraus resultieren oft psychische Schäden: Ist das Kind nachgiebig veranlagt, kann sein Wille gebrochen werden, hat es eine kämpferische Natur, kann es krankhaft aggressiv werden.

Bei den psychischen Verletzungen spielt die Enttäuschung wichtiger Erwartungen und Bedürfnisse die Hauptrolle. Wer etwas dringend braucht oder will, der kann, wenn er es nicht bekommt, ein Trauma erleiden. Besonders Kinder mit sehr intensiven Wünschen sind in dieser Hinsicht gefährdet, weil ihnen noch nicht genügend klar ist, dass man in unserer gut-bösen Welt nicht alles bekommt, was man will. Fast jeder Mensch kann sich an schmerzliche Situationen in der Kindheit erinnern, in denen er in einer positiven Erwartung frustriert wurde und die seine Lebenseinstellung mitgeprägt haben. In solchen Augenblicken entstehen jene inneren Wunden, die immer bleiben, und mancher Lebensweg besteht vor allem in dem Versuch, ihre Berührung zu vermeiden.

So kann ein Kind, das „zu viel" Zuwendung braucht, durch lieblose oder schon durch uninteressierte Behandlung verletzt werden; ein „übertrieben" starkes Bedürfnis nach Anerkennung und Lob macht es verletzbar durch Tadel oder Demütigung; wenn es „zu sehr" nach Gerechtigkeit, nach Freiheit oder Durchsetzung des eigenen Willens verlangt, kann eine Ungerechtigkeit, eine Einschränkung seiner Freizügigkeit oder eine Unterwerfung eine schmerzliche Wunde in seinem Inneren hinterlassen; wenn es „zu stark" Sicherheit, Ruhe oder Besitz benötigt, kann ihm deren Verlust einen bleibenden Schaden zufügen; oder wenn es „übertrieben" wahrheitsliebend ist, kann eine schwere Lüge seine innere Ordnung für immer untergraben. Eine besonders problematische und oft traumatisierende Situation kann eintreten, wenn ein erstgeborenes Kind einen Teil der Mutterliebe und seines Reviers an ein nachgeborenes Geschwister verliert. Die Folgen dieses Traumas sind oft Stottern, Bettnässen, Verhaltensstörungen, Aggressionen oder Minderwertigkeitsgefühle. Auch die übliche Erziehung, die das Kind systematisch mit Strafe und Drohung so zurechtstutzt und verbiegt, dass es problemlos in die bestehende Ordnung passt, bedeutet eigentlich eine große Verletzung. (Dass diese angenehmen, braven Kinder in Wirklichkeit oft innerlich geknickt und seelisch verletzt sind, wird nicht beachtet; genauso wenig ist uns selbst klar, wie viele ungeheilte seelische Wunden wir in uns tragen, die unser Verhalten und unsere Lebenseinstellung beeinflussen.) Daher müsste bei der Erziehung immer das Wohl des Kindes und nicht das Interesse von Eltern und Gesellschaft an erster Stelle stehen.

Spezielle Bedürfnisse und Wünsche eines Kindes beruhen in der

Regel auf einer bestimmten Veranlagung, und es ist richtig, sie ernst zu nehmen. Vor allem in den ersten Lebensjahren sollte das Kind möglichst alles bekommen, was es will, damit es Vertrauen in die Welt fasst. Dieses Vertrauen wird eine tragende Basis für sein ganzes Leben sein, und selbst wenn sich herausstellt, dass die Welt doch nicht so gut und entgegenkommend ist, wird es als heiles Element in seiner Seele bestehen bleiben. Natürlich wäre es aber nicht gut, dem Kind eine Wunder-, Wunsch- und Traumwelt vorzugaukeln, weil es dann mit Sicherheit bald und schmerzlich erfahren würde, dass das Leben ganz anders ist, nämlich auch grausam und feindlich, und seine positive Haltung ihm gegenüber verlieren würde. Deshalb wäre es gut, behutsam gegenzusteuern und es einfühlsam auf den Boden der Realität zurückzuholen, wenn Sie bemerken, dass Ihr Kind unrealistische Erwartungen oder Ansichten hat. Es muss auch ein Gefühl für die potentiellen Gefahren bekommen, von denen es bedroht ist: zum Beispiel im Kontakt mit elektrischem Strom oder im Straßenverkehr, aber auch im Umgang mit Tieren oder mit Menschen, die sich gegen Verletzungen ihrer Reviere bzw. Rechte wehren.

Sollte es aber doch enttäuscht oder verletzt werden, braucht es, besonders wenn es noch klein ist, zunächst Trost und Zuwendung, damit seiner unerwartet negativen Erfahrung etwas Positives entgegengesetzt und sein Urvertrauen wiederhergestellt wird. Körperkontakt ist für ein Kind das Tröstlichste, weil dadurch die Erinnerung an das schützende Nest wieder auflebt. Wichtig wäre auch, sich mit ihm zu solidarisieren, damit es sich nicht verlassen oder verstoßen fühlt. Manche Eltern neigen dazu, ihr Kind, wenn ihm etwas passiert ist, obendrein noch auszuschimpfen. Selbst, wenn sie damit objektiv Recht haben, empfindet das Kind es subjektiv als Unrecht, wenn ihm seine Vertrauensperson in den Rücken fällt. Es ist besser, mit Erklärungen und eventueller Kritik so lange zu warten, bis der Schock überstanden ist und die emotionalen Wogen geglättet sind. Denn natürlich sollte das Kind zu verstehen lernen, *warum* ihm das Malheur passiert ist.

Man kann jedes psychische Trauma auch als Folge unserer Unfähigkeit verstehen, sofort loszulassen, wenn man etwas verliert: eine Erwartung, eine Gewohnheit, eine Vorstellung oder einen Besitz. Die Fähigkeit, Schicksal anzunehmen und eigene, überholte Positionen aufzugeben, ist eines der wichtigsten Elemente jeder Lebenskunst, mit deren Erlernen man nicht früh genug beginnen kann (am besten schon in der Kindheit). Es werden sich, sobald Ihr Kind die Welt bewusst zu erleben beginnt, viele Gelegenheiten bieten, es geistig hierauf vorzubereiten, indem Sie es zum Beispiel ermuntern, positiv nach vorn zu schauen, statt Verlorenem nachzutrauern, und ihm, wenn es etwas verloren hat oder etwas Schlimmes erlebt, zeigen, dass damit in anderer Hinsicht gleichzeitig immer irgendein Vorteil oder ein Gewinn verbunden ist.

Das Verhalten Ihres Kindes weist auf eine seelische Wunde hin. Wie kann sie geheilt werden? Diese Frage können wir durch Beobachtung der körperlichen Wundheilung beantworten: am besten ist die sofortige Wiederherstellung des früheren Zustandes. Ein glatter Schnitt, dessen Ränder man sogleich zusammenpresst, ist schnell „repariert", und abgetrenntes Gewebe heilt normalerweise problemlos an, wenn man es unverzüglich an die alte Stelle bringt. Auch das psychische Trauma lässt sich am besten durch sofortige Wiederherstellung des ursprünglichen Normalzustandes heilen. Wie verwundetes Körpergewebe nicht sofort abstirbt, so bleibt auch der verletzte psychische Bereich noch eine Zeit lang lebendig und empfänglich. Die Psyche hofft gewissermaßen, dass sich das traumatisierende Erlebnis, das sie als schweren Vertrauensbruch der Welt empfindet, als Irrtum und böser Traum erweisen werde. Bleibt diese Zeitspanne, in der sie noch zum Vergeben und Vergessen bereit ist, ungenutzt, so sucht sie nach einem möglichst guten Ersatz.

Bei Kindern kann man dies gut beobachten. Werden sie von der Mutter in ihren Wünschen enttäuscht, so wenden sie sich sogleich dem Vater zu, der sonst meist nur an zweiter Stelle kommt. Oder wenn ein Kind eine wichtige Bezugsperson verliert, sucht es sich bald eine neue, die zwar meist nicht ganz den Verlust ausgleichen kann, aber doch immerhin den Defekt teilweise deckt. Ist kein guter Ersatz möglich, so bleibt nur die so genannte Defektheilung. Dabei entwickelt die Psyche einen Zustand, der der körperlichen Narbe, also einem mehr oder weniger brauchbaren Hilfsgewebe, entspricht. Sie kapselt den traumatisierten Gefühlsbereich ab, schützt ihn mit speziellen Abwehrhaltungen oder entwickelt Verhaltensformen, die den Defekt irgendwie ausgleichen. Zum Beispiel findet dann manchmal nach einem ungeheilten sexuellen Trauma kein Sexualleben mehr statt oder man meidet nach einem dramatischen Misserfolg entweder jenes Gebiet, auf dem man versagt hat, oder wendet sich mit krankhaft übertriebenem Ehrgeiz einem anderen zu.

Im Falle Ihres Kindes wäre es am besten gewesen - vielleicht ist es auch heute noch nicht zu spät dafür -, sogleich das betreffende Ereignis zu neutralisieren und „rückgängig" zu machen. Seine Psyche ist im Prinzip bereit dazu, weil sie von Natur aus auf Vertrauen eingestellt ist und das schlimme Erlebnis eigentlich immer noch nicht wahrhaben kann. Vielleicht wurde Ihr Kind unberechtigt oder zu rücksichtslos von einem Lehrer getadelt, vielleicht wurde es öffentlich (bei seinen Freunden/innen) blamiert oder man hat ihm einen Schrecken eingejagt; es könnte auch die Zurückweisung durch einen geliebten Elternteil oder eine ungerechte Bestrafung sein. Trösten Sie Ihr Kind, solidarisieren Sie sich mit ihm, und versuchen Sie, die Situation zu klären oder Ihr Kind psychisch so aufzubauen, dass es die Angelegenheit nicht mehr ernst nimmt.

Auch bei einem Trauma durch sexuellen Missbrauch ist es besser, abzuwiegeln, zu trösten und zu beruhigen, statt das Vorkommnis künstlich hochzuheizen. Oft verstärkt die Reaktion der Umwelt das Problem für das Kind noch wesentlich, indem sie zu sehr moralisiert oder tabuisiert und dem Kind damit ein Schuld- oder Beschmutzungsgefühl vermittelt.

Kann die seelische Wunde nicht geheilt werden, so entsteht eine Neurose oder Verhaltensstörung (eine seelische Narbe), die dem Kind hilft, trotz und mit der seelischen Wunde weiterzuleben, und es gegen ständige Berührungen des schmerzenden Bereiches schützt. Wir alle tragen solche Narben in unserer Seele. War die Verletzung schwer, so kann sie oft in der Kindheit nicht mehr aufgelöst werden, weil dazu eine gewisse geistig-seelische Reife erforderlich ist. Erst später, mit zunehmender Bewusstheit und Selbsterkenntnis, wenn man fähig geworden ist, zu verstehen und zu vergeben, besteht dann die Möglichkeit zur Heilung.

„Natura sanat, medicus curat", so heißt ein wichtiges Prinzip in der Medizin. Die *Natur* heilt und Aufgabe des Heilers ist es, sie darin zu unterstützen. Beim seelisch verletzten Kind bedeutet dies vor allem, es in Ruhe zu lassen, es zu trösten, auf es einzugehen, sich ihm so weit zur Verfügung zu stellen, wie es möchte. Vermeiden Sie vor allem jede Art von Besserwisserei, Kritik oder Misstrauen und sprechen Sie es nur dann auf das Trauma an, wenn es die Bereitschaft dazu signalisiert. Wichtig wäre auch, die durch das Trauma hervorgerufene Verhaltensstörung (zum Beispiel Ängste, Verlegenheit, Unterlegenheitsgefühle, Ekel usw.) herunterzuspielen, damit es durch sie keinen zusätzlichen Selbstwertkonflikt bekommt, und eventuell wird es erforderlich sein, es aus einem schädigenden Umfeld (zum Beispiel Schule oder soziales Milieu) zu entfernen.

Ein erwachsener Mensch, der ein altes psychisches Trauma in sich trägt, müsste sich, wenn er es loswerden will, eines Tages an die damalige verletzende Situation heranwagen, die ja meist nur noch in der Erinnerung besteht. Unter günstigen Umständen kann man sie auflösen, indem man sie im Geiste wieder durchlebt und erkennt, was damals geschehen ist und warum es geschehen konnte. Wenn man die schlimme Situation immer wieder gefühlsmäßig aufleben lässt (was allerdings sehr strapaziös sein kann), verbraucht sich mit der Zeit die blockierte Gefühlsenergie. Irgendwann hört jeder alte Hass, jede Trauer, jedes Entsetzen auf, wenn man sie nur oft genug bewusst und ehrlich durchlebt und in Frage stellt.

Bei Kindern ist dies natürlich nur bedingt möglich, da sie nicht so bewusst mit solchen Problemen umgehen können. Dennoch wirkt auch in ihnen die seelische Heilkraft, die man eventuell indirekt dadurch fördern kann, dass man ihnen - vorausgesetzt, sie sind offen dafür - die traumatisierende Situation sozusagen aus ungefährlicher Ferne zum Anschauen bietet. Letztlich geht es bei jedem seelischen Trauma darum, das verlorene Vertrauen in die Menschen, das Leben, die Welt oder „Gott" wiederherzustellen. Wenn ein Kind zum Beispiel von einem Hund gebissen wurde und sich seither vor allen Hunden fürchtet, kann man ihm durch häufiges Streicheln von Hunden zeigen, dass sie doch nicht so böse sind; wenn es einen schweren Minderwertigkeitskomplex durch Versagen in einer bestimmten Situation bekommen hat, könnte man ihm, indem man ihm kleine Erfolgserlebnisse verschafft, Mut machen, sich wieder an das eigentliche Problem heranzuwagen, und bei einem Trauma durch sexuellen Missbrauch wäre es hilfreich, ihm zu zeigen, dass dies eine Ausnahme ist und Männer (oder Frauen) normalerweise liebenswert sind.

(Die Lösung der hier besprochenen Problematik kann mit der Bach-Blüten-Essenz *Star of Bethlehem* gefördert werden. Nähere Informationen hierzu finden Sie in meinem Buch „Heile dein Kind mit Bach-Blüten".)

## VERTRÄUMTHEIT
(Unordentlichkeit, Interesselosigkeit, Introversion, Extraversion, Weltfremdheit, Chaos, innere Emigration)

*Ihr Kind ist sehr verträumt und still. Statt wach am äußeren Leben teilzunehmen, gibt es sich oft Tagträumereien und Phantasien hin. Es zeigt zu wenig Interesse an dem, was um es herum geschieht, ist unordentlich, hört nicht genau zu, wenn man mit ihm redet, wird morgens nicht richtig wach oder wirkt manchmal etwas geistesabwesend. Das fällt vor allem in der Schule negativ auf, wo es dem Unterricht oft nicht folgt, sondern still vor sich hinträumt.*

Für seine Familie ist ein solches Kind wegen seiner unauffälligen, zurückgezogenen Art angenehm. Es belästigt die Eltern nicht mit neugierigen Fragen, macht keinen Lärm, beschäftigt sich mit sich selbst und stellt keine besonderen Ansprüche. Es wird aber vermutlich oft Ihre Geduld auf die Probe stellen, wenn Sie selbst schnell, realistisch oder ordentlich sind, und vielleicht haben Sie sich schon besorgt gefragt, was aus Ihrem Kind werden soll. Seine Weltfremdheit und Tagträumerei, seine Unordentlichkeit und seine ausgefallenen Ideen bergen die Gefahr in sich, dass es zum seltsamen Außenseiter und realitätsfremden „Versager" wird.

Wenn eine solch uninteressierte Haltung von auffallender Müdigkeit begleitet ist, muss man als Ursache auch eine untergründige chronische Krankheit in Erwägung ziehen (z.B. ein Mangel an Vitaminen, Mineralien und Spurenelementen oder eine nicht richtig ausgeheilte Infektion). Dann könnte nur eine geeignete medizinische Therapie helfen. Meist aber liegt es daran, dass solch phantasiebegabten Kindern das Leben, das ihnen geboten wird, so leer und uninteressant erscheint, dass sie sich gelangweilt in ihre innere, geistige Welt zurückziehen.

Von Natur aus hat die Veranlagung Ihres Kindes durchaus ihre Qualitäten, denn sie vereinigt Phantasie und Imaginationskraft mit einem stillen, introvertierten Wesen. Dieses introvertierte Element veranlasst Ihr Kind, seine Gedanken, Erfahrungen und Eindrücke in aller Ruhe innerlich zu neuen Erkenntnissen und etwas Eigenständigem zu verarbeiten. Sicher konnten Sie schon öfter beobachten, wie Ihr Kind eine Ihrer Bemerkungen oder bestimmte Erlebnisse sofort nach innen leitete, ohne spontan darauf zu reagieren, und wie es sie eines Tages in anderem Zusammenhang und in verwandelter Form wieder hervorholte. Bei ihm gilt das Sprichwort: „Stille Wasser gründen tief." Ganz anders verhalten sich die extravertierten, kontaktfreudigen Kinder. Sie reagieren spontan und direkt, teilen ihre Ideen und Probleme gerne mit anderen und können wenig für sich behalten. Sie neigen dazu, ihre Wahrnehmungen geistig zu „fotografieren" und unverändert weiterzugeben, während die introvertierten erst einmal alles wiederkäuen und mit Eigenem vermischen müssen.

Beide Eigenarten haben ihren Wert, und man muss sich davor hüten, diejenige, die man selbst besitzt, an die erste Stelle zu setzen, und ein anders veranlagtes Kind spüren zu lassen, dass man es als nicht ganz richtig empfindet. Zudem hat jede/r von uns - unterschiedlich stark ausgeprägt - gleichzeitig intro- und extravertierte Anlagen, aus deren Zusammenwirken sich unser persönliches Verhältnis zur Innen- und Außenwelt ergibt. Sind sie ausgeglichen, können wir einen guten Kontakt zur Außenwelt halten und gleichzeitig in einer befriedigenden Beziehung zu uns selbst stehen, so dass die Eindrücke von außen nach innen und die Gedanken von innen nach außen strömen.

Falls Sie eher extravertiert, praktisch und aktiv veranlagt sind, könnte es sein, dass Sie kein Verständnis für die Art Ihres Kindes haben. Damit würden Sie ungewollt eines seiner großen Probleme vertiefen, nämlich das Gefühl, nicht verstanden zu werden. Ihr Kind hat immer wieder mit Menschen zu tun, die seine Art seltsam oder sogar gestört finden und die, natürlich in bester Absicht, es zu ändern versuchen. Da sie sich dabei meist gewisse Bemerkungen nicht verkneifen können, die Ihrem Kind zeigen, dass man es nicht ernst nimmt und dass das, was ihm so viel bedeutet, den anderen einfach fremd ist, kann sich bei ihm dadurch die Neigung verstärken, sich noch mehr in seine eigene Welt zurückzuziehen.

Mit zunehmendem Alter werden Sie bei ihm vielleicht auch einen deutlichen Hang zu allem feststellen, was „nicht von dieser Welt" ist - nicht nur Religiöses oder Spirituelles, sondern eventuell auch Mittel, die eine künstliche und schönere Welt erschaffen können, also Alkohol, psychedelische Musik oder Drogen. Solche Tendenzen werden verständlicherweise meist umso stärker, je mehr Ihr Kind bei seiner Umgebung auf Unverständnis trifft. Daher wäre es wichtig, ihm neben viel normalem Leben mit Sport und Aktivität genügend Kontakte zu gleich gesinnten Menschen zu ermöglichen.

Kinder, die etwas aus dem üblichen Rahmen fallen, sind deswegen nicht gleich gestört. Entscheidend ist, ob Ihr Kind neben seinem phantasiereichen Innenleben so viel Realitätssinn hat, dass es irgendwie und auf seine Weise mit dem praktischen Leben zurechtkommt. Wir sollten im Umgang mit Kindern immer bedenken, dass jeder Mensch sein eigenes (unter anderem in seiner Veranlagung festgelegtes) Schicksal und seine spezielle Funktion in der Welt hat und dass er nur, wenn er diese verwirklicht, gesund und zufrieden sein kann. *Ihre* Art zu leben und zu sein ist für Sie richtig, muss es aber nicht für Ihr Kind sein.

Lassen Sie es so, wie es ist, wenn es sich einigermaßen zurechtfindet. Seine Eigenart wird es auf jenen Lebensweg führen, auf dem es sein persönliches Glück finden kann.

Und mit der Unordentlichkeit, die ein solches Kind meist „pflegt", müssen Sie sich einfach abfinden. Das heißt, ein bisschen mehr Ordnung wird man ihm schon beibringen können, vor allem wenn sie in seinem eigenen Interesse ist. Das wird aber vermutlich erst dann eintreten, wenn es sein eigenes Revier bekommt und schon wegen der besuchenden Freunde/innen ein gewisses Niveau aufrechterhalten muss. Die Unordentlichkeit Ihres Kindes ist kein Zeichen bösen Willens, sondern Ausdruck seiner Weltfremdheit - wie bei seinem Seelenverwandten, dem „zerstreuten Professor". Es hat zu den Ordnungsstrukturen des normalen Lebens keine echte Beziehung, weil es so tief in seiner eigenen Welt lebt. Die inneren Welten aber zeichnen sich gerade durch ein chaotisches Element aus, aus dem das Neue, das Noch-nie-da-Gewesene entsteht; in ihnen herrscht eine Art Gegenordnung, die nicht zu unseren Denkgewohnheiten passt. Wahrscheinlich werden Sie es wiederholt erlebt haben, dass Ihr Kind, nachdem Sie etwas Ordnung in sein Zimmer gebracht haben, sich beschwerte, dass es jetzt nichts mehr finde. Die Klage „Du hast mir alles durcheinander gebracht!" klingt zwar wie ein Hohn, ist aber aus Sicht Ihres Kindes durchaus berechtigt.

Hier wie überall im Leben gilt es, den richtigen Kompromiss zu finden, der Ihrem Kind ermöglicht, in dieser „langweiligen", unkreativen und durchgeplanten Welt zu leben, ohne dafür seine eigene innere Welt aufzugeben, oder anders gesagt: kreativ zu sein, ohne auszuflippen, sich äußerer Ordnungsstrukturen zu bedienen, ohne ihr Sklave zu werden, nach innen zu hören, ohne nach außen taub zu werden. Diese Kreativität könnten und sollten Sie bei ihm fördern, indem Sie ihm reichlich geistige Anregungen geben, es eventuell auf eine musische Schule schicken, in bildender Kunst unterrichten oder ein Musikinstrument lernen lassen. Vielleicht hat es das Zeug zum/r Künstler/in, der/die seine inneren Bilder und Visionen in fassbare

Realität umsetzt.

Möglicherweise zieht sich Ihr Kind auch deshalb aus der realen Welt zurück, weil ihm das Leben zu kalt und unerfreulich erscheint, wozu oft auch verständnislose, strenge Lehrer oder Eltern beitragen können. Wenn es ein reiches Innenleben besitzt, kann es in einer Art innerer Emigration seelisch überleben. Es könnte aber auch passieren, dass es zu sehr den Spaß am Leben verliert und sich langsam mit Hilfe einer schleichenden Krankheit zurückzieht. Sicher spielt bei vielen Unfällen eine gewisse Lebensmüdigkeit eine Rolle, weil sie die schnelle, wache Reaktion in der Gefahr verhindert, die vielleicht sogar blitzschnell als Chance zum „Ausstieg" erkannt wird.

Zwar könnte man durch starken Druck die Aufmerksamkeit Ihres Kindes bis zu einem gewissen Grade steigern, und manchmal wird dies aufgrund der äußeren Umstände in seinem Interesse sogar unumgänglich sein, doch dürfte dies nur eine vorübergehende, gezielte Maßnahme sein. Auf Dauer würde man damit in seinem Inneren etwas zerstören, da es sich doch ohnehin schon so oft missverstanden und in dieser Welt deplatziert fühlt.

Wie gedeiht eine Blume am besten? Wenn sie das für sie richtige Maß an Sonne und Wasser bekommt, wenn die Erde geeignet ist und genügend Nährstoffe vorhanden sind - und wenn sie liebevoll gepflegt wird. Ihr Kind hat etwas von einer solchen Blume; kommen Sie ihm offen und unvoreingenommen entgegen, versuchen Sie es zu verstehen: Es sagt oder zeigt Ihnen auf seine Weise, was es braucht.

(Die Lösung der hier besprochenen Problematik kann mit der Bach-Blüten-Essenz *Clematis + evtl. Water Violet* gefördert werden. Nähere Informationen hierzu finden Sie in meinem Buch „Heile dein Kind mit Bach-Blüten".)

# VERZWEIFLUNG
(Glauben, Krise, Loslassen, Ziel, Schicksalsschlag.)

*Ihr Kind ist in einen extremen Ausnahmezustand geraten, denn es ist verzweifelt. Ob es dabei laut schreit oder völlig verstummt, einen verzerrten oder leeren Gesichtsausdruck bekommt, extrem unruhig wird oder erstarrt, man erkennt deutlich, dass es nicht mehr weiter weiß, dass es sich in einer ausweglosen Situation befindet.*

Sie spüren instinktiv, dass dies eine gefährliche Situation ist. Wenn Ihr Kind noch klein ist, kann es dadurch akut krank werden, wenn es etwas größer ist, außerdem auch eine Kurzschlusshandlung begehen oder einen Unfall verursachen. Schnelle Hilfe ist erforderlich: Ihre rückhaltlose Zuwendung, Ihr Trost, Ihr bedingungsloses Verständnis, damit es wieder in eine verlässliche Welt zurückfinden kann.

Denn Verzweiflung bedeutet, dass man auf einmal alles anzweifelt, dass alles, was bisher gegolten und getragen hat, ungültig geworden ist, dass man keine Orientierung mehr hat. Alles, woran man sich bisher halten konnte - Ziele, Erwartungen, Überzeugungen -, hat sich als Irrtum entpuppt, ist zunichte gemacht. Für uns erwachsene Menschen können das die Vorstellungen, Erwartungen, Überzeugungen und Glaubensinhalte sein, an denen wir unser Tun und Lassen orientiert haben, für das kleine Kind ist es das Vertrauen, das es der Welt entgegengebracht hat, die Erwartung von Liebe und Freude.

Wird diese plötzlich enttäuscht, indem die Mutter es unangekündigt allein lässt, indem es nichts zu essen bekommt, indem es überraschend schlecht behandelt wird, so versteht es die Welt nicht mehr und verzweifelt an ihr. Es spürt instinktiv die darin liegende potentielle Lebensgefahr. Dabei durchlebt es verschiedene Phasen: zunächst tritt Angst auf, die zur Panik und Todesangst wird und sich schließlich zur Verzweiflung steigert, wenn es merkt, dass seine Hilferufe unbeachtet bleiben. Eigentlich kommt es aber meist nicht so weit, weil die Bezugsperson normalerweise rechtzeitig darauf reagiert. Besonders die kleinen Kinder machen sich unübersehbar bemerkbar, indem sie, wenn ihre Unruhe oder ihr Jammern nichts nützt, zu lautem Weinen oder Schreien übergehen.

Ältere Kinder aber, die dazu erzogen wurden, sich zu beherrschen, brav zu sein und den Mund zu halten, oder die bemerkt haben, dass man sie mit ihren Nöten nicht ernst nimmt, können in eine Art stiller Verzweiflung geraten, die besonders gefährlich ist, weil sie dann nicht mehr um die dringende Hilfe bitten können. Mancher unerklärliche Unfall und manche rätselhafte Krankheit dürften hierin ihre Ursache haben. Während für das kleine Kind, das vorwiegend „aus dem Bauch" lebt, die Verzweiflungsgründe sehr unmittelbar und körperlicher Natur sind, beziehen sie sich mit zunehmender Bewusstheit auch auf geistige Inhalte.

Wir sagten bereits, dass echte Verzweiflung den allumfassenden Zweifel bedeutet, das Zusammenbrechen jenes Systems aus Wissen, Erwartung, Überzeugung und Glauben, an dem wir uns in unserem Leben orientieren. Es ist eine ausweglose Situation, da wir nichts mehr haben, was uns weiterführen kann, da sich kein Ausweg mehr öffnet. Am Bild einer Sackgasse können wir uns verständlich machen, wie es so weit kommen kann: Wir fahren stur eine bestimmte Straße entlang, weil wir darauf eingestellt und überzeugt sind, dass sie die richtige sei. Die Wegzeichen, die uns vor der Sackgasse warnen, beachten wir nicht, weil wir nur unser Ziel im Auge haben und weil wir es einfach für unmöglich halten, dass die Richtung, die wir eingeschlagen haben, falsch ist. Die Warnzeichen: das sind in unserem täglichen Leben jene Schwierigkeiten, Misserfolge und Leiden, die uns darauf aufmerksam machen, dass wir nicht auf dem richtigen Weg sind. Auch sie pflegen wir meist zu ignorieren, um wie bisher weitermachen zu können und um nicht umdenken und etwas ändern zu müssen. Schließlich endet die Straße in der angekündigten Sackgasse, und erst jetzt nehmen wir zur Kenntnis, dass es nicht mehr weitergeht.

Genauso ist es mit der Sackgasse im Leben. Wir haben uns verrannt, haben die Wahrheit nicht sehen und nicht wahrhaben wollen, wir sind im Netz unserer Hirngespinste, das aus unerfüllbaren Erwartungen, irrigen Annahmen und unbegründeten Ängsten besteht, gefangen. Es geht nicht mehr weiter, die Existenzkrise ist da, die uns alles bezweifeln und schließlich verzweifeln lässt. Ein typisches Beispiel dafür sind jene Krisen, in die wir geraten können, wenn sich ein fester Glaube auf einmal als falsch erweist, wenn sich zum Beispiel zeigt, dass das blinde Vertrauen, das wir in einen Menschen gesetzt haben (genauer: unbedingt setzen wollten), nicht gerechtfertigt war, oder wenn wir in einer unerwarteten Katastrophe an „Gott und der Welt" verzweifeln.

Besonders stark kann die Verzweiflung auch in dem Augenblick werden, in dem der Tod, dem wir immer ausgewichen sind, hautnah an uns herantritt und wir unfähig sind, ihn anzunehmen. Muss uns nicht unser törichter Versuch, ihn auszusperren, ihm zu entfliehen oder ihn zu überwinden, und unsere mangelnde Bereitschaft, jederzeit alles „loszulassen", unausweichlich in die Sackgasse führen? Wenn wir es nicht wahrhaben wollen, dass er eines Tages an unsere Türe klopfen wird, sei es, um uns einen lieben Menschen zu nehmen oder um uns selbst abzuholen, wenn unser Denken und Suchen ständig auf Abwehr oder Flucht ausgerichtet ist - wie können wir dann anders als mit Verzweiflung reagieren, sobald er uns die Hand reicht und alles, was wir ihm in den Weg gelegt haben, beiseite fegt.

Das Zusammenfallen all dessen, woran wir uns bis dahin gehalten und geklammert haben, hat aber auch einen positiven Sinn. Denn in der Sackgasse angekommen bleibt uns nichts anderes, als uns neu zu orientieren und einen Weg zu finden, der uns wieder hinausführt. Dann haben wir eine Motivation, jene Elemente unseres Weltbildes (Glauben, Hoffnungen, Grenzen), die sich als trügerisch erwiesen haben, zu korrigieren und einen besseren Zugang zur Lebenswirklichkeit zu finden, an dem wir nicht zu zweifeln brauchen.

Im Prinzip ist dies auch die Haltung, die uns nicht nur aus der Verzweiflung herausführt, sondern die uns davor bewahrt, in sie hineinzugeraten. Es geht darum, rechtzeitig - sozusagen in jedem Augenblick - zu überprüfen, ob der Weg, den wir gehen, noch stimmt, ob die Wünsche und Ziele, die wir verfolgen, erfüllbar und sinnvoll sind. Im täglichen Leben, bei den kleinen Irrtümern und Sackgassen können wir dies am leichtesten lernen. Wir brauchen nur wach zu bleiben und immer sofort jene Überzeugungen oder Ziele aufzugeben, die sich als unwahr oder unrealisierbar erweisen.

Da man dem menschlichen Geist fast jede beliebige Weltsicht einprogrammieren kann, besteht auch für das Kind die Gefahr, auf solche falschen Wege zu geraten. Man programmiert es ja meist von klein auf mit vielen lebensfremden Idealen und Vorbildern, trügerischen Denkkonzepten und Dogmen, statt ihm eine klare, selbständige und kritische Sichtweise beizubringen. So beginnt es schon bald in blindem Vertrauen wie ein Pferd, dem man Scheuklappen angelegt hat, unbeirrt jenen Weg zu verfolgen, auf den man es gesetzt hat, oder jener Religion zu glauben, die man ihm anerzogen hat. Je unkritischer es glaubt, was man ihm erzählt, und je überzeugter es jenen Idealen nacheifert, die man ihm suggeriert hat, desto größer ist die Gefahr, dass es in die Sackgasse gerät. Es kann verzweifeln, weil es eine ihm angedrohte Strafe für etwas, das es getan hat, befürchtet, weil es den Verlust von etwas, das man in seiner Wertskala auf eine der obersten Stellen gesetzt hat, nicht verkraften kann, weil es ein Ziel, das es für sehr wichtig hält, nicht erreichen kann, oder weil es mit einem Schicksalsschlag nicht richtig umgehen kann, da man es nicht auf diese Möglichkeit vorbereitet hat.

All dies würde kaum geschehen, wenn man ihm beibrächte, das Leben wach, offen und flexibel so zu sehen und zu nehmen, wie es tatsächlich ist; wenn man ihm zeigte, wie man alles auch positiv verstehen kann; wenn man ihm ein Gefühl dafür vermittelte, dass hinter allem ein höherer (oder „göttlicher"), wenn auch unbegreiflicher Sinn steht. Das ist eine wichtige Aufgabe, die die Eltern in der geistigen Anleitung ihres Kindes haben. Damit soll das Kind weniger auf ein bestimmtes, vorgeschriebenes Verhalten eingetrimmt als ihm vielmehr das Wissen und Können für eine gesunde, stimmige Lebensgestaltung vermittelt werden. Lehren Sie es, immer ohne Vorurteile hinzusehen, bestärken Sie es, seine spontanen Gefühle und Eingebungen ernst zu nehmen, öffnen Sie ihm die Augen (wieder) für das Schöne in der Welt. So beugen Sie automatisch auch der Verzweiflung vor.

Sollte es aber doch so weit kommen, so bestünde die Hilfe beim älteren Kind wie beim erwachsenen Menschen darin, es von jenen Ideen und gedanklichen Programmen zu befreien, die es in die Sackgasse getrieben haben. Egal worin sie bestehen mögen und wie hochmoralisch sie auch sein mögen, die Tatsache, dass sie Ihrem Kind derart schaden, zeigt, dass sie - zumindest in diesem Zusammenhang - nicht stimmen. Manchmal genügt ein befreiendes oder „unmoralisches" Wort, um den Zwang zu lösen und dem Kind wieder eine Perspektive zu öffnen. Dabei sollte es auch wieder erfahren, dass jedenfalls sein Vertrauen zu Ihnen nicht trügt, dass Ihr Verständnis ihm immer einen Weg offen lässt und dass es an Ihrer Liebe niemals und unter keinen Umständen zweifeln muss.

(Die Lösung der hier besprochenen Problematik kann mit der Bach-Blüten-Essenz *Sweet Chestnut* und evtl. mit *Cherry Plum* und evtl. *Floriplex Nr.17* gefördert werden. Nähere Informationen hierzu finden Sie in meinem Buch „Heile dein Kind mit Bach-Blüten".)

# WILLENSSCHWÄCHE

(Entmutigung, Veranlagung, Wachstum, Erfolgserlebnis, Probleme)

*Ihr Kind hat keinen starken Willen und gibt immer zu schnell auf. Sobald etwas nicht „wie geschmiert" geht, wird es verzagt, zieht sich zurück und lässt seine Absicht fallen. Wenn ihm beispielsweise jemand nicht zuhört oder ins Wort fällt, versucht es nicht, sich Gehör zu verschaffen, sondern hört mitten im Satz auf zu sprechen und verstummt. Auch beim Lernen wird diese Schwäche deutlich: müssen Fehler überwunden werden oder wird konsequente Anstrengung erforderlich, verliert es den Spaß daran und gibt auf. Dieses Verhalten kann man bei vielen Gelegenheiten beobachten, vor allem dann, wenn es gilt, sich etwas Neues zu erschließen oder einen Widerstand zu überwinden. Ihr Kind greift nicht wirklich zu, hält nichts richtig fest, engagiert sich selten und ist, falls es dies doch tut, darauf eingestellt, sich bei der ersten größeren Schwierigkeit wie eine empfindliche Schnecke wieder zurückzuziehen. Diese Tendenz zum entmutigten Aufgeben zeigt auch sein Körper in Form von schneller Ermüdung, verzögerter Erholung oder Tendenz zum Rückfall in überstandene Krankheiten.*

Manchmal erinnert ein Kind mit einer solchen Veranlagung an ein Aquarell mit durchscheinenden Farben, die mehr andeuten als festlegen. Man gewinnt den Eindruck, dass es - sensibel und zart besaitet - in dieser Welt nicht richtig Fuß gefasst hat. Denn während vitale Kinder in kritischen Situationen die unterschiedlichsten Strategien zum Durchhalten, Durchsetzen und Überleben entwickeln, neigt dieses eher dazu, sich kampflos zu ergeben und notfalls die Welt wieder zu verlassen - zum Beispiel mit Hilfe einer Krankheit.

Wenn man es mit einem Kind zu tun hat, das sich anders verhält, als man es gewöhnt ist, steht man immer vor der Frage, ob es sich dabei um eine angeborene Charaktereigenart oder eine Störung handelt. Eine Veranlagung kann man nicht grundsätzlich ändern; sie ist den Persönlichkeitsrechten des Kindes zuzuordnen, die man achten und fördern muss, damit es ihm im Leben gut geht. Oft werden solche Eigenarten aber unterdrückt und verfolgt, mit dem Ergebnis, dass sie zwar weiterhin bestehen, aber neurotisch verzerrt werden. Eltern neigen dazu, ein Kind, das nicht so empfindet und reagiert wie sie selbst, für unnormal zu halten und in ihrem Sinne zu ändern. Damit tun sie ihm nicht nur Unrecht, sondern schädigen es auch psychisch, weil es daraus ja schließen muss, dass es falsch oder minderwertig sei.

Vielleicht ist dies auch Ihrem Kind passiert, vielleicht verlangt man von ihm Leistungen oder Verhaltensweisen, die seiner zarten, auf den leichten, heiteren Weg ausgerichteten Natur nicht entsprechen und die es deshalb auch nicht erbringen kann. So kommt es immer wieder an seine Grenzen und fühlt sich als Versager. Solche frustrierenden Erlebnisse könnten noch verstärkt werden, wenn es in einer Gemeinschaft leistungs- und willensstarker Menschen aufwachsen muss, mit denen es, jedenfalls auf deren Gebiet, nicht konkurrieren kann und die ihm mit ihren Erfolgen seine vermeintliche Schwäche ständig beweisen. Unter solchen Bedingungen kann ein nachgiebiges und nicht kämpferisches Kind die Gewohnheit entwickeln, Schwierigkeiten überzubewerten und als persönliche, nicht überschreitbare Grenze zu missdeuten. Sobald Widerstand auftaucht, gibt es auf, weil es meint, es könne ihn nicht überwinden.

Seine persönlichen Grenzen zu beachten ist sinnvoll und weise, bestehende Möglichkeiten zu verschenken und vorhandene Fähigkeiten brachliegen zu lassen ist dagegen in gewissem Sinne krankhaft, weil es persönliches Wachstum verhindert. Zu wachsen bedeutet ja, die bestehenden Grenzen zu überschreiten. Eine Pflanze wächst, indem sie ihre Strukturgrenzen erweitert; ein Grundstück wächst, indem man etwas dazukauft; unser Bewusstsein wächst, indem wir neue Erkenntnisse gewinnen.

Das Problematische am Verhalten Ihres Kindes besteht unter anderem darin, dass es offensichtlich weitgehend darauf verzichtet, in diesem Sinne zu wachsen. Es zieht sich in den begrenzten Bereich seiner Routine zurück und wagt es nicht mehr, darüber hinauszugehen, Widerstand zu überwinden und sich Neuland zu erschließen. So gibt es vielleicht beim Lernen zu schnell auf, sobald es schwierig wird.

Solches Verhalten kann man auch oft in Bezug auf eine bestimmte Thematik beobachten, wenn ein Kind in einer *sensiblen* Phase (nach Montessori) frustriert wurde. Zum Beispiel kann die unüberlegte Kritik des Lehrers anlässlich einer Mathematikarbeit ihm das Gefühl der Unfähigkeit vermitteln, so dass es in Zukunft vor jedem mathematischen Problem zurückschreckt, oder es wird, wenn es beim Erlernen einer bestimmten Tätigkeit immer von einem Geschwister übertrumpft wurde, den Spaß daran verlieren und sich nie mehr konsequent damit beschäftigen. So hat sich Ihr Kind offensichtlich angewöhnt, nur das zu nehmen, was es ohne Schwierigkeiten bekommt, und bei Problemen sogleich aufzugeben, weil es aus früherer Erfahrung weiß - oder zu wissen meint -, dass es doch versagen wird. Aus der untergründigen Traurigkeit, die seine Resignation begleitet, erkennt man aber, wie wenig sein „innerer Mensch" damit einverstanden ist.

Es scheint so, als sei Ihr Kind dazu geschaffen, spielerisch und vergnüglich nur an die Dinge heranzugehen, die ihm wichtig sind. Darauf weist auch die Freude hin, die es auszustrahlen pflegt, wenn alles leicht und problemlos läuft. Daher sollte es immer wieder die Bestätigung bekommen, dass es in seiner Art richtig und genauso wertvoll ist wie die willensstarken Erfolgsmenschen. Dann könnte es sich selbst besser akzeptieren und seine Charakterqualitäten, nämlich Entgegenkommen und Nachgiebigkeit, unverzerrt ausleben. Jene Erfolge, die man mit der „Ochsentour" oder - wie Alexander der Große beim gordischen Knoten - durch einen Schwerthieb erringt, würden ohnehin nicht in sein Leben passen. Man sollte sie von ihm nicht erwarten, weil das unausweichliche Versagen seine resignierende Haltung verstärken würde.

Versuchen Sie, ihm zu möglichst vielen Erfolgserlebnissen zu verhelfen, in denen es seine wirkliche Leistungsfähigkeit, die momentan durch die Erwartung von Versagen und Misserfolg eingeschränkt ist, erfahren kann. Um erfolgreich sein zu können, muss man auf Erfolg programmiert sein, und dies geschieht am besten durch das Erfolgserlebnis. Ihr Kind braucht mehr positive Selbsterfahrung, denn offensichtlich weiß es (noch) gar nicht, was es alles leisten und erreichen könnte, wenn es nicht immer so schnell aufgeben würde. Sie könnten ihm zum Beispiel Aufgaben übertragen, in denen es mit Sicherheit erfolgreich ist, und ihm jene Arbeiten, bei denen es erfahrungsgemäß kapituliert, in spielerischer Form anbieten. Es ist beeindruckend, mit welchem Vergnügen Kinder nach einem entsprechenden Erfolgserlebnis auf einmal gerade das tun, woran sie vorher immer gescheitert waren.

Man kann die Veranlagung Ihres Kindes nicht grundsätzlich ändern. Es wird nie ein willensstarker Tatmensch aus ihm werden, sondern es wird bevorzugt den Weg des geringsten Widerstandes wählen und zur Nachgiebigkeit tendieren. Warum auch nicht? Solche Menschen erfreuen sich oft großer Beliebtheit. Heißt es nicht auch: „Der Klügere gibt nach"? Es geht eigentlich nur darum, den Schwerpunkt in seinem Verhalten ein bisschen mehr in Richtung Erfolgswunsch zu verschieben und seine Auf- und Nachgebetendenz so weit abzubauen, dass es sich nicht selbst damit schadet. So könnte seine Willenskraft auch mit Spielen, bei denen es darum geht, ein Ziel gegen irgendwelche Widerstände zu erreichen, trainiert werden. Später, bei der Berufswahl, wäre unbedingt eine Tätigkeit zu vermeiden, die unter Leistungs- und Erfolgsstress ausgeübt werden muss.

Wenn man ihm nicht einen bestimmten Erfolg abverlangt und ihm keine Angst vor eventuellem Misserfolg macht, ihm also signalisiert, dass es einfach mal zusehen soll, wie weit ihm die jeweilige Sache Spaß macht, und ihm das Gefühl vermittelt, in seiner Art richtig zu sein, können seine kreativen Kräfte, die jetzt noch in der Erinnerung an frühere Misserfolge gebunden sind, wieder frei werden. Ist es nicht oft so, dass wir ein Ziel gerade dann mit Leichtigkeit erreichen, wenn wir es gar nicht wollen, oder dass uns eine schwierige Arbeit nur deshalb gelingt, weil wir sie aus reinem Vergnügen und ohne jeden Erfolgszwang begonnen haben?

Das eigentliche Problem bei der Veranlagung Ihres Kindes ist die Unfähigkeit, mit Problemen konstruktiv umzugehen, das heißt: so damit umzugehen, dass etwas Positives dabei herauskommt. Es gibt verschiedene Strategien zur Problemlösung, von denen das willensschwache Kind die unergiebigste wählt, nämlich einfach davonzulaufen, indem es entweder sogleich aufgibt oder sich auf nichts einlässt, was irgendwie problematisch sein könnte. Dieses Verhalten ist allerdings weit verbreitet. Auch wir weichen ja immer wieder unseren Problemen aus, weil sie so unangenehm sind.

Damit aber beginnt der verhängnisvolle Kreislauf aus Problemverdrängung und Problemverschärfung, den wir alle kennen: Eine kleine Unannehmlichkeit oder Schwierigkeit wird ignoriert oder beiseite geschoben; nach einiger Zeit taucht sie in verschärfter Form wieder auf; dies wiederholt sich in ständig sich verstärkender Form so lange, bis eines Tages aus dem kleinen Problemchen die große Katastrophe geworden ist, die nun mit Gewalt das durchsetzt, was wir anfangs in harmonischer Weise und mit kleinem Einsatz hätten erreichen können.

Wenn Ihr Kind es sich zum Beispiel angewöhnt, in der Schule bei einem bestimmten Lerninhalt, mit dem es nicht zurechtkommt, immer zu kapitulieren, ist es nur eine Frage der Zeit, wann eventuell daraus ein echtes, die ganze Laufbahn bedrohendes Problem geworden ist. Finden Sie sich bei solch wichtigen Angelegenheiten nicht damit ab, sondern suchen Sie so lange, bis eine Lösung gefunden ist.

(Wenn Ihr Kind seine Willensschwäche von Ihnen geerbt hat, besteht nämlich die Gefahr, dass auch Sie nicht konsequent genug sind und zu früh aufgeben.) Manchmal liegt es nur am Lehrer oder der Lehrerin, die dem Kind den Lehrstoff nicht spielerisch und eingängig genug anbieten, und es ist oft erstaunlich, wie gut ein Kind nach einem Lehrer- oder Schulwechsel auf einmal mitmacht.

Probleme haben mehrere Bedeutungen. Erstens sind sie die Folge von Versäumnissen, zweitens eine Aufforderung, diese nachzuholen, und drittens eine Chance zur Besserung. Sobald uns ein Problem bewusst wird, sind wir reif dafür und grundsätzlich fähig, es zu lösen.

Ganz allgemein lässt sich sagen, dass jedes Problem, das uns begegnet, bereits latent vorhanden war - entweder durch die von uns geschaffenen oder geduldeten Umstände oder durch unsere falsche Einstellung - und dass wir, wenn es erkennbar wird, uns endlich damit beschäftigen müssen. Dabei stehen wir oft vor der Frage: durchhalten oder aufgeben? Durchzuhalten, wenn keine Aussicht auf Erfolg besteht, ist ebenso unsinnig wie aufzugeben, solange eine Chance auf Lösung besteht. Der übertrieben willensstarke Mensch ist ebenso „falsch gewickelt" wie der zu nachgiebige. Ideal wäre es, wenn wir an unsere Lebensarbeit immer mit vollem Einsatz und zugleich ganz spielerisch herangehen würden; dann würden wir weder vorschnell aufgeben noch selbstzerstörerisch durchhalten.

Daher kann man die Art Ihres Kindes nicht grundsätzlich als falsch bezeichnen. Es gibt Situationen, in denen willensstarke, unnachgiebige Menschen benötigt werden. Unter anderen Bedingungen kommt aber nur ein so feinfühliger **und** nachgiebiger Mensch, wie es Ihr Kind von Natur aus ist, in Frage. Wenn Ihr Kind diesen seinen Wert kennt und man ihm seine vergnügliche, spielerische Art lässt, wird es auf seine Weise auch zu seinem persönlichen Ziel kommen.

(Die Lösung der hier besprochenen Problematik kann mit der Bach-Blüten-Essenz *Gentian* und evtl. *Floriplex Nr. 9* gefördert werden. Nähere Informationen hierzu finden Sie in meinem Buch „Heile dein Kind mit Bach-Blüten".)

# Weitere Bücher von Dr. Götz Blome

Das neue Bach-Blüten-Buch

Heile dein Kind mit Bach-Blüten

Ein guter Start ins Leben

Anspruchsvolle Bach-Blüten-Therapie

Wirf ab, was dich krank macht

Regenaplex Handbuch

Ein glücklicher Mensch

Der Götterberg

Die Grille und die Ameise

Lebenswerte

www.dr-blome.de

www.floro-verlag.de